KB139036

제인 앤슨 Jane Anson 지음
박원숙 Wonsook Park 옮김

Élixirs, Premiers Crus Classés 1855

보르도 전설

보르도 5대 1등급 샤토들의 이야기

-오브리옹, 라피트 로칠드, 라투르, 마고, 무통 로칠드-

이자벨 로젠바움 Isabelle Rozenbaum 사진
프란시스 포드 코폴라 Francis Ford Coppola 추천

GASAN BOOKS

BOUTEILLE AU CHÂTEAU
AU MARGAUX
GRAND VIN
1988
GRAND CRU
MARGAUX
MARGAUX CONTRÔLÉE
PROPRIÉTAIRE A MARGAUX - FRANCE

1985
bordelaises
magnums et

추천의 글

제인 앤슨의 〈보르도 전설〉은 1855년에 제정된 보르도 와인 등급과 1등급 샤토가 등장하게 된 흥미로운 역사를 다루고 있다. 당시 등급 제도는 와인의 가격을 공정하게 책정하기 위해 도입되었지만, 나는 이 책을 읽으며 등급 제도가 상업적인 의도보다는 고급 와인의 개념을 구체화하는데 훨씬 더 영향을 주었다고 느꼈다. 처음에는 넷에서 지금은 다섯이 되고, 그리고 화이트 와인 소테른이 포함된 보르도의 1등급은 긴 역사 속에서 전 세계를 누비며 멋진 고급 와인의 세계를 선도하고 있다. 와인 생산자들은 누구나 마음 속에 이들 샤토와 비슷한, 또는 능가하는 와인을 만들고 싶은 꿈을 가지고 있으며 꿈은 도전으로 이어진다. 이는 베토벤과 같은 악성이나, 레오나르도와 같은 큰 존재가 창의적인 예술가의 머리를 짓누르는 것과 같을 것이다. 1등급 샤토들은 이들에게 더 나은, 더 훌륭한 와인을 만들어야 한다는 분명한 동기를 부여하며 목표를 제시해 주는 듯하다.

보르도 전설의 시작은 멀리 중세로 거슬러 올라간다. 열네 살의 프랑스 아키텐Aquitaine 공작의 아름다운 딸이 루이 7세의 왕비가 되고, 영국 헨리 2세와 재혼하여 왕들의 어머니가 되면서부터 이야기는 시작된다. 이 기이한 시대의 중심에 서 있던 그녀는 90대까지 장수했으며, 셋째 아들 사자왕 리처드는 그녀의 팔에 안겨 숨을 거두었다. 1855년 사건의 기원이 된 이 시대는 놀랍고도 끔찍한 역사적 사건–참수형과 정략 결혼, 왕족들의 불화, 음모, 경건과 외설들이 난무하던 시대였다.

1등급 샤토들은 소유주와 가족들, 네고시앙과 중개인들이 모인 특이한 집합체이다. 위대한 와인의 탄생을 기적으로 받아들이는 애호가들에게는 이들의 형성 과정이 분명 흥미롭고 가치 있는 역사로 다가올 것이다. 1등급이 되려면 다음 몇 가지 필수적인 요소를 구비해야 한다. 첫째는 영구적으로 지속되는 경이로운 테루아terroir, 즉 최상의 토질과 기후를 갖춘 땅을 소유하고 있어야 한다. 둘째는 그 지역의 전형적인 와인을 적어도 50년 이상(100년이면 더 이상적이다) 만들어 온 샤토여야 한다. 셋째는 소유주가 위대한 와인을 만들려는 열정이 있어야 하며 경제적으로나 정치적으로 이를 뒷받침할 능력이 있어야 한다. 넷째는 셀러나 포도밭 책임자들이 평생을 같은 일에 종사해온 전문가라야 한다. 다섯째는 와인에서 가장 핵심을 이루는 소비자들이 와인을 마시며 즐길 수 있는, 위대한 유산과 이야기들을 지니고 있어야 한다.

이 책은 와인에 심취하게 되면 결국 보르도 와인과 보르도의 5대 1등급 샤토를 찾게 되고, 와인 생산자들은 누구나 그들과 같은 와인을 열망하게 된다는 사실을 다시 일깨워준다.

프란시스 포드 코폴라Francis Ford Coppola

책을 읽기 전에

영국의 기타리스트이며 작곡가인 로버트 프립Robert Fripp은 "음악은 침묵이라는 빈 잔을 채우는 와인이다."라고 말했다. 그렇다면 "와인은 침묵이라는 빈 잔을 채우는 음악이다."라고 할 수도 있다. 음악과 와인은 닮은 점이 많다. 우리가 클래식이라고 부르는 서양의 고전 음악은 고대 종교 의식에서 시작하여, 중세에는 왕족이나 귀족들의 취향에 맞게 발전하였고, 시민 사회가 성숙하면서 위대한 음악가들이 완성시킨 음악이다. 서양 술의 고전이라 할 수 있는 와인도 신화시대부터 등장하여 왕족들이나 귀족들의 입맛에 맞게 발전하였다.

좋은 음악을 만나면, 또 다시 듣고 싶어지며, 작곡자는 누구일까? 어떤 환경에서 어떤 연유로 이런 작품을 만들었을까? 알고 싶어진다. 그리고 지휘자나 연주자에 따라서 음악이 달라진다는 사실도 알게 된다. 좋은 와인도 마찬가지다. 포도가 어디에서 자랐을까? 누가 어떤 품종으로 어떻게 이런 와인을 만들었을까? 궁금하게 생각된다. "사랑하면 알게 되고, 알게 되면 보이니, 그때 보이는 것은 예전과 다르리라."라는 말은 와인과 음악에도 해당된다. 알면 알수록 즐거움은 더 커지기 마련이다. 이 책은 위대한 와인의 역사와 그 배경을 이야기한다. 집념과 애착으로 탄생되는 와인은 상업적 영역을 떠나 하나의 예술 작품으로 승화된다.

특히 보르도의 5대 1등급 샤토는 오랜 세월 동안 그들의 명성에 작은 오점도 남기지 않도록 예술적인 가치를 지닌 높은 수준의 와인을 생산하고 있다. 이런 와인을 잘 알고 있다는 것은 위대한 예술 작품을 잘 이해하고 있다는 것과 마찬가지다. 이 책은 와인 초보자를 위해 기본 상식을 제공하는 책은 아니다. 단순히 와인을 마시는데 그치지 않고 와인의 맛과 멋을 알기 위해 책과 자료를 구해서 읽으며, 와인의 엘리트적인 면모를 이해하고자 노력하는 애호가들을 위한 책이다. 와인을 둘러싼 문화라는 울타리는 와인의 성격을 규정하는데 지대한 역할을 한다. 이제 우리나라에도 이러한 지적 호기심을 만족시킬 수 있는 전문 서적이 필요한 때가 왔다. 그동안 와인에 대한 개괄적인 책은 많이 출판되었으나 이와 같이 위대한 와인에 대해 세부적으로 다룬 책은 없었다.

이 책의 역자는 외국어뿐만 아니라 와인에 대한 전문 지식과, 서양 문화와 역사에 대한 전반적인 식견을 갖추고 있으므로 저자의 의도를 더욱 확실하게 전달해 주고 있다. 이 책에는 와인에 관한 한 누구보다도 관심이 있다고 자부하는 사람들이 꼭 읽어야 할 유익한 내용으로 가득 차 있다. 그리고 이제 와인에 입문하는 사람들에게도 위대한 와인을 이해하는 데 많은 도움이 될 것이라 생각한다.

한국와인협회 회장 김 준 철

차 례

Vins rouges classés du Départ[t] de la Gironde

4

VI · 313 · 827

Crûs	Communes	Propriétaires
Premiers crûs		
Chateau Lafite	Pauillac	
Chateau Margaux	M	
Chateau Latour	Pauil	
Haut Brion point	Pessac (	
Seconds C		
Mouton	Pauillac B[on]	Rothschild
Rauzan point — Ségla	Margaux	Comtesse de Castelpers
Rauzan — Gassies	Margaux	Viguerie
Léoville	St Julien	Marquis de las Cazes
		Baron de Poyféré
		Barton
Vivens Durfort	Margaux	de Puységur
		de Bethman
Gruau Larose point	St Julien	Baron Sarget
		de Boisgerand
Lascombe point	Margaux	Mademoiselle Hue

MIS EN BOUTEILLES AU CHÂTEAU
CHATEAU LAFITE-ROTHS
1961
APPELLATION PAUILLAC
DÉPOSÉ

넷에서 다섯으로 ... 1973년 6월

시간이 오래 걸리지는 않았다. 30분 만에 최종 결정이 내려졌다. 회의는 부르스 광장Place de la Bourse이 내려다보이는 보르도 상공회의소 위층에서 열렸다.

보르도가 자랑하는 아름답고 우아한 이 건물은 좌우 대칭의 석회암 파사드가 장관을 연출한다. 부르스 궁은 루이 15세가 사랑했던 건축가 앙주 자크 가브리엘Ange-Jacques Gabriel의 걸작이다. 회의에 참석한 다섯 명의 심사 위원은 이 건물 맨 위층의 푸른 방Le Salon Bleu에 앉아 있었다. 광장이 한눈에 들어오며 가론 강변의 부두가 내려다보이는 방이다.

회의는 상공회의소 부회장인 루이 네부Louis Nebout가 진행했다. 의제는 샤토 무통 로칠드의 1등급Premier Cru Classé(프르미에 크뤼 클라세) 승급 여부, 단 하나의 안건이었다. 무통이 1등급으로 격상되면 희소한 1등급 클럽의 회원이 될 수 있는 중대한 순간이었다. 보르도의 4개 샤토는 1855년 등급 제정에서 이미 1등급으로 지정되었다. 같은 해 캔자스에서는 노예제도의 합법성에 문제를 제기하면 2년의 중노동을 부과하는 법령이 통과되었고, 플로렌스 나이팅게일은 크림 전쟁의 부상자들을 치료하기 위해 바쁘게 일하고 있었다.

1855년 등급은 1백 년이 훨씬 지났지만 아직도 세계적으로 가장 우수한 등급 제도로 평가되며 와인상과 수집가, 애호가들로부터 고급 와인에 대한 기준으로 효용성을 인정받고 있다. 따라서 무통의 1등급 승급은 곧 프랑스에서 가장 정평 있는 값비싼 고급 와인으로 명성을 얻게 되는 중요한 의미를 갖는다.

1855년 등급은 파리 만국 박람회에 출품할 대표적인 보르도 와인을 선정하는 과정에서 제정되었다. 4개의 1등급(오브리옹, 라피트 로칠드, 마고, 라투르)이 정해졌고, 무통 로칠드는 2등급이 되었다. 1922년 무통의 소유주가 된 필리프 남작은 이에 불만을 품고 승급 투쟁을 펼쳤으며 1973년에 마침내 1등급으로 승급되었다. 1855년 등급이 변경된 것은 등급 결정 직후 샤토 캉트메를르Cantemerle가 이의를 제기하고 위원회가 이를 인정하여 5등급에 추가된 것 외에는 현재까지 무통 로칠드뿐이다.

부르스 궁

심사 위원은 네부와 와인 중개인협회 회장 레이몽 르 소바쥬Raymond le Sauvage, 그리고 다니엘 로통Daniel Lawton과 서로 다른 회사 소속 중개인 세 명이었다. 네부를 제외한 네 명은 모두 중개인으로 서로 잘 아는 사이였다. 네부만 예외로 엔지니어였으며, 13년 전 말레이시아의 수력 발전 회사에서 보르도의 프랑스 정유 회사로 옮겨왔다. 그는 파리의 유명한 에콜 폴리테크닉을 졸업한 지적이며 치밀한 성격의 소유자로 와인업계의 경험은 부족한 편이었다. 그 점이 오히려 당시 와인 정책들로 복잡하게 얽혀 있던 안건을 신속히 해결되도록 한 견인차 역할을 했는지도 모른다.

보르도에서 등급 조정을 위한 첫 회의는 1972년 10월에 시작되었다. 파리의 중앙 정부는 사적인 청원과 이기적인 주장에 지쳐 이 안건을 보르도로 되돌려 보냈다. "마치 벌집을 건드린 것 같았습니다. 이 문제는 보르도 상공회의소에서 벌인 일이니 이제 스스로 해결하도록 해야 합니다." 마침내 농림부의 와인 담당관이었던 피에르 페로마Pierre Perromat가 선언했다.

1855년에 무통을 2등급으로 정한 회의도 보르도에서 열렸으니 타당한 결정이기도 했다. 실제로 다니엘 로통의 증조할아버지 장 에두아르Jean-Édouard도 당시 등급 제정에 참여했던 위원들 중 한 명이었다. 회의가 있었던 1973년 6월 무통의 소유주였던 필리프 드 로칠드Philippe de Rothschild 남작은 중압감을 이기지 못해 아내 폴린느Pauline와 함께 나폴리 만의 화산섬 이스키아로 떠났다.

회의는 종반전을 향해 달리고 있었다. 이 게임은 필리프 남작이 스무 살의 젊은 나이에 가족 샤토를 물려받은 1922년부터 시작되었다. 무통이 1등급과 동급이라는 그의 믿음은 분명했다. 이 일을 추진하는 과정은 험난했으며 교양 있는 보르도 사회의 자긍심이 훼손될 조짐도 보였다.

상공회의소의 심사 위원 다섯 명은 이 회의의 역사적인 중요성을 잘 알고 있었으며, 결국 안건은 만장일치로 통과되었다. 며칠 후 1973년 6월 21일, 당시 농림부 장관이었던 자크 시라크Jacques Chirac는 문서에 추인하고 무통의 1등급 승급을 공표했다.

"마지막 결정은 쉬웠습니다." 다니엘 로통이 회고한다. 그는 당시 위원회에 참석했던 유일한 생존자이며 지금은 80세가 넘었지만 아직도 와인 중개상을 하고 있다. "그동안의 긴 과정이 어려웠지요. 필리프 남작은 결코 포기하지 않았고, 그의 와인도 그만한 가치가 있었습니다."

다니엘 로통의 오랜 사업 파트너인 타스테 로통Tastet-Lawton사의 몽벨 백작은 "1973년 6월 27일, 날씨는 좋았다. 무통은 1등급으로 승급되었다."라고 일기에 아주 간단하게 적었다.

부르스 궁Palais de la Bourse은 18세기 프랑스 근대 건축의 장엄함과 화려함을 그대로 보여준다. 부르스 광장의 물의 거울 Le Miroir d'eau은 거울처럼 부르스 궁을 비추어 신비로운 광경을 연출한다. 앙주 자크 가브리엘은 루이 15세의 요청으로 부르스 궁을 지었으며, 1762년에는 베르샤유 정원에 있는 프티 트리아농 궁도 지었다.

프르미에 크뤼 클라세

햇살이 내리쬐는 나른한 한낮이지만 보르도의 9월은 긴장감이 흐른다. 선거를 앞둔 워싱턴이나 패션 주간 직전의 밀라노처럼 긴박한 분위기다. 주민들은 모두 보르도의 경제가 9월 며칠 간의 날씨에 달려있다는 것을 암묵적으로 인식하고 있다.

8월과 비교하면 갑자기 옷을 바꿔 입은 것 같다. 프랑스의 다른 도시들도 마찬가지이지만 8월에는 상점들은 셔터를 내리고 레스토랑은 문을 닫고, 마치 다른 세상이 존재하지 않는 것처럼 모두 해변으로 달려간다. 9월이 오면 주민들은 일상으로 돌아와 하늘을 바라본다. 9월의 햇빛은 계획대로 여유롭게 포도를 수확할 수 있다는 희망을 안겨주기 때문이다.

한해 수확한 포도로 보르도에서만 매년 7억여 병의 와인이 만들어진다. 비가 오거나, 우박이 내리거나 폭풍이 불면 포도를 구하기 위해 모두 허둥대며 사투를 벌여야 한다.

보르도의 샤토들은 모두 다르지만, 특히 한해 중 수확 시기에 그 차이가 분명하게 드러난다. 이 지역의 포도밭 분포는 피라미드 형태로 바닥은 넓고 단단하며 위로 올라갈수록 좁아지는 산과 같은 모양이다. 8천여 개의 샤토 중 6천여 개는 평평하고 견고한 바닥을 이룬다. 이 샤토들은 슈퍼마켓의 선반을 채우는 일상 와인을 만들며 모두 거의 같은 방법으로 수확을 한다. 9월이 되면 수확 기계가 포도밭을 가로지르며 포도밭이 완전히 텅 비도록 품종별로 포도를 딴다. 포도를 빠르게 수확하고 경비를 줄이기 위해 수확 기계를 한 곳에 모아두고 이웃들 간에 서로 교대로 사용하기도 한다.

피라미드 꼭대기로 올라갈수록 포도밭은 더 엄선되고 수확 방식도 정교해진다. 포도밭에 기상대가 있는 곳도 있고, 실험실을 운영하며 산도와 pH를 측정하는 곳도 있다. 포도가 이상적으로 잘 익을 때까지 기다려 수확을 하며 밭마다, 또는 이랑마다 따로 수확을 하기도 한다. 보르도의 최고 샤토에서는 기계를 사용하지 않고 손으로 수확을 하는데 이런 지역은 세계적으로 얼마 되지 않는다. 8월이 다가오면 유럽 전역에서 수확을 도울 일꾼들이 속속 도착하며 시의 외곽 지역은 갑자기 캐러밴이 늘어난다.

오른쪽 _ 에릭 드 로칠드 남작

룩셈부르크 로버트 왕자
샤토 오브리옹 도서관

작은 포도밭은 9월 수확 기간 중 대여섯 명의 일꾼을 더 고용하면 되지만 고급 샤토들은 인력이 거의 두세 배로 늘어난다. 임시 일꾼들은 6백여 명까지도 충원되며, 그들은 가장 비싼 와인을 만드는 귀한 포도를 따는 임무를 수행한다. 일꾼들을 모집하고 프랑스의 엄격한 노동법에 따라 고용 계약서가 체결되면 수확은 빠르게 진행된다. 수확한 포도를 받아들이는 셀러는 완벽하게 준비되고 작은 통과 큰 통, 포도 선별 테이블, 펌프 등은 모두 깨끗하게 세척된다. 출장 요리사도 고용하여 일꾼들이 빠르게 효율적으로 일하고, 마음껏 먹을 수 있도록 충분한 음식을 준비한다. 매일 기상학자와 양조학자, 이웃 샤토 소유주, 컨설턴트들의 방문이 이어지며 전화가 빈번해진다. 날마다 몇 시간씩은 포도나무에 달린 포도를 맛보는데 소모하며, 실험실에서는 수확에 가장 적합한 날을 정하기 위해 검사가 계속된다.

1855년 그랑 크뤼 클라세Grand Crus Classés는 메독 지역의 포도밭을 1등급부터 5등급까지 분류하여 붙인 이름이다. 1등급Premiers Crus이 4개, 2등급Deuxièmes Crus 14개, 3등급Troisièmes Crus 14개, 4등급Quatrièmes Crus 10개, 5등급Cinquièmes Crus이 18개로 모두 60개였다.(샤토 명은 찾아보기 참조) 1등급 중 오브리옹은 메독 지역을 벗어난 그라브 지역이지만 오랜 역사와 명성으로 메독의 1등급에 포함되었다. 스위트 화이트 와인 지역인 소테른의 등급도 분류되었는데, 샤토 디켐Château d'Yquem은 특1등급Premier Crus Supérieur으로 정해졌다. 그랑 크뤼가 차지하는 포도밭의 총면적은 3천 헥타르 정도이며 메독에서 생산되는 와인의 24퍼센트를 차지한다.

9월에 인력 관리팀이 가장 바삐 움직이는 곳은 등급이 있는 샤토들이다. 이들은 보르도의 길고 복잡한 역사를 통해 품질이 좋은 와인을 생산하는 곳으로 충분히 검증을 거쳤으며, 보르도의 가론 강 좌안과 우안을 합하면 160개가 된다. 등급의 최정상에는 1등급 5대 샤토가 있다. 피라미드의 아래에서 보면 아득히 높은 구름 속에 가려있는 것 같다. 가론 강 좌안에 위치한 1등급 샤토들은 오늘날까지 수세기 동안 보르도 레드 와인의 성격을 규정하고 지배해오고 있다.

5대 샤토들의 포도밭은 모두 합해도 425헥타르를 넘지 않는다. 보르도 전체 113,312헥타르에 비하면 아주 작은 부분이다. 하지만 보르도에 오래 머물지 않아도 보르도의 정서적인 경관은 이들을 중심으로 형성되고 있다는 것을 곧 알게 된다. 1등급 샤토의 태동과 함께 고급 와인 시장이 형성되었고, 이들은 와인의 가격을 주도하며 보르도의 이미지를 세계에 알리는 중심 역할을 해왔다. 보르도에는 같은 1등급으로 평가되는 샤토가 넷이 더 있다. 남쪽의 스위트 와인 지역 소테른에 있는 샤토 디켐d'Yquem(1855년 특1등급Premier Grand Cru Classé Exceptionnel으로 분류되었음)과 가론 강 우안의 샤토 페트뤼스Pétrus, 샤토 슈발 블랑Cheval Blanc, 샤토 오존Ausone이다. 5대 1등급 샤토는 레드 와인 생산지로서 진정 전 지역을 대표하는 정체성을 지니고 있으며 5세기가 넘도록 발전을 주도해오고 있다.

1등급 샤토의 명성

5대 샤토는 잠깐씩 사진을 찍으며 둘러보아도 차로 1시간 정도면 충분하다. 샤토 라피트 로칠드Lafite Rothschild와 샤토 무통 로칠드Mouton Rothschild는 포도나무들이 서로 닿을 정도로 인접해 있다. 한때 번잡한 항구였던 메독 지역 북쪽 포이약Pauillac 마을의 북단에 자리 잡고 있으며 가론 강이 내려다보인다. 보르도 시 중심에서 그림 같은 샤토의 길Route des Châteaux을 따라 운전해 가면 42킬로미터 거리에 있다.

무통 로칠드는 1855년 등급 제정 이래로 소유주가 바뀌지 않은 유일한 샤토이다. 보르도 전 등급 중에서 소유주가 바뀌지 않았던 샤토는 넷에 불과하기 때문에 무통은 이를 특히 자랑스럽게 생각한다. 또한 무통은 5대 샤토 중 1855년 등급에서 1등급에 포함되지 못했던 유일한 샤토였으며, 1973년 1등급으로 판정되기까지 무려 120년을 노력하며 기다려왔다.

바로 이웃 라피트 로칠드도 역시 19세기 프랑크푸르트, 마이어 암셸 로칠드Mayer Amschel Rothschild의 후손이 소유하고 있다. 현재 세대는 무통의 로칠드와 6촌이 된다. 라피트 로칠드 쪽 가족은 사업가이며 은행가로 성공했으며, 샤토는 절제되고 차분하며 근면한 분위기이다. 건물은 드러나 보이지 않으며 우아함이 있다. 포도나무 사이로 긴 진입로가 있고 나지막한 건물들과 샤토의 멋진 탑들이 보인다. 탑에는 로칠드 가문의 5대 사업을 뜻하는 다섯 개의 화살 문장 휘장이 펄럭이고 있다.

OMAINES
LAFITE
BARONS DE ROTHSCHILD

조금 남쪽으로 내려가면 여전히 포이약 마을이지만, 생 줄리앙Saint Julien 지역과 남쪽 경계선을 접하고 있는 곳에 샤토 라투르Latour가 있다. 샤토 피숑 콩테스Pichon Comtesse와 피숑 바롱 드 롱그빌Pichon Baron de Longueville의 화려한 정문을 지나 샤토의 길 옆에 라투르의 경비원이 상주하고 있는 관리실이 나타난다. 5대 샤토 중 정문이 가장 위엄을 갖추고 있다. 랑클로L'Enclos라는 돌담이 샤토의 귀한 포도나무를 둘러싸고 있으며, 약간 뒤쪽에 유명한 상징물인 10미터 높이의 둥근 탑이 보인다.

보르도로 향해 남쪽으로 24킬로미터 정도 더 달리면 신고전주의적 선이 뚜렷한 샤토 마고Margaux에 도착한다. 아펠라시옹 마고는 이 지역에서 가장 유명한 샤토인 마고와 같은 이름이다. 이제 마지막 목적지로 향한다. 샤토의 길을 따라 내려가면 길이 넓어지며 보르도 시의 외곽으로 진입하게 된다. 오브리옹Haut-Brion은 보르도 시의 서쪽 교외에 위치하고 있다. 1등급 중 유일하게 메독을 벗어난 페삭 레오냥Pessac-Léognan 지역에 있으며, 포도나무들이 도심 속에서 자연 녹지를 이루고 있다.

2010년 9월은 수확에 좋은 날씨였다. 7~8월에 뜨거운 햇살이 내리쬐어 샤토들은 수확 날짜를 자유롭게 정할 수 있었다. 이 지역 와인 생산자들이 기억하고 있는 최근 빈티지 중 최고의 해였다. 9월은 1등급 샤토를 총괄하는 디렉터들에게도 명성이 걸려 있는 중요한 달이다.

디렉터는 소유주는 아니지만 1등급 샤토의 공적인 얼굴이며, 세계 최고 수준의 고급스럽고 우아한, 보르도의 전형적인 와인을 만드는 책임을 짊어지고 있다. 이들은 연중 많은 시간을 손님을 접대하고, 세계를 돌며 와인을 홍보하고, 전략적 결정을 내리며, 중세 때부터 해오던 판촉 행사를 하며 보낸다. 하지만 9월이 오면 전 세계의 애호가들이 기다리고 있는 위대한 와인을 만드는 본연의 임무로 돌아간다.

또한 그들의 배후에는 더없이 엄격한 소유주들이 있다. 라피트와 무통은 로칠드 가문의 두 가족이 소유하고 있다. 그들은 수세기 동안 유럽 힘의 중심에서 정치적으로는 나폴레옹 전쟁부터 수에즈 운하 건설까지 시대를 가르는 대 역사에 기금을 조성하며 역대 통치자들을 지원해왔다. 라투르는 억만장자 프랑수아 피노François Pinault가 맡고 있다. 그는 다국적 기업 PPRPinault-Printemps-Redoute의 소유주이며 구찌, 크리스티, 이브 생 로랑, 베니스의 팔라조 그라시도 소유하고 있다. 마고의 코린느 멘체로푸로스Corinne Mentzelopoulos는 그리스 억만장자 앙드레 멘체로푸로스의 딸이며, 파리 정치대학을 졸업한 프랑스의 가장 부유한 여성 중 한 명이다. 샤토 오브리옹은 유럽 왕족 집안이다. 룩셈부르크 대공의 사촌인 로버트 왕자가 회장이며 대표를 맡고 있다. 그는 1935년에 이 샤토를 매입한 미국의 금융업자 클라렌스 딜론Clarence Dillon의 손자이다.

샤토의 외부는 전통이 그대로 지속되는 것같이 보인다. 그러나 내부에서 일하는 디렉터나 소유주는 큰 다국적 기업의 최고 책임자처럼 신중하게 샤토를 운영하고 있다. 오브리옹은 한 해 20만 병 정도, 라피트는 퍼스트 와인, 세컨드 와인 또 가끔 만드는 서드 와인을 합하면 40만 병 정도를 생산한다. 판매는 해마다 출시하는 최근 빈티지와, 가격은 예측이 다소 불가하지만 비교적 일정한 비율로 오르는 올드 빈티지를 매년 소량씩 출시한다. 한 해 매출액은 적어도 3억5천만 유로 이하로 떨어지지 않으며, 좋은 해에 생산량이 많으면 10억 유로까지 오른다.

와인의 출고 가격은 해마다 각 샤토의 디렉터와 소유주가 함께 책정한다. 와인 가격은 샤토의 자산에 영향을 줄 뿐만 아니라 전 세계의 고급 와인 시장에 미치는 파급 효과도 크다. 디렉터는 직원들을 통솔하는 일 외에도 복잡한 보르도 와인 시장을 총괄하는 일, 역사적 기념물이며 와이너리이기도 한 건물을 유지하는 일, 세계 150여 개국의 상인, 고객들과 상담하는 등 일이 많다. 귀족들의 여유로운 일상과는 거리가 멀다.

로칠드 가는 19세기에 세계에서 가장 부유한 가문으로 부상하였으며 현재까지도 그 명성을 지켜가고 있다. 영어로는 로스차일드, 독일어로는 로트실트, 프랑스어로는 로칠드로 발음되지만 한국에서는 와인 이름으로 라피트 로칠드, 무통 로칠드로 불린다. 로칠드 가의 사업은 국제 금융, 주식, 광업, 에너지 사업 등 광범위하다. 당시 로칠드라는 이름은 사치와 부의 대명사로 여겨졌다. 예술품 수집, 자선 사업에도 관심을 기울였으며 그들이 소유한 샤토나 궁전이 41개나 되었다고 한다.

가문을 일으킨 마이어 암셸 로칠드는 1744년에 독일 프랑크푸르트의 유대인 거주 지역에서 태어났다. 그는 동전 거래상으로 시작하여 독일 왕가와 인연을 맺으며 금융 제국을 이루었다. 다섯 명의 아들을 유럽 각지로 파견하여 사업의 범위를 확장하였으며, 가문의 문장에 그려진 다섯 개의 화살은 다섯 명의 아들을 상징한다. 그들 중 런던으로 간 둘째 아들인 나단의 아들 나다니엘이 1853년에 샤토 무통 로칠드를 매입했고, 파리로 간 막내 아들 제임스가 1868년에 샤토 라피트 로칠드를 매입했다. 나다니엘은 1852년에 삼촌인 제임스의 딸과 결혼하여 두 샤토는 이미 한 가족으로 연결되었다.

로칠드 가는 전쟁 중에 상당한 부를 늘였다고 한다. 유럽 각국에서 사업을 벌이고 있는 아들들이 프랑크푸르트-파리-런던-빈-나폴리로 이어지는 정보망을 구축하여, 혁명과 전쟁의 소용돌이 속에서 국제 정세에 재빨리 대응할 수 있었다. 나폴레옹의 마지막 전쟁인 워털루에서 영국이 승리했다는 소식을 영국 정부보다 48시간 먼저 입수하고 국채를 무더기로 사들여 천문학적 이익을 얻었다는 소문도 있다. 나폴레옹 전쟁이 끝난 후에는 거대한 영향력을 행사하며 각국의 정치 권력과 밀접한 관계를 유지했다. 영국의 산업 혁명에도 가담하여 부를 축적하였고, 보불 전쟁에 패한 프랑스가 전쟁 배상금을 갚는 데도 결정적인 기여를 했다. 영국의 수에즈 운하 인수와 유럽의 철도망 구축, 팔레스타인 땅에 이스라엘을 건국하는 데도 주도적인 역할을 했다. 대표적으로 성공한 유대인 가문으로, 특히 제임스의 넷째 아들 에드몽은 팔레스타인 유대인 이민 후원자였으며, 막대한 자금을 투입하여 미국 정부가 이스라엘 건국을 지지하는데 큰 역할을 했다.

1등급 샤토의 운영

다섯 명의 디렉터들은 얼핏 보면 정성들인 맞춤 정장을 항상 입는다는 것 외에는 공통점이 거의 없어 보인다. 와인계 거장들이 모이는 특별한 클럽의 회원이라는 사실을 알아차릴 수 있는 특징이 거의 없다.

이력서도 일치하는 점이 없다. 각 샤토는 경영 구조도 다르고 문화도 다르다. 1등급 샤토의 디렉터가 되는 분명한 길이 따로 있는 것도 아니다. 다섯 명 중 가장 젊은 43세의 장 필리프 델마Jean-Philippe Delmas는 2004년에 아버지가 하던 직업을 그대로 물려받았다. 할아버지는 1923년부터 오브리옹에서 일을 하기 시작했다. 아버지 장 베르나르Jean-Bernard는 보르도 시 북서쪽 교외의 영지에서 태어났으며, 필리프는 샤토의 대문

오른쪽 _ 샤를 슈발리에, 샤토 라피트 로칠드

샤토 오브리옹

오른쪽 _ 5대 샤토의 디렉터

앞줄(왼쪽부터) 폴 퐁탈리에
프레데릭 앙제레
뒷줄(왼쪽부터) 샤를 슈발리에
에르베 베르랑
장 필리프 델마

에서 1백 미터밖에 떨어지지 않은 병원에서 태어났다.

샤토 마고의 폴 퐁탈리에Paul Pontallier는 어린 시절 대부분을 부모의 포도밭에서 보냈으나 학문의 길을 거쳐 현재의 직업을 갖게 되었다. 그는 양조학 박사 학위를 가진 농업 기사이며, 1983년 27세의 나이에 마고에서 일을 시작했다.(2016년 사망) 무통과 리피트에는 여러 명의 디렉터들로 구성된 위원회가 있으며, 에르베 베르랑Hervé Berland과 샤를 슈발리에Charles Chevallier가 각각 샤토를 대표하는 공적인 얼굴이다. 베르랑은 보르도 토박이지만, 슈발리에는 남 프랑스 몽펠리에 근처에서 와인을 만드는 가족들 속에서 자랐다. 둘 다 50대이며, 로칠드 가의 포도밭에서 각각 거의 30여 년 동안 일해 왔다.

라투르는 약간 다르다. 디렉터인 프레데릭 앙제레Frédéric Engerer는 파리에서 보르도로 왔다. 그는 프랑스 국제경영대학을 졸업하고 경영 컨설팅을 하다가 1994년 30세에 라투르를 맡게 되었다. 다른 네 명과는 이력의 차이가 있으나 앙제레는 라투르와 함께 먹고 자고 숨 쉰다고 말하며 수확 때는 잠시도 포도밭을 떠나지 않는다.

디렉터들은 서로 다르긴 하지만 각 샤토에 스며 있는 가치와 역사 그리고 테루아를 계승 발전시키는 일이 그들의 책무라는 것을 깊이 인식하고 있다. "물론 이들 포도밭에서 일하는 것은 특혜이며 영광입니다. 1등급 샤토는 아름다운 문화유산일 뿐 아니라 우리 모두에게 일하는 보람을 느끼게 합니다. 무엇보다도 세계 최고의 와인을 해마다 수십만 병씩 만들 수 있는 곳이니까요. 우리 와인은 빈티지가 좋은 해에만 소량 만드는 와인이 아닙니다. 이곳에서 우리는 겸손함과 신중함을 배우게 됩니다. 작은 실수도 용납되지 않는다는 것을 알게 되지요." 에르베 베르랑이 말한다.

1등급 샤토들은 각각 샤토의 역사에 관한 훌륭한 책들을 이미 발간했으며 또 이 책들은 연구에 많은 도움이 된다. 하지만 역사적으로 서로 연결된 사건들이나, 주고받은 영향에 대한 고찰은 아직 찾아볼 수 없었다. 보르도 와인과 고급 와인 시장의 성장을 이해하기 위해서는 현재와 같은 샤토가 이루어진 배경과, 그들의 이야기를 한데 모아 역사 전체를 알아보는 것은 꼭 필요한 과정이라 생각한다.

오브리옹의 디렉터로 1961년부터 2003년까지 일했던 장 베르나르 델마는 10여 년 전 뉴욕 시음회에서 1등급의 의미를 분석하고 정의를 내려달라는 제의를 받았다.

그는 실용적인 성격대로 도표와 사진을 첨가하며 논리 정연하게 설명했다. "최고의 와인은 자연과 인간의 여러 가지 요인이 합하여 만들어집니다. 그중 첫째는 지질학적 수수께끼입니다. 위대한 보르도 와인은 몇 가지 필수적인 전제가 충족되어야 합니다. 우리는 이를 지난 250년 동안 경험으로 알고 있어요. 포도밭은 완만한 언덕 지대에 조성되어야 하고, 토양은 포도나무 뿌리가 깊게 내릴 수 있어야 합니다. 크고 작은 자갈돌이 섞여 있어야 하며 하층토는 배수가 완벽해야 합니다." 또한 좋은 소유주를 만나 수세기 동안 축적해온 포도밭 관리와 양조법과 더불어 과학적 지식을 더할 수 있어야 한다고 강조했다. 그는 대목의 선택부터 시작하여 병입 전 여과의 종류까지 자세하고 체계적으로 설명했다. "최고 등급은 우연히 최고가 되지는 않습니다." 그가 결론짓는다.

그러나 위의 모든 조건을 같은 마을에 있는 이웃 샤토에 적용시켜본다 해도 5대 샤토와 같은 와인이 만들어질 수는 없다. 1등급 와인의 지리적, 역사적, 정치적, 사회적인 총체적 배경은 세계 어느 곳에서라도 완벽하게 재현되기는 불가능하기 때문이다. 이 책은 '왜 그럴까?'라는 의문에 대한 답을 찾아보려는 노력의 일환이다.

샤토 무통 로칠드

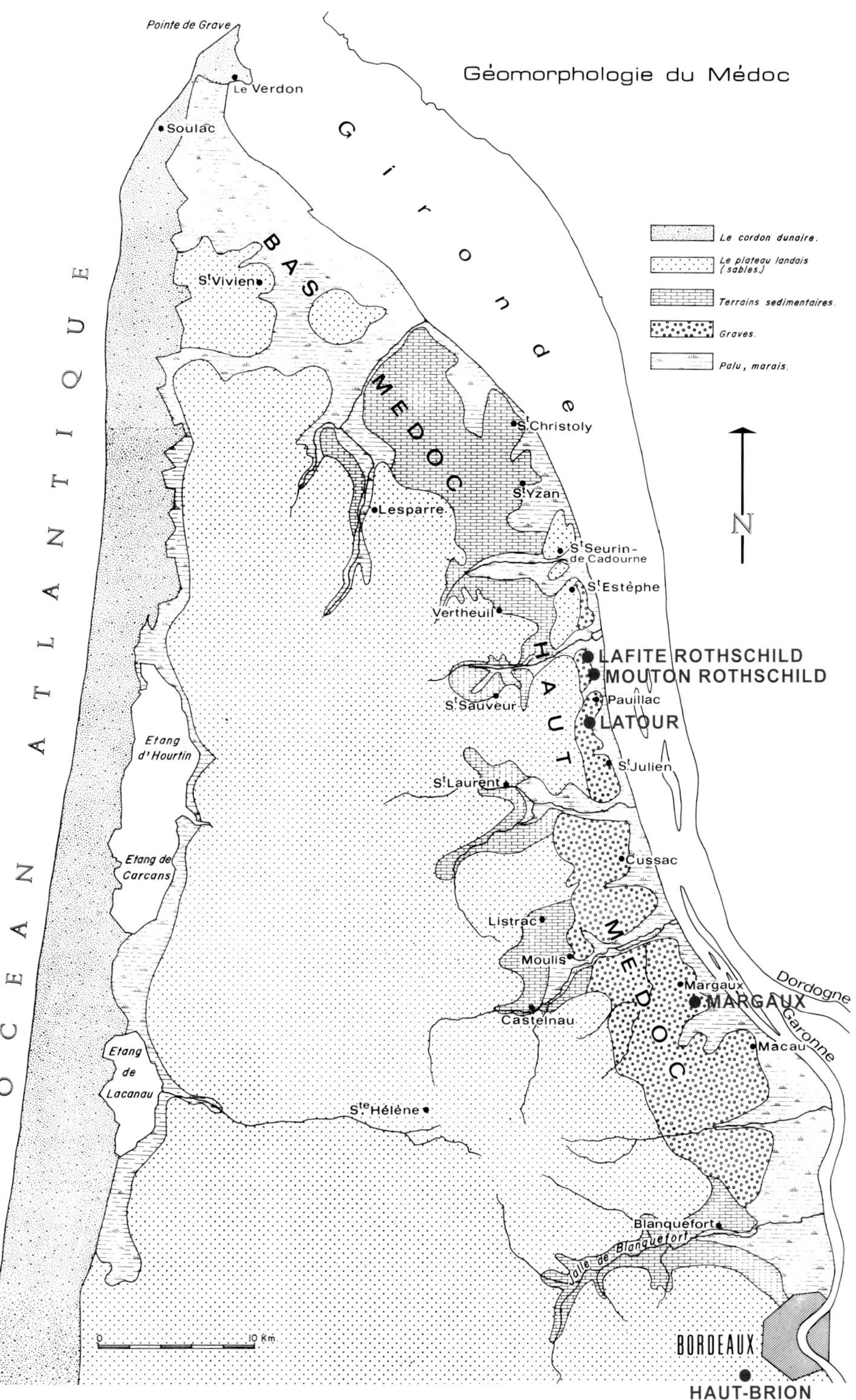

상 볼 가네르가 보관중인 메독 지도

1

1등급 와인의 탄생

고가의 1등급 와인은 화려한 만찬장을 빛내며 멋진 파티 드레스와 와인 여행 등 사치스러운 이미지를 만들어낸다. 하지만 이는 실상을 왜곡시키는 면이 있다. 1등급들은 수세기에 걸친 부단한 노력과 디테일에 대한 엄격한 집착으로 마침내 가격의 격차를 이루어낼 수 있었으며, 충직한 애호가들도 점차 늘려갈 수 있었다.

프르미에 크뤼Premier Cru는 단어에서 그 의미를 찾아볼 수 있다. 크뤼cru는 불어로 크르와트르croître(자라다)의 과거분사형이다. 프르미에 크뤼는 일반적으로 사용하는 영어의 퍼스트 그로스First Growth와 같은 말이며 퍼스트 그로운First Grown이라고도 번역할 수 있다. 이는 곧 프르미에 크뤼 포도밭들은 역사적으로도 보르도에서 가장 오래된 포도밭들이라는 뜻이다. 5대 샤토의 영지에는 적어도 15세기경, 또는 그 훨씬 전부터 포도가 재배되고 있었다.

당시 소유주들은 실제 최초로 포도밭이 딸린 영지를 구입했고, 직접 수확한 포도로 와인을 만들었다. 일반적인 와인은 보르도Bordeaux나 그라브Graves, 메독Médoc 상표를 붙였지만, 이들은 개인 영지에서 재배한 포도로 만든 와인에 독특한 상표를 붙여 판매했다. 1등급 외에도 20세기에 와서 유명해지고 세계적인 명성을 얻게 된 샤토들도 여럿 있다. 하지만 1등급 샤토들은 수세기에 걸쳐 오랫동안 와인을 생산해 오면서 품질의 검증을 충분히 거쳤다고 볼 수 있다. 또한 결정적으로는 정치적인 힘과 영향력을 갖춘 가족들이 경영을 이어오며 혁명과 전쟁, 시장 붕괴 등을 극복하고 포도밭을 지킬 수 있었기 때문이다.

국보급 와인들

5대 샤토는 모두 역사가 길고 서로 복잡하게 얽혀 있다. 5대 샤토에 대한 연구는 역사가 가장 오래된 오브리옹에서부터 시작된다. 알랭 퓌지니에Alain Puginier는 25년간 오브리옹의 문서 보관소에서 문서를 수집하고 보존해 왔다. 1등급 샤토들은 프랑스의 국보급에 속하며 이들은 역사를 보존하는 데도 대단한 노력을 기울인다. 문서를 담당하는 일도 정규직에 속하며, 샤토들의 문서 보관 상태는 서로 다르다. 특히 무통 로칠드는 2차 세계대전 중 일부가 파기되고 없어지기도 하여 더욱 일관성이 없다. 반면 이웃 라피트 로칠드의 문서들은 좋은 상태로 남아있다. 라피트 로칠드는 2001년 영국에 있는 대 저택 워데스던 매너Waddesdon Manor의 전문가들을 보르도로 파견하여 먼지가 층층이 쌓인 기록들을 검토하고 문서 보관소를 정리하도록 했다.

샤토 마고는 정원이 내려다보이는 멋진 도서관에 잘 정돈된 문서들이 상자에 줄지어 보관되어 있다. 보르도 봉건 시대에 대한 초기 문서들도 남아있으나 1960년대의 화재로 다소 소실되었다. 라투르와 오브리옹이 가장 방대한 자료를 보유하고 있으며, 14~15세기부터의 문서들이 냉난방이 완비된 방에 질서정연하게 보관되어 있다. 오브리옹의 문서 담당 퓌지니에는 이들을 빛 보게 한 공신으로 자부심을 가질만하다.

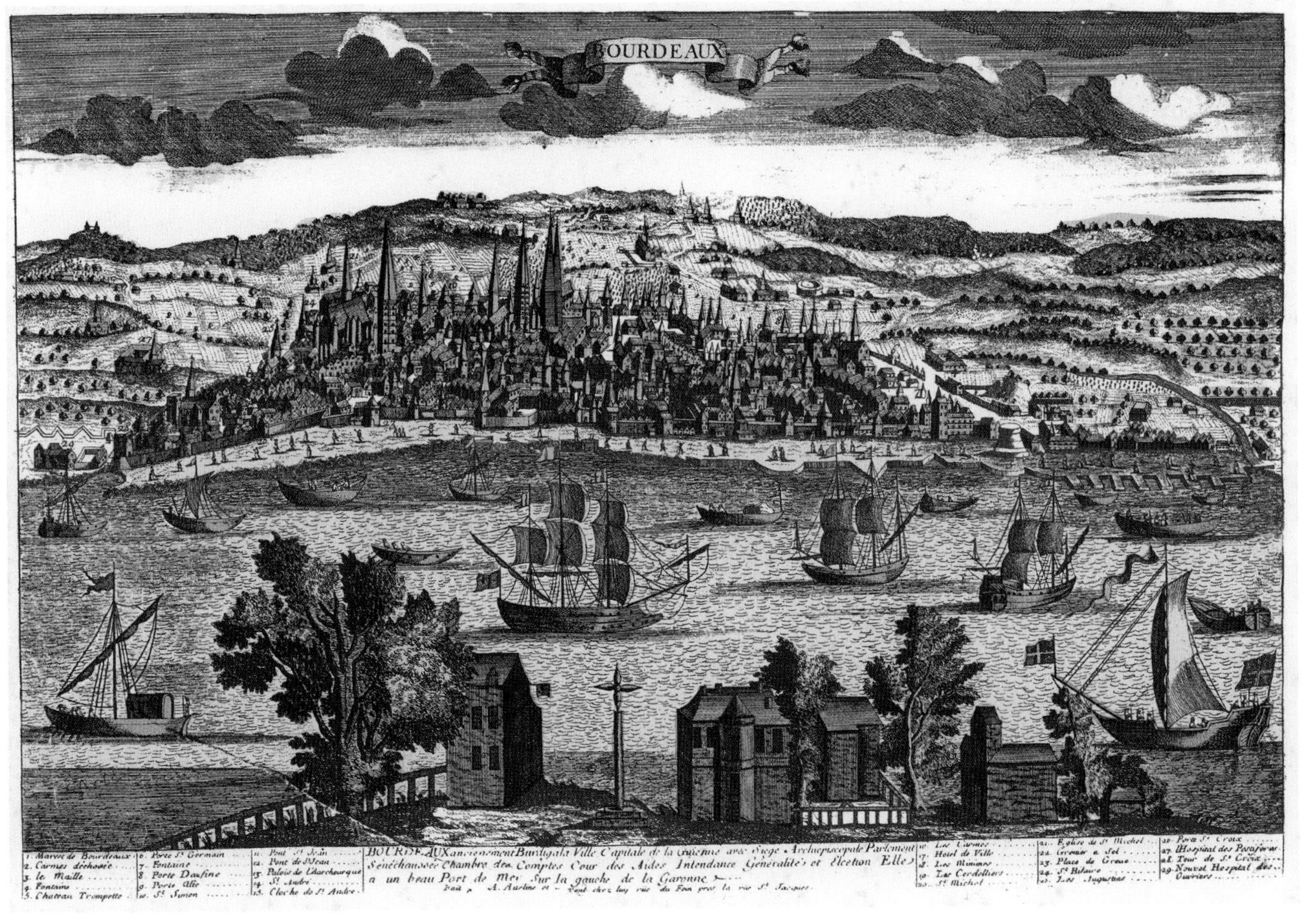
BOURDEAUX
2. Carmes déchossée
3. le Maille
4. Fontaine
5. Chateau Trompette
6. Porte St Germain
7. Fontaine
8. Porte Dausine
10. St Simon
12. Pont de St Jean
14. St André
17. Hotel de Ville
19. Les Cordelliers
20. St Michel
23. Place de Greue
24. St Hilaire
28. Tour de St Croix
29. Nouvel Hospital des Ouvriers
Sénéchaussée Chambre des Comptes Cour des Aides Intendance Généralité et Election Elle
a un beau Port de Mer sur la gauche de la Garonne

18세기 보르도 항구

"오브리옹은 실제로 5대 샤토 중 최초로 명성을 떨친 곳이었으며, 그후 다른 샤토들이 뒤따라 명성을 얻게 되었습니다." 피지니가 말한다. 그는 보르도 몽테뉴 대학에서 중세 역사로 석사 학위를 받은 후 바로 오브리옹에 와서 지금까지 자리를 지키고 있다.

최초의 포도나무

오브리옹은 여러 면에서 다른 1등급과는 다르다. 우선 5대 샤토 중 메독 지역을 벗어난 곳에 있는 유일한 샤토이다. 1등급 중 보르도 시내에서 가장 가까운 곳에 있으며, 공식적으로는 그라브 지역의 북쪽 페삭 레오냥 아펠라시옹Pessac-Léognan Appelation에 속한다. 따라서 재배하는 포도 품종에 약간 차이가 있으며(메를로가 더 많다) 수확일도 다르다. 교통 체증이 없으면 보르도 중심에서 차로 10분이면 오브리옹 포도밭에 도착할 수 있다. 19세기에 지어진 보르도 미술관에서 복잡한 간선 도로를 타고 북서쪽으로 향하면, 페삭 정거장을 지나 약국과 세탁소, 교차로가 드문드문 있는 보르도 교외로 나간다.

오브리옹이 처음 조성된 7백여 년 전에는 보르도 외곽까지 오지 않아도 포도나무들을 볼 수 있었을 것이다. 걸어서만 다닐 수 있는 구시가에는 중세 시대의 유적인 성벽과 성문들이 아직도 남아있다. 당시에는 성문에서 나가는 모든 길이 포도나무 숲에 둘러싸여 있었을 것이며, 오브리옹 저 너머까지 초록빛 심해를 이루고 있었을 것이다.

샤토 오브리옹

오른쪽 _ 샤토 오브리옹 포도밭

중세 보르도를 둘러싸고 있었던 포도나무들은 오랜 전통을 이어오며 아직도 남아있다. 보르도에서는 이미 중세 이전부터 와인을 만들어왔으며, 이 지역에서는 와인 양조에 사용했던 장비나 압착기 등 유물이 수시로 출토된다. 로마 정복 전후 이 지역에 비투리지 비비스크Bituriges Vivisques라는 부족이 부르디갈라Burdigala 근처에 살고 있었기

포도나무에 둘러싸인 보르도 성, 19세기

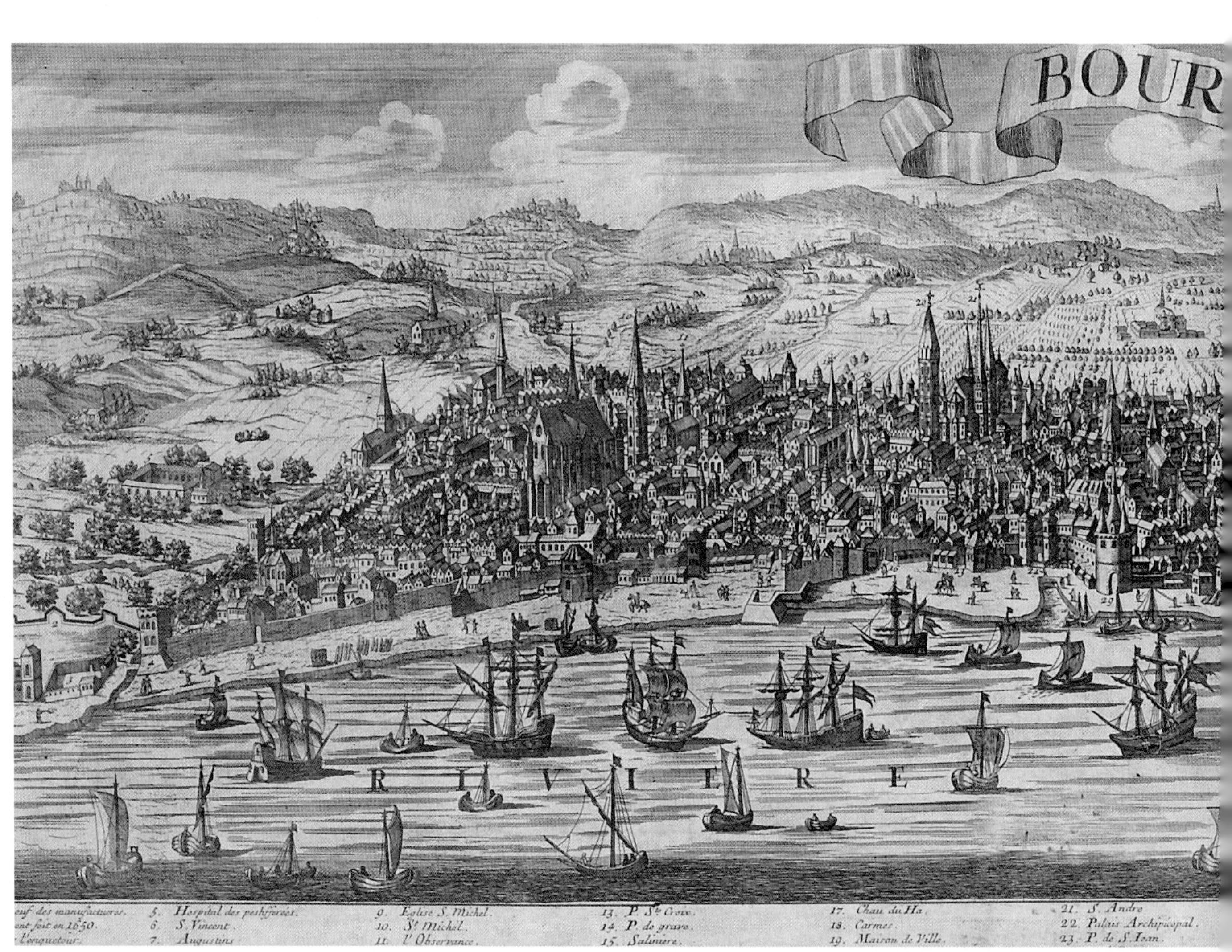

때문에 오브리옹 지역에 포도밭을 조성했을 가능성은 있다. 물론 퓌지니에가 분명한 증거를 찾을 때까지 기다려 봐야겠지만, 브리옹Brion이라는 이름도 비투리지 족이 쓰던 말로 요새로 만들 수 있는 높은 지역을 뜻하는 브리가briga에서 온 것 같다.

로마는 기원전 50년 갈리아를 정복하며 지중해 연안에 포도나무를 심기 시작했으며 수송이 편한 부르디갈라(보르도의 옛 이름)에 주도를 세웠다. 40년경부터 보르도에 비투리카Biturica(카베르네 소비뇽의 조상)라는 품종의 포도가 재배되고 있었다. 비투리카는 비투리지Bituriges라는 원주민 부족이 재배하던 포도에서 유래한 이름인 것 같다.

현재의 샤토 오브리옹은 중세 후반 르네상스로 막 진입하려는 시기에 설립되었다. 당시 보르도의 유력한 지주들은 넓은 영지를 차지하며 군림했다. 이들은 중세부터 1789년 프랑스 혁명 때까지 막강한 권력을 행사하던 지배 계급이었다. 영주seigneurs라는 칭호는 사고팔 수 있었으며 영지에 속한 재산과 땅, 그리고 그곳에 사는 사람들까지 부릴 수 있는 권리가 있었다. 그들은 그 대가로 전쟁을 치르고, 왕을 위해 여러 가지 도움을 주는 역할을 맡았다.

프랑스 혁명 때까지는 영주가 다수의 영지를 소유하는 것이 아주 흔한 일이었다. 왕은 매매가 이루어질 때마다 세금을 거두어들였다. 귀족들의 영지는 놀랄 만한 속도로 늘어났다. 결혼이나 사망, 정치적 변동, 파산 등으로 일부를 병합하거나 서로 교환하는 일도 잦아 왕의 변호인이나 공증인들은 늘 바빴다. 영주가 다른 영지에서 사냥을 하거나 방목을 하며 임대료를 지불하는 일도 흔했기 때문에 무척 복잡한 상황이었다.

오브리옹의 영지는 그라브 지역에서 가장 큰 부분을 차지하고 있었다. 북쪽 메독 지역의 조건이 좋지 않은 땅은 라 모스 드 마고La Mothe de Margaux와 라 히트La Hite, 모통Moton, 라 토르 드 상모베르La Tor de Sent-Maubert의 영지였다. 농부들은 포도나무 몇 고랑을 심었고 다른 농사도 지었으며 수확의 1/5 정도를 영주에게 바치는 소작농들이었다.

후에 소작이 일반화되면서 영지에서 수년간 일한 소작농들은 영주와 소득을 동등하게 나누게 되었다. 얼핏 보기에는 이 제도가 공평한 것 같지만, 실제로는 보르도에 사는 사람들에게만 세금을 면제해 주었기 때문에 영주들에게 유리한 제도였다. 영주는 보르도 시내에 저택을 가질만한 충분한 재력이 있었다. 하지만 시내

보르도 대극장, 19세기

오른쪽 _ 보르도 시의 영지 매매 기록

en conséquence des Lettres de Chancellerie, datées du Avant may du present année Signées par le Conseil Cassan[illegible] & scellées, assisté de Me. Jean Roux son Procureur, lequel en présence dudit Procureur du Roi, étant ledit Chapt de Rastignac tête nue, les deux genoux à terre, sans ceinture, épée ni éperons, tenant les mains jointes, a fait & rendu au Bureau les Foi, Hommage & Serment de fidélité qu'il doit & est tenu de faire au Roi notre Sire LOUIS XV. Roi de France & de Navarre à présent regnant, pour raison de la terre et seigneurie de Rastignac en haute moyenne et basse justice domaine et fiefs cens et rentes [illegible]

appartenance & dépendance, situé dans la senechaussée de Perigueux

relevant de sa Majesté, à cause de son duché de guienne Et après avoir promis & juré sur les Saints Evangiles, d'être bon & fidele Sujet & Vassal du Roi, ainsi qu'il est porté dans les Chapitres de fidélité vieux & nouveaux, & de satisfaire à toutes les obligations auxquelles sont tenus les Vassaux de sa Majesté, de payer tous les Droits & Devoirs Seigneuriaux qui pourroient être dûs, même & par exprès, les profits de Fief, depuis les jours de la Saisie féodale, si aucune a été faite, si le cas y échoit, sous lesquelles obligations ledit Vassal a été par nous investi desd. terre et seigneur à la charge d'en fournir son aveu & dénombrement dans les quarante jours portes par l'Ordonnance, lui faisant main-levée pour l'avenir des fruits desdits biens saisis faute d'Hommage non rendu; sans préjudice des Lods & Ventes Redevances, & autres Droits & Devoirs Seigneuriaux. Fait à Bordeaux au Bureau du Domaine du Roi en Guienne, le cinq jour de may mil sept cent soixante neuf

Chaperon [illegible] Latouche Gaultier

[illegible] Cartone [illegible]

에 집이 없는 소작농들은 와인 값에서 세금을 제하고 나면 소유주에 비해 소득이 적을 수밖에 없었다. 소작농들이 세를 내지 못하면 영주는 땅을 매입할 수 있는 우선권을 행사했다. 이런 제도의 허점을 이용하여 18세기에는 1등급 샤토들이 소작농들의 포도나무를 거의 차지하며 부를 축적하고, 노동자를 고용할 수 있게 되었다. 남자에게는 일당 10~12수sous(20수는 1리브르, 프랑스 혁명 때까지 사용하던 화폐), 여자에게는 6~8수를 지불하고 숙식을 제공했다. 소농이었던 농부들은 노동자로, 포도밭 일꾼으로 전락하게 되었고 1등급 소유주는 드넓은 영지의 유일한 주인이 되었다.

퐁탁 가의 등장

16세기 초까지만 해도 메독 지역은 와인 생산 지역으로는 역사적으로 주목을 받지 못했다. 메독이 뒤늦게 와인 지역으로 등장하게 된 이유는 지도를 보면 어느 정도 이해할 수 있다. 현재 5대 샤토 중 셋이 모여 있는 포이약 지역은 보르도에서 40킬로미터 정도 떨어져 있다. 보르도 경계선에 있는 페삭 지역의 오브리옹이나, 23킬로미터 떨어져 있는 마고보다는 훨씬 먼 곳이다. 오브리옹은 보르도와 가까워 더 유리한 점이 있었다.

이 지역의 포도 재배는 로마인들로부터 유래되었을 것이라는 추론은 매우 신빙성이 있다. 그러나 실제로 남아있는 문서에는 15세기 중반인 1436년, 조하나 모나데이Johana Monaday가 오브리옹Aubrion(High Mount)의 영주였을 때 포도나무 스물아홉 이랑을 재배했다는 기록이 있다. 모나데이는 보르도의 부유한 가문으로 주화를 제조했으며 주로 은으로 동전을 만들었다. 주화는 16세기 후반 점차 사라졌지만 중세 프랑스에서 널리 사용되었으며 지역마다 모양이 달랐다. 모나데이는 아들 아마니외 다르삭Amanieu d'Arsac에게 영지를 물려주었고 다음은 더 부유한 보르도 상인인 압Ap 가족과 드 푸르de Four 가족이 소유하게 되었다. 15세기 초에는 생테밀리옹Saint Émilion 근처 프랑Francs의 영주였던 포통 드 세귀르Pothon de Ségur의 부인 마르게리트 드 푸르Marguerite de Four가 소유주가 되었다. 영지는 그녀의 아들 장 드 세귀르Jean de Ségur와 가족들에게 상속되었다. 이 영지는 1531년 바스크 상인 장 뒤알드Jean Duhalde에게 매각되었지만, 세귀르 가족은 몇 세기에 걸쳐 라피트와 라투르, 무통을 소유하며 보르도 와인에 강한 영향력을 이어갔다.

현재 오브리옹의 역사는 장 드 퐁탁이 1533년에 오브리옹의 영주가 된 후부터 시작된다. 퐁탁은 1525년 리부른 시장의 딸 잔느와 결혼하여 오브리옹과 인연을 맺게 된다. 리부른은 보르도에서 동쪽으로 48킬로미터 떨어진(현재 생테밀리옹 포므롤 지역) 아담한 소도시이다. 잔느는 지참금의 일부로 오브리옹 영지 부근의 땅을 갖고 왔는데, 경작은 따로 했지만 수확의 1/5은 오브리옹 영주에게 바치는 땅이었다.

오른쪽 _ 뉴 프렌치 클라렛을 만든 아르노 드 퐁탁 3세

퐁탁은 훨씬 더 큰 파이 조각이 있다는 것을 알고, 오브리옹의 영주에게 전 영지의 권리와 작위를 팔도록 설득했다. 장 뒤알드는 영주가 된 지 불과 2년 후인 1533년에 2,640보르도 프랑을 받고 오브리옹을 퐁탁에게 팔았다. 그라브 와인은 당시 그 지역의 최고 품질로 인정받고 있었기 때문에 현명한 퐁탁은 아내의 지참금으로 얻은 작은 땅에 대단한 잠재력이 있다는 것을 알았다. 그라브의 명성은 영국에 와인을 팔기 시작한 중세 초기부터 시작하여 메독이 그라브를 앞지르기 시작한 19세기까지 이어져 왔으며, 그후로도 줄곧 뒤지지 않고 있다.

당시에는 클라렛Claret이라는 옛날식 일반 레드 와인을 만들었으며 고객은 주로 영국인이었다. 오브리옹 영지 입구Seuil de la Seigneurie de Haut-Brion에는 와이너리와 압착기가 있었다. 압착기는 프랑스 혁명 때까지도 현재 길렘 에스토Guilhem Esteou라고 부르는 포도밭의 배수탑 옆에 있었다.

클라렛Claret은 레드 와인과 로제 와인의 중간 정도의 와인 특성을 가지고 있다. 중세 영국인들은 보르도 레드 와인을 클라렛이라고 불렀다. 불어 클레레Clairet에서 유래했으며 18세기까지 영국에 수출했다. 로제보다는 좀더 진한 색깔로, 가벼운 타닌을 느낄 수 있으며 과일 향이 풍부한 레드 와인이다.

잠시 동안 영주와 임차인이었던 퐁탁과 장 뒤알드는 다른 인연도 있었다. 그들은 둘 다 프랑스 남서부의 바스크 지역 베아른Béarn 출신의 상인이었다. 장 퐁탁의 아버지 아르노 드 퐁탁은 배를 소유한 상인이었으며, 1504년부터 보르도 지사와 시장을 역임했고 '귀족noble homme'으로 불려졌다. 작위는 없었지만 '귀족 계층The nobility of the robe'에 속했으며, 이들은 1등급의 역사에 대단히 중요한 역할을 해왔다.

장 퐁탁은 초기에는 아버지의 사업을 이어받아 와인과 정향, 설탕 등을 거래했다. 그는 바스크 지역의 베이욘느Bayonne 항에서 일하며 뒤알드와 자주 만났을 것이며, 분명 성공한 상인이었기 때문에 뒤알드가 거절할 수 없는 조건을 제시하여 마침내 오브리옹을 차지하게 되었을 것이다.

장 드 퐁탁은 남자든 여자든 간에 대인 관계에 뛰어난 인물이었던 것 같다. 그는 당시에는 상상도 할 수 없었던 나이인 101살까지 장수하였으며, 긴 생애 동안 정치에도 적극적으로 참여했다. 다섯 명의 왕－루이 12세, 프랑수아 1세, 앙리 2세, 샤를 9세, 앙리 3세의 통치 아래 살았으며, 3명의 아내와 15명의 자녀를 두었다.

그는 정치적 역량도 있었지만 개인적으로는 포도 재배에 강한 애착을 보였다. 정치 경력 외에도 포도에 대한 그의 열정은 그를 진정한 오브리옹의 아버지로 추앙받게 했다. 보르도 시 도서관에 보관된 기록에 의하면 그는 수확의 20퍼센트를 받던 영지 주위의 작은 소작지들을 차례로 사들였으며, 말년에는 현재 오브리옹에 있는 포도나무의 반 이상을 소유했다고 한다.

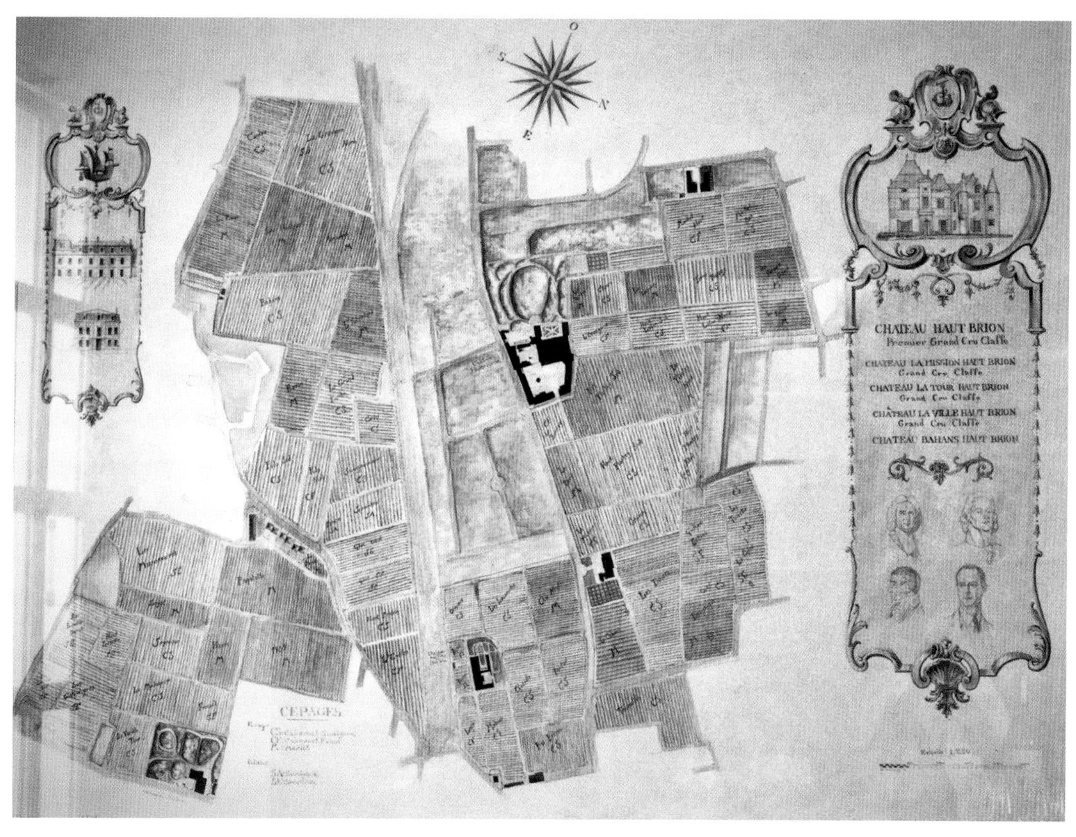

이 포도나무들이 아직도 같은 땅에서 자라고 있다는 사실은 놀라운 일이다. 보르도 시 인근의 포도밭들은 그 사이에 많이 사라졌다. 특히 1차 세계대전 후 프랑스에서는 이농이 크게 늘었고 도시 개발로 농경지는 대폭 줄어들었다. 오브리옹 소유주들의 정치적 영향력이 분명 진가를 발휘한 것 같다. 그들은 때로는 정부에 기꺼이 협조하며, 포도 재배에 좋지 않은 땅을 공원이나 숲 조성 등 명목으로 보르도 시에 적절하게 팔기도 했다. 하지만 포도나무는 그대로 보존하여 보르도에서 가장 오래된 포도밭으로 남게 되었다.

16세기에 장 드 퐁탁이 지은 샤토는 분명 포도밭이 둘러싸고 있는 영지의 중심이었을 것이다. 현재 샤토의 가장 오래된 부분으로 남아있는 1549년에 지은 이 건물은 다른 5대 샤토와 비교할 수 없는 긴 역사를 지니고 있다. 라피트는 1572년, 마고는 1810년, 라투르는 1862년에 현재 샤토를 지었고, 무통의 경우에는 19세기와 20세기에 걸쳐 조금씩 건축이 진행되었다. 중요한 점은 이 건물이 옛날의 압착기가 있던 곳이 아닌, 자갈 언덕 기슭의 모래땅으로 옮겨 지어졌다는 것이다. 이는 장 드 퐁탁이 테루아의 개념을 잘 알고 있었다는 점을 감지하게 해준다. 옛날 와인 압착기 근처의 따뜻한 자갈밭에는 포도나무를 심어야 했기 때문이다.

장 드 퐁탁은 미래를 위해 샤토를 반석 위에 굳건히 세웠고, 1589년 4월 5일 세상을 떠날 때까지 건강하게 살았다. 그의 영지는 27세에 신부로 서품된 넷째 아들 아르노 퐁탁 2세에게 상속되었다. 1605년에는 조카 제오프루아Geoffroy가 이어받았으며, 그는 보르도 의회 의장이 되었다. 다음 세대인 아르노 드 퐁탁 3세는 운영 방식을 완전히 바꾸었다. 드디어 5대 샤토의 탄생을 예고하는 분위기가 만들어진 것이다.

아르노 3세는 전형적인 르네상스 맨이었다. 그는 프랑스에서 가장 큰 개인 도서관을 갖추고 있었고, 가족들의 정치 참여 전통에 따라 기옌Guyenne 의회 의장이 되었다.

그는 1649년에 샤토 소유주가 되었으며, 첫 10년 동안 부속 건물을 지어 샤토를 두 배로 늘였다. 또한 당시 발전한 과학 기술을 도입하고 자신의 아이디어도 더하여 와인의 품질을 향상시키는데 열정을 쏟아 부었다. 의회의 직무도 프랑스나 외국의 정치 상황을 배우는데 이상적이었으며, 자신에게도 유리한 입지를 제공해 주었다.

영국과의 관계

퐁탁의 아르노 3세가 오브리옹을 맡기 시작한 17세기는 유럽 역사에 중대한 사건들이 일어난 시기였다. 영국에서는 내전이 일어나 왕 찰스 1세가 처형(1649년)되었다. 이는 1789년에 일어난 프랑스 혁명의 전조로도 볼 수 있다. 영국은 5백여 년 동안 프랑스의 가장 큰 시장이었기 때문에 영국의 정치적 혼란은 보르도의 와인 상들에게는 불길한 소식이었다. 왕의 처형에 이어 올리버 크롬웰이 이끄는 청교도 정치가 계속되면서, 탄탄했던 영국 와인 시장은 현저히 가라앉고 있었다.

1660년 영국 찰스 2세가 왕권을 회복하게 되자 보르도 상인들은 이에 감사하며 활동을 재개했다. 영국 해협 건너편에서 다시 기회를 엿보던 아르노 3세는 새 왕실이 곧 궁중 문화를 재탄생시킬 것이며, 크리스마스 축일도 금지되었던 답답한 청교도 교리에서 벗어나리라는 것을 예견했다. 그는 영국인들이 사치품을 갈구할 것이며, 와인도 분명히 수세기 동안 보르도 사람들이 영국에 팔아왔던 가벼운 클라렛과는 다른 새로운 스타일을 원할 것이라고 생각했다.

왕정복고 전의 보르도 레드 와인은 거의 모두 단순한 '클라렛'이었다. 색깔도 연하고 와인의 구조도 강하지 않았다. 당시에는 청포도와 적포도를 같은 밭에 함께 심어 혼합하거나, 적포도도 껍질을 우려내지 않고 바로 꺼내어 가볍게 만들었다. 와인은 쉽게 상했기 때문에 신선할 때 바로 마실 수밖에 없었다. 혹스헤드hogsheads(4백~5백 갤런)라는 나무 통에 넣어 팔았으며, 주막이나 가정집에서 식탁에 내놓을 때 병을 사용했다. 산화나 재발효는 흔한 일이었으며, 와인이 식초로 변해가는 냄새 등 문제는 브랜디나 사과주, 허브 등을 가미하여 해결했다.

오른쪽 _ 로크Rocque의 1746년 런던 지도

RIVER OF THA
HOLBORN
FARINGDON
WITHOUT
CLERKENWELL
ST ANDREWS
ALDERSGATE
WARD
Fleet Street
The Strand
Church Yard
Cheapside
Christ Church
The Front of the Royal Exchange
The Monument
The North Prospect of St. Pauls Cathedral
The Bank of England
The South Prospect of LONDON
St Georges Fields
St MARY NEWINGTON
Lambeth

아르노 3세는 1650년대를 와인 품질을 향상시킬 절호의 기회로 보고 바삐 움직였을 것이다. 그는 전혀 새로운 방식으로 와인을 만들려는 시도를 했으며, 드디어 뉴 프렌치 클라렛New French Claret을 탄생시켰다.

뉴 클라렛New Claret은 오브리옹의 아르노 3세가 1660년 영국 찰스 2세의 왕정복고를 기회 삼아 영국인의 입맛에 맞게 탄생시킨 현대식 보르도 와인이다. 아황산을 사용하여 침용 기간을 일 주일 이상 늘일 수 있었기 때문에 와인의 색깔과 바디가 강화되었다. 로제 와인보다 침용 시간(로제 : 4~5시간, 클라렛 : 24~30시간, 레드 와인 : 2주 정도)이 더 길며 오크 통 숙성 기간도 늘일 수 있어 복합적인 향미가 첨가되었다.

더 나은 와인을 위한 기술은 지난 수십 년 동안에도 서서히 발전해 왔지만, 아르노 3세는 모든 기술을 종합하고 그의 아이디어도 가미하여 새로운 와인을 만들었다. 새로운 목록 중 첫째는 와인 양조에 큰 나무 통을 사용한 것이며, 다음은 포도 전체(껍질, 씨, 과육, 주스)를 10일 정도로 충분히 침용시켜 와인의 색깔과 타닌을 강화시킨 것이었다. 예전에는 포도 껍질을 2일 이상 주스와 함께 침용시키지 않았기 때문에, 껍질의 색깔과 타닌의 일부만이 발효가 시작되기 전 포도 주스 속에 스며들 수 있었다.

큰 나무 통은 철제 후프를 사용하여 나무판을 조일 수 있는 기술이 개발되면서부터 사용이 가능했다. 그 전에는 물푸레나무로 만든 끈으로 통을 묶었기 때문에 느슨해질 수밖에 없었다. 또 하나 중요한 점은 아황산의 발견에 따라 박테리아로 인한 부패를 막을 수 있었던 것이다. 아황산의 사용은 중세 이래로 와인의 숙성과 이동에 사용했던 오크 통을 소독하는 '더치 캔들Dutch Candle'에서 비롯되었다. 아르노 3세의 새로운 양조법은 와인은 바로 식초로 변한다는 과거의 믿음을 깨고, 와인은 숙성되고 향상될 수 있는 속성이 있다는 확신을 주었다.

더치 캔들Dutch candle은 네덜란드인들이 사용하던 초이며, 촛불로 오크 통 내부를 그슬려 훈제하는 방법으로 소독을 했다. 17세기에 오크 통의 세균 방지를 위해 사용한 유황 소독법은 더치 캔들의 전통에서 유래한 것이다.

오브리옹의 기록을 보면 아르노 3세는 포도송이를 솎아내어 남은 송이에 향미가 집중되도록 그린 하비스트green harvest도 했으며, 수확 후에도 덜 익은 포도를 골라내고 잘 익은 포도만 사용했다고 한다. 양조 과정에서도 압착한 프레스 와인 약간을 발로 으깬 포도 주스와 섞어 와인의 골격을 만들고, 와인의 색깔과 바디를 강화시켰다. 그들은 와인을 정제하기 위해 따라내기를 했으며 발효 후 남은 찌꺼기와 죽은 이스트를 제거했다. 또한 통에서 숙성이 진행되는 동안 증발된 와인을 보충하는 토핑topping도 계속하여, 와인이 공기와 접촉하여

왼쪽 _ 오크 통, 샤토 오브리옹

산화하는 확률을 줄였다. 그 외에도 품질이 떨어지는 와인을 가족용으로 분리하여 세컨드 와인second wine의 개념을 도입했다.

아르노 3세의 가장 혁신적인 아이디어는 영지 중 특급 포도밭 와인을 따로 분류하여 샤토 오브리옹이라는 상표로 출시한 것이다. 당시에는 퐁탁Pontac, 오브리옹Haut-Brion, 호 브라이안Ho Bryan, 오브리엔Obrien 등 여러 이름이 사용되었다. 하지만 이 상표들이 같은 와인인지, 같은 영지에서 만들었지만 다른 와인인지, 오브리옹은 최고 포도로 만들고, 나머지 일반 와인은 '퐁탁'이라고 했는지, 전혀 구분이 되지 않았다. 기록에 의하면 다른 1등급 샤토들도 모두 아주 초기부터 품질이 다른 포도를 각기 다른 통에 숙성시켰으며, 따라서 와인도 구분하여 판매했다고 한다.

18세기에는 이런 사례가 일상화되었지만, 아르노 드 퐁탁 3세는 선두 주자의 혜택을 분명 누렸을 것이다. 오브리옹은 1660년 영국에서 찰스 2세가 왕좌를 되찾은 바로 그해에 왕의 식탁에 올랐다는 기록이 있다. 왕실 셀러 북(식품 저장실, 국왕 폐하의 와인 셀러Office of the Pantry, the Butler and the Cellar of the Lord King)에는 "1660~1661년 국왕 폐하와 접대용으로 배송한 오브리오노Hobriono(오브리옹) 와인 169Bls(병)에 대한 금액을 지불했다."라는 기록이 있다.

왕의 취향이 궁정에서 런던 사교계로 널리 퍼지며 오브리옹은 열광적인 호응을 얻게 되었다. 1663년 '피프스의 일기Pepys's diary'는 오브리옹에 대한 유명한 인용구로 회자된다. 그는 당시 궁정 대신으로 1660년 1월 1일부터 1669년 5월 31일까지 런던과 궁정 생활에 대한 일기를 남겼다. "우리는 함께 럼바드 스트리트Lumbard Street의 로얄 오크 태번에 갔다. … 거기에서 호 브라이안Ho Bryan이라는 프랑스 와인을 마셨는데 예전에는 맛보지 못한 아주 특별한 와인이었다."

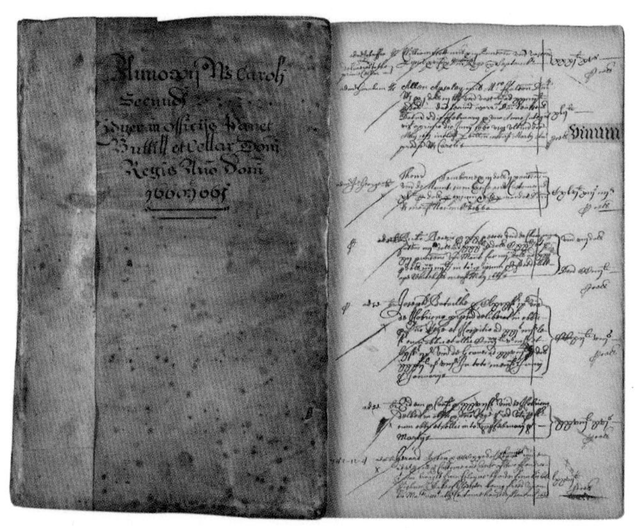

영국 왕 찰스 2세의 셀러 북, 1660

찰스 2세의 셀러 북은 영국 국립 문서보관소British National Archive에 보관되어 있다. 피프스의 일기는 오브리옹 와인에 대한 첫 시음 노트이다. 케임브리지 대학교에 있는 피프스 도서관에 보관되어 있다.
원문: "Off to the Exchange with …… to the Royall Oak Taverne in Lumbard Street. … And there drank a sort of French wine called Ho Bryan, that hath a good and most particular taste that I never met with."

피프스는 오랫동안 와인을 마셔온 귀족이었고, 그의 셀러는 마데이라, 토카이, 샴페인 등 다양한 와인들로 가득했다. 따라서 호 브라이안이 다른 와인들과 다르고 맛이 좋았다는 그의 사견은 신빙성이 있다. "그는 아마 타닌과 와인의 구조를 느꼈을 것입니다." 퓌지니에가 350년이 지난 후 오브리옹의 책상에 앉아 말한다. "뉴 프렌치 클라렛의 다른 점이 바로 그것이었거든요."

퓌지니에가 계속한다. "피프스와 찰스 2세가 마신 오브리옹은 샤토 이름을 명시한 최초의 클라렛입니다. 그전에는 샤토 명이 라벨에 표기된 적이 없었어요. 분명 영국 소비자들을 위해 특별히 고안했을 것입니다." 나머지 프랑스 샤토들은 한동안 추이를 관망했다. 그동안 아일랜드와 스코틀랜드, 영국인들은 보르도에 더 많은 상점을 열었고 아직도 많은 후손들이 보르도에 남아있다.

아르노 3세는 후에 아들 프랑수아 오귀스트를 런던으로 보내 사업을 하게 했으며, 당대의 유명 인사들을 보르도 영지에 초대했다. 1670년대에는 존 로크가 프랑스를 여행하던 중에 포도밭을 직접 살펴보았다. 당시 영국과 프랑스는 정치적으로 불편한 관계였기 때문에, 프랑스에 의존하는 와인 수입을 줄이기 위해 다른 곳에서도 와인을 만들 수 있을지 알아보기 위한 목적도 있었다. "영국에서 대단한 호평을 받는 퐁탁 가의 포도나무들은 서향 언덕에서 자란다. 땅은 아무것도 자랄 수 없을 것같이 보이는 흰 모래와 자갈이 섞여 있는 특이한 토양이다. 안내인은 '작은 실개천 건너 이웃 포도밭에서도, 토양은 같아 보이지만 결코 오브리옹과 같은 와인을 만들어내지는 못합니다.'라고 자신 있게 말했다." 존 로크의 작품집에 나오는 글이다.

포도밭 안내인이 누구였는지는 모르겠지만 솟아 오른 언덕과 해를 보는 포도밭, 척박한 다공성 토질의 중요성을 분명하게 지적했다. 안내인은 또 유기질 비료가 도움이 되며, 말이나 소보다는 비둘기나 닭의 배설물이 더 낫다는 언급도 했다. 포도나무가 오래될수록 포도는 적게 열리며 따라서 와인은 더 좋아진다는 설명도 덧붙였다.

1700년대 초 오브리옹은 런던의 엘리트들이 마시는 고급 와인으로 확실하게 자리를 잡았다. 1710년경에는 1855년에 1등급으로 분류된 4개 샤토인 퐁탁(오브리옹)과 라투르, 라피트, 마고는 모두 런던 시장에서 자체 상표를 붙이고 거래되었으며, 일반 메독 와인의 3배에서 4배의 비싼 가격으로 팔렸다. 1855년 등급이 정해지기 150여 년 전 일이었다.

메독의 영지들

오브리옹이 제일 먼저였으나, 다른 1등급들도 지난 수세기 동안 모두 영지를 보유하고 있었다. 네 샤토의 초기 역사에 관한 기록으로는 르네 피자수René Pijassou의 〈메독*Le Médoc*〉이 대표작으로 꼽힌다. 이 책은 메독 전 지역의 역사를 최대한으로 추적한 역작이며 2권으로 750페이지에 달한다. 피자수는 지리학 교수였으며, 특히 와인 양조 역사를 아주 초기부터 다루었다.(아직 영어로 번역되지는 않았다.) 그는 샤토들과 보르도, 영국의 문서 보관소에서 14년간 어렵게 작업하며 이 책을 집필했다.

가론 강 우안의 생테밀리옹이나 오브리옹이 있는 그라브 지역에는 로마인들이 포도를 재배한 흔적이 분명히 남아있다. 그러나 메독 지역에 대한 로마인의 기록은, 굴 맛이 뛰어나다든지 사슴이나 멧돼지 사냥을 하기에 좋은 곳이라는 것뿐이다. 피자수는 메독의 역사가 오래되었을 것이라는 추론은 감상적일 뿐이라고 지적한다.

라피트에 대한 첫 기록은 1234년에 나타난다. 북쪽 메독 지역의 라 히트La Hite, 또는 지역 방언으로는 '언덕hillock'이라 부르는 곳에 가축과 건초, 각종 채소를 재배하는 다목적 농장이 있었다는 정도이다. 하지만 포도나무는 없었다. 이 지역이 후에 포이약으로 불리게 되었다.

확실히 믿을 수는 없지만, 이보다 전인 1150년에 아키텐의 엘레아노르 여공작이 프랑스 왕 루이 7세와 이혼하기 직전에 라 히트의 탑에서 며칠간 머물렀다는 기록이 있다. 보르도에 관심이 있다면 누구나 아키텐의 마지막 공작이었던 기욤Guillaume 10세의 딸이 루이 왕과 이혼한 후에 영국의 헨리 플랜태저넷Henry Plantagenêt 2세가 된 앙주 백작 앙리와 결혼했고, 보르도의 포도나무와 아키텐 땅을 지참금으로 가져갔다는 사실을 알 것이다.

루이 7세와 첫 결혼을 한 엘레아노르는 당시 유럽에서 가장 부유하고 유능한 여자였다. 하지만 인생을 멋대로 즐기는 여자였으며, 왕실에서는 왕에게 좋지 않은 영향을 주는 변덕스러운 여자로 공포의 대상이었다.

엘레아노르 여공작(1122~1204)은 15세에 아키텐 공국을 계승하고 곧 프랑스 왕 루이 7세와 결혼했다. 1137년부터 1152년까지 프랑스 왕비로 지냈으나, 왕과 함께 2차 십자군 전쟁 참전 후 결혼 무효를 선언했고, 그후 바로 앙주 백작이며 노르망디 공작인 12세 연하의 앙리와 재혼했다. 1154년에는 앙리가 영국 국왕 헨리 2세로 즉위하면서 영국 왕비가 되었다. 13년 동안 다섯 아들과 세 딸을 두었다. 1173년에는 아들들의 반란과 불화로 헨리 왕은 왕비를 1189년까지 감금했으나, 헨리 왕의 사후 둘째 아들 리처드가 왕위를 계승하자 엘레아노르는 자유의 몸이 되었다. 리처드 왕이 3차 십자군 출전으로 자리를 비웠을 때는 엘레아노르가 국왕의 통치권을 행사했으며, 막내 아들 존 왕의 재위 시 82세로 사망했다.

뒤쪽 _ 샤토 오브리옹

루이 왕은 아내를 도저히 이해할 수는 없었지만 사랑하고 있었다. 그녀는 십자군 전쟁에도 같이 참여했으며, 그녀의 삼촌과도 부정한 관계를 맺었다는 소문이 있었다. 엘레아노르는 루이와의 결혼 생활중 마지막 몇 년간은 이혼을 하려고 노심초사했다. 마침내 두 번째 딸을 낳은 것이 계기가 되어, 루이 왕도 측근으로부터 왕위를 계승할 아들을 낳을 수 있도록 이혼을 해야 한다는 강한 충고를 받게 되었다.

엘레아노르는 루이 왕과 결혼이 무효화 되자 단 6주 만에 재혼했다. 엘레아노르는 후에 영국 왕이 된 헨리와의 사이에 아들 다섯과 딸 셋을 낳는다. 결국 루이가 잃은 것은 와인 세계에는 도움이 되었고, 이로 인해 영국과 보르도의 길고 알찬 밀월 관계가 시작되었다. 보르도는 이후 3백여 년 간 영국 왕의 지배를 받았으며, 그 후 두 나라가 분리되었을 때에도, 실제로 1등급 샤토를 태동시킨 영국 시장의 영향은 확고부동했다. 라피트는 포도나무를 심기 오래 전부터 이미 화젯거리였을 것이라는 상상이 된다.

라피트 영지는 13세기부터 15세기까지 북쪽으로는 브뢰이Breuil 습지와 개천, 남쪽으로는 포이약 마을로 확장되어 1천 헥타르가 되었다. 동쪽 경계선은 가론 강이 있어 분명했지만 서쪽 경계선은 밀롱Milon 마을과 카뤼아드Carruades의 공지로 조금씩 늘어났다. 최초의 영주는 피에르 드 베코이랑Pierre de Becoyran으로 알려져 있는데, 그가 1533년 3월 27일에 소작인에게서 세를 받았다는 기록이 있다. 그해는 바로 장 드 퐁탁이 오브리옹의 영지를 사들인 해였다. 샤토 건물은 40년 후인 1572년에 지어졌고, 당시에는 4명의 영주가 공유하고 있었다. 16세기 말에는 소작인이 60여 명 정도였고 밀이나 다른 곡물로 영주들에게 세를 냈다고 하며 와인에 대한 언급은 없었다.

5킬로미터쯤 남쪽에 있는 라투르는 백년전쟁(1337~1453) 중 처음으로 역사가들의 관심을 끌게 되었다. 이곳은 주요한 격전지 중 하나였으며 라 투르la tour(탑)는 강 어귀를 경비하는 포구 초소였다. 1333년경부터 있었던 이 탑은 영국군들이 프랑스 반란군을 진압하기 위한 초소로 사용했다는 설이 거의 확실하다.

1378년 전쟁 당시 탑은 라 투르 앙 생모베르La Tour en Saint-Maubert로 불렸으며, 메독에서 가장 부유한 가문 중 하나인 고셀므 드 카스티용Gaucelme de Castillon의 소유였다. 그해 카스티용 후손 중 한 명이 변심하여 프랑스 편으로 이를 넘겼으나 결국 영국군이 포위하여 탈환에 성공했다.

이 지역은 프랑스가 1453년 7월 17일 카스티용 전투에서 승리하며 전 지역을 탈환할 때까지 영국이 지배하고 있었다. 전쟁에서 승리하며 프랑스는 엘레아노르와 헨리의 결혼으로 빼앗겼던 이 지역의 소유권을 되찾게 되었다. 그러나 프랑스인들은 이 지역의 경제가 얼마나 영국인에게 의존하고 있었던가를 곧 알게 되었다. 영국의 상인들은 50년이 지난 후 다시 보르도에 돌아올 수 있게 허용되었으나, 이번에는 보르도 항에 들어오기 전에 먼저 총을 내려놓아야 했다.

옛날의 탑과 교회도 완전히 사라져 버린 후 오랜 세월이 흘렀다. 지금도 인상적인 라투르 포도밭 가운데 서 있는 둥근 돌탑은 비둘기 집이었으며 아마 17세기 전반부터 있었던 것 같다. 문서 보관소에는 소중한 자료들이 아직도 많이 남아있으며, 특히 백년전쟁을 기록한 이 지역의 문서는 매우 정확하여 최근 중세를 연구하는

학자들의 자료로 인기가 있다.

당시에는 정치 세력이 바뀜에 따라 땅의 소유주들이 대규모로 바뀌었다. 영주들이 소작농들의 땅을 빼앗기 위해 얼마나 가혹하게 했는지도 문서들에 기록되어 있다. 이 시대에는 영지 안에 정원과 작은 마을이 있었고 곡물과 호밀, 가축 등을 길렀다. 오브리옹처럼 광범위하지는 않았지만 포도나무도 약간 재배되었다는 기록이 나온다. 15세기 후반에는 영지 중심의 자갈 언덕에 포도나무들이 자라고 있었다. 이 구역은 현재 최고의 포도밭으로 남아있으며 라투르 전체의 약 1/5을 차지하고 있다. 백년전쟁 후반인 1382년부터는 친영파인 베르트랑 드 몽페랑 2세Bertrand II de Montferrand와 아들 베르트랑 3세가 영지를 소유하고 있었다. 전쟁이 끝난 1453년에는 방계 가족인 친불파 알브레Albrets가 돌아와 정당한 소유주임을 주장했다. 결국 법적, 정치적, 도덕적 혼란 속에서 영지를 매물로 내놓을 수밖에 없는 상황이 되었다. 1496년에 부유한 상인 세 가족이 매입에 나섰다. 이들은 '라 투르La Tour의 영주들'이라고 서명했으며, 탑은 더이상 생모베르의 탑이라고 불리지 않았다.

백년전쟁은 영국과 프랑스의 전쟁으로 여러 차례 휴전을 되풀이 하면서 1337년부터 1453년까지 116년 동안 계속된 전쟁이다. 백년전쟁의 명분은 프랑스의 왕위 계승 문제였다. 샤를 4세(재위 1322~1328)는 아들이 없었기 때문에 후계자로 샤를의 외손자인 영국 국왕 에드워드 3세와 방계인 발루아 가문의 필리프 6세가 후보로 올랐다. 프랑스 귀족들은 당연히 필리프 6세(재위 1328~1337)를 옹립하였고 영국도 9년간은 이를 용인했다. 그러나 스코틀랜드와 영국의 전쟁 중에 프랑스가 스코틀랜드와 동맹을 맺자 영국은 다시 프랑스 왕위를 요구하며 관계가 악화되었다.
그러나 실질적인 이유는 영토 문제가 더 컸다. 엘레아노르 왕비가 지참금으로 영국으로 가지고 간 가스코뉴 지방과, 최대 양모 수입 지대였던 플랑드르 지방 등에서 양국의 이해 관계가 얽혀 있었기 때문이다. 가스코뉴는 유럽 최대의 와인 산지인 보르도가 속해 있는 곳으로 와인 무역으로 걷어들인 막대한 세금이 모두 영국으로 빠져나가는 상황이었다. 플랑드르는 최대 양모 수입 지역이었고 영국은 양모 수출국이었으므로, 플랑드르는 프랑스에 반란을 일으키고 1348년에 영국에 충성을 맹세했다. 이와 같은 여러 문제들이 왕위 계승과 얽혀 영국의 에드워드 3세가 프랑스에 선전 포고를 했다.
백년전쟁 중반까지는 영국이 연승했으나 1429년 성녀 잔 다르크의 출현으로 극적인 반전이 이루어졌다. 잔 다르크는 당시 황태자였던 샤를 7세의 지원을 받아 영국군에 포위당한 오를레앙을 구했고, 역대 프랑스 왕들이 즉위식을 거행한 랭스에서 샤를 7세가 정식 국왕으로 대관식을 거행할 수 있게 했다. 샤를 7세는 1453년 카스티용 전투에서 승리하여 아키텐 지역을 되찾게 되었다. 영국은 칼레를 제외한 프랑스 내 영토를 완전히 상실했다.
당시 영국이나 프랑스는 봉건 영주가 영지의 소유권을 갖고 있었다. 외교권도 서로 이해 관계에 따라 영주와 왕실이 동맹을 수시로 바꾸며 충돌이 잦았다. 백년전쟁을 겪으며 차츰 왕권이 강화되고 제도가 정비된 반면, 중세 시대의 봉건 제도는 몰락하게 되었고 봉토들은 왕의 속지로 편입되었다. 절대주의적 왕권이 확립되면서 국민 의식도 고취되어 중앙 집권적인 국가로 발전하는 계기가 되었다. 프랑스는 샤를 7세의 뒤를 이어 루이 11세가 즉위하며 각지의 귀족 반란을 진압하고 중앙 집권제의 기틀을 마련하였다. 영국은 백년전쟁에 패배한 후 요크와 랭커스터 가문이 충돌한 장미 전쟁을 통하여 강력한 중앙 집권 체제를 갖추게 되었다.

이때부터 현대 라투르의 역사가 시작되었다. 16세기 중반에는 아르노 드 뮐레Arnaud de Mullet가 라투르의 유일한 영주가 되었다. 그는 요즘 법원과 유사한 보르도 의회 의장이었다.

의회 의원님들

소바 드 포미에르Saubat de Pommiers 가족이 소유하고 있던 때부터 라피트에서는 의회 의원들이 연이어 배출되었다. 가족 중 한 명인 조제프 소바는 루이 14세와 매우 가까운 관계였고, 지방 의회를 이끄는 판사로 보르도 법원장을 맡고 있었으며 보르도 의회의 일원으로 퐁탁 가족과도 친분이 있었다. 1660년대 후반에 그가 후손 없이 사망하자 부인 잔느 드 가스크Jeanne de Gasque는 1670년 10월 7일 보르도 의회의 또 다른 의원이었던 자크 드 세귀르Jacques de Ségur와 재혼했다.

잔느의 두 번째 결혼은 더할 나위 없이 잘한 결혼이었다. 남편 자크 드 세귀르는 이미 프랑Francs과 칼롱Calon, 벨포르Belfort 등 많은 영지를 소유하고 있는 영주로 존경받는 정치인이었으며 보르도를 이끌어가는 빛이었다. 그는 같은 의회 의원인 오브리옹의 퐁탁 3세로부터 활발해진 영국 와인 시장의 동향을 전해 들었을 것이며, 또한 결혼으로 인해 늘어난 라피트 영지에 당연히 포도나무 심기를 서둘렀을 것이다. 공증인의 기록에 의하면 1680년에는 포도나무가 영지를 뒤덮었으며, 1691년 세귀르가 사망했을 즈음에는 포도밭이 완벽한 상태였다고 한다. 새 와인은 '보르도'나 '메독' 상표로 이름없이 대량 판매되던 전통적 와인과는 분명히 다른 와인이었다. 소유주의 정치적인 연고만으로도 왜 라피트(당시에는 t가 두 개인 Lafitte였음)라는 이름이 즉각 런던에 등장하게 되었는지 상상할 수 있다.

메독 남쪽 지역에서 가장 중요한 영지는 라 모트 드 마고La Mothe de Margaux였다. 모트도 언덕이라는 뜻이며 고도가 높고 배수가 잘 되는 땅이다. 이 영지는 13세기에 처음 언급되었으며, 14세기에는 포도밭이 약간 있었다는 단서도 찾을 수 있다. 마고 항에 상륙한 영국 선원들이 에드워드 3세의 성(1327년 소유)에 속한 포도밭 일부를 훼손했다는 믿기지 않는 이야기도 있다. 성의 유적은 전혀 발견되지 않았다. 13세기에 알브레Albrets 가족(라투르 소유) 등 중요한 가문들이 라 모트를 소유했던 것은 확실하며. 다음 세대는 프랑수아 드 몽페랑François de Montferrand이 소유주가 되었다. 두 가문은 결혼으로 맺어졌기 때문에 매매보다는 상속일 가능성이 크다. 불행히도 몽페랑은 백년전쟁에서 영국 편이었기 때문에 프랑스가 승리하여 외국인들을 내쫓을 때 배에 실려 추방당했다. 1세기 후에는 마고도 라투르나 라피트, 오브리옹처럼 보르도 의회 의원의 안전한 손으로 넘어갔다. 이번에는 레스토낙 가족이었다.

거래 과정은 이 지역의 토지 매매 문서들에 잘 나타나 있다. 샤토 마고의 경우에는 피에르 드 레스토낙Pierre de Lestonnac이 영주였던 1572년에서 1584년 사이에 대부분의 거래가 이루어졌다. 그는 주로 농부들에게서 땅을 사들이거나, 가족이 상속받은 외지의 땅을 마고와 인접한 땅과 교환했다. 그라브 지역에 갖고 있던 '오브리옹이라 불리던 땅'을 라 모트 드 마고와 가까운 땅과 바꾸기도 했다. 16세기 말에 마고에 안착한 레스토낙 가족들도 퐁탁이 오브리옹에서 대를 이어가며 지내왔던 것처럼, 1800년대 초까지 2백 년 이상 안정된 상태를 유지하며 살아왔다.

1등급들의 '현대'적인 연결 고리는 1654년 마고의 장 드니 돌레드 드 레스토낙Jean-Denis d'Aulede de Lestonnac과 오브리옹의 테레즈 드 퐁탁Thérèse de Pontac의 결혼으로 시작된다. 테레즈는 런던에서 오브리옹을 열심히 팔고 있던 프랑수아 오귀스트 드 퐁탁François-Auguste de Pontac의 여동생이다. 프랑수아가 사망한 1694년에 마고와 오브리옹 두 영지는 공식적으로 통합되었다. 하지만 1650년대부터 가족들의 저녁 식탁에서는 오브리옹의 아르노 드 퐁탁 3세가 프렌치 클라렛으로 이룬 발전과, 아들 프랑수아 오귀스트가 영국 시장을 어떻게 비집고 들어갔는지 등의 대화가 오갔을 것이라는 짐작은 할 수 있다. 프랑수아 오귀스트가 사망한 후 테레즈는 오브리옹의 2/3를 상속받았고, 1/3은 조카 루이 아르노 르 콩트Louis-Arnaud le Comte(여동생 마리안느의 아들)에게로 돌아갔다.

이런 흥미로운 관계는 4개 샤토들을 살펴보면 더욱 밀접하게 엮여 있다. 마고와 오브리옹의 결혼 4년 후, 마고의 장 드니 레스토낙 어머니가 라투르의 소유주였던 형제 드니 드 뮐레Denis de Mullet의 사망 후 샤토 라투르를 물려받게 된다. 그러나 세 영지의 결속은 오래가지는 않았다. 장 드니 레스토낙은 1670년에 라투르를 왕의 측근이며 우편 사업을 장악하고 있던 프랑수아 샤느바François Chanevas에게 매각했다. 샤느바는 라투르를 조카 딸인 마르게리트 퀴토Marguerite Cutaut에게 상속했고, 이는 우연히 북쪽 메독 지역의 1등급들과 더 의미심장한 관계를 낳게 되었다.

마르게리트는 두 번 결혼했는데, 두 번째 남편은 샤랑트(현재 코냑) 지역의 군주제 지지자였던 조제프 드 크로젤Joseph de Clausel이었다. 딸 마리 테레즈 드 크로젤Marie-Thérèse de Clausel은 1693년 부모의 사망 후 샤토 라투르를 상속받았다. 그녀는 2년 후 1695년 3월 5일 샤토 라피트를 물려받은 알렉상드르 드 세귀르Alexandre de Ségur와 결혼했다.

이 결혼으로 인해 단 두 가족(레스토낙 가족: 마고와 오브리옹, 세귀르 가족: 라피트와 라투르)이 네 개의 1등급을 소유하게 되었으며, 이런 상황은 17세기 말에서 18세기가 끝날 때까지 지속되었다. 1718년부터 1720년까지 2년 동안은 알렉상드르 드 세귀르가 무통도 역시 소유하며 더욱 관계가 밀접해졌다.

1795년에는 마고의 소유주였던 로르 퓌멜Laure Fumel(레스토낙 후손)이 무통의 엑토르 드 브란느Hector de Branne 남작과 결혼했다. 아버지 조제프 드 브란느Joseph de Branne는 1720년 라피트의 세귀르에게서 무통을 매입했다.(18세기 말에는 라피트는 세귀르 소유, 무통과 마고, 오브리옹은 퓌멜과 브란느 소유, 라투르는 세귀르의 세 딸이 소유하게 되었다.)

런던으로 향하여

결혼으로 오브리옹과 더욱 밀접해진 마고의 장 드니 레스토낙은 오브리옹과 같은 양조 방법으로 오래가고 세련된 맛의 와인을 만들어 영국으로 진출하기 시작했다. 1705년 〈런던 가제트〉에는 '마구즈Margoose' 130배럴을 매매했다는 기사가 실렸다. 1707년에는 라투르와 라피트 매매 기사도 실렸다. 마고의 매니저였던 베르롱Berlon은 와인 양조 과정을 자세히 기록했는데, 이는 보르도 최고 와이너리에서 뉴 프렌치 클라렛을 만드는 기술이 어느 정도였는지를 분명하게 보여준다.

당시 마고와 오브리옹은 마고 후작으로 알려진 프랑수아 델펭 돌레드 드 레스토낙François Delphin d'Aulède de Lestonnac이 소유하고 있었다. 그는 파리와 보르도에 많은 땅을 갖고 있었으며 와인에 완전히 매료되어 있었다. 그는 마고를 약간 더 선호한 것 같았는데, 특히 듀 피케Du Piquet라 알려진 구역에서 생산된 와인을 개인적인 용도로 해마다 비축했다. 지금도 최고급 밭으로 간주되고 있는 픽 상 페이르Pic Sem Peyre와 캅 드 오Cap de Haut 밭이다.

"베르롱의 마고 와인 양조법"은 소유주나 후임 매니저에게 남기는 글일 수도 있고, 다음 빈티지를 위한 참조용일 수도 있다. 마고 후작은 소작농들이 들여온 포도를 품질에 따라 개인용 '비축 와인'을 먼저 선택하고, 나머지는 그랑 뱅Grand Vin, 세컨드 와인, 서드 와인으로 분류했다고 한다. 그는 개인용으로 2천 병 정도의 양을 비축했는데, 이 와인이 소위 요즈음 말하는 퍼스트 와인의 시초가 된 것 같다. 후작은 비축 와인용으로 적포도만 사용했는데, 이는 20세기까지는 보르도의 관행이 아니었다. 전통적으로 그랑 뱅은 영국 시장에서 선호하는 밝고 우아한 와인을 만들기 위해 청포도를 10퍼센트 정도 섞었다. 상인들의 요청으로 해마다 균일한 품질을 유지하기 위해 블렌딩을 했다고 베르롱은 기록했다. 최고 밭에서 만든 와인을 각 통에 약간씩 첨가하여 와인의 품질을 전반적으로 높였으며, 산화 방지를 위해 통에 와인을 자주 보충했는데, 주로 다른 영지에서 세로 걷어 들인 와인을 사용했다고 한다. 라스콩브Lascombes 영지에서 온 와인이 그 중 품질이 좋았으며, 이 샤토는 1855년 등급에서 마고 바로 한 단계 아래인 2등급으로 분류되었다.

초기의 무통

무통에 대한 역사적인 기록은 거의 남아있지 않다. 오히려 라피트와 마고의 문서 보관소에 약간 남아있으며, 보르도 시 문서 보관소와 중세 역사에 관한 대학 논문에서 조금 언급될 뿐이다. 이 영지에 대한 기록은 로칠드 가에서 무통을 매입할 때까지는 거의 없었다고 볼 수 있다.

무통이라는 이름도 다른 1등급처럼 높은 땅이라는 뜻이며, 모통mothon은 영지의 중심에 있는 3개의 자갈

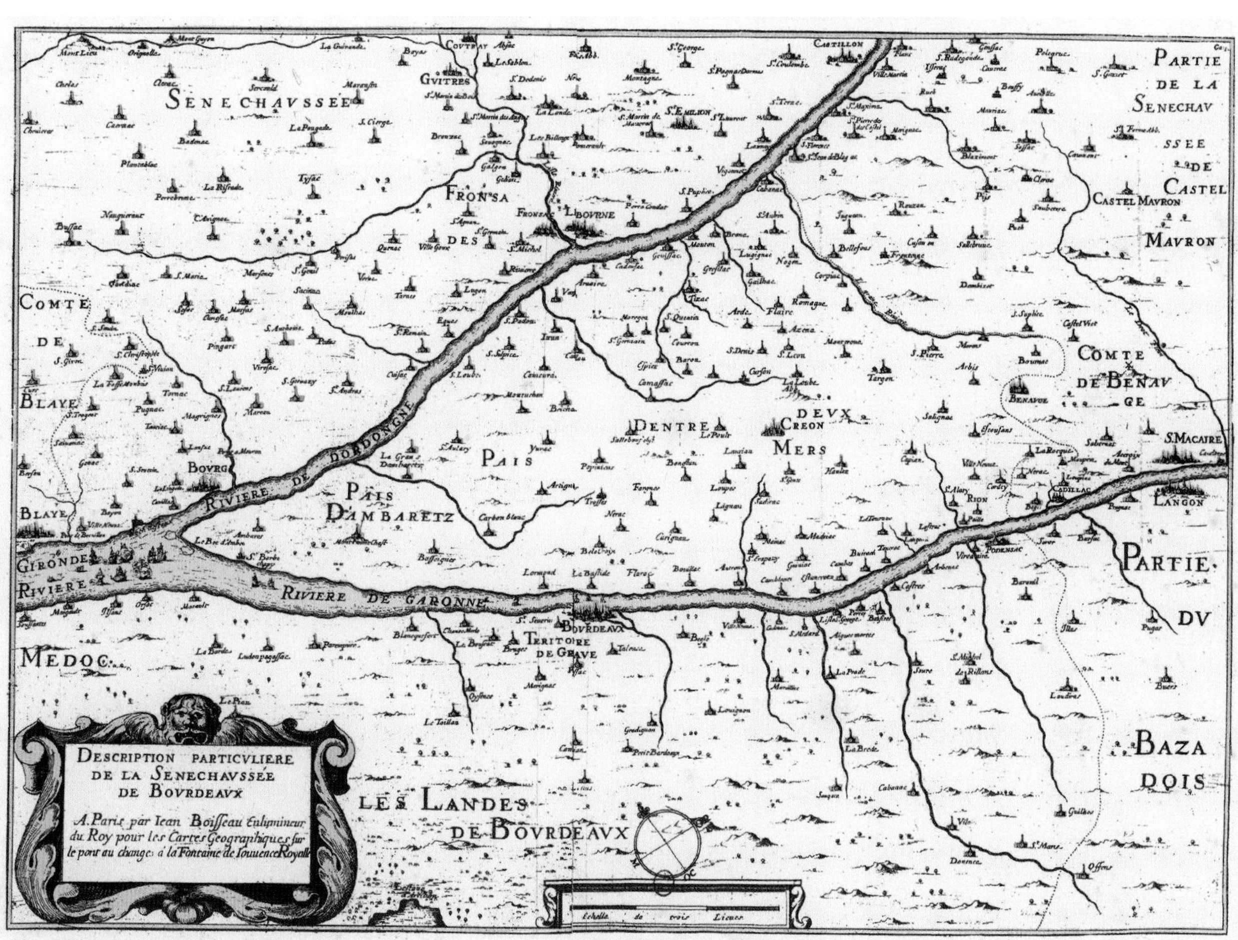
DESCRIPTION PARTICVLIERE
DE LA SENECHAVSSEE
DE BOVRDEAVX
A Paris par Iean Boisseau Enlumineur
du Roy pour les Cartes Geographiques sur
le pont au change à la Fontaine de Iouvence Royalle
SENECHAVSSEE
PARTIE DE LA SENECHAVSSEE DE CASTEL MAVRON
CASTEL MAVRON
COMTE DE BLAYE
BLAYE
BOVRG
GVITRES
COVTRAS
CASTILLON
S.EMILION
FRONSA DES
LIBOVRNE
PAIS DENTRE DEVX MERS
CREON
PAIS DAMBARETZ
RIVIERE DE DORDONGNE
RIVIERE DE GARONNE
GIRONDE RIVIERE
COMTE DE BENAVGE
BENAVGE
S.MACAIRE
CADILLAC
RION
PODENSAC
LANGON
PARTIE DV BAZADOIS
BOVRDEAVX
TERITOIRE DE GRAVE
MEDOC
LES LANDES DE BOVRDEAVX
Echelle de trois Lieues

언덕(작은 언덕들petites mottes)을 말한다. 무통의 가장 잘 알려진 영주는 14, 15세기에 아키텐에 넓은 땅을 소유했던 퐁 가문이었으나, 기사였던 퐁 드 카스티용Pons de Castillon이 백년전쟁 중 영국의 헨리 6세에 저항하여 영지 대부분을 몰수당했다. 1430년 무통은 영국 왕의 동생이며 글로스터 공작인 험프리에게로 넘어가게 되었다. 1451년에는 영주가 바뀌어 롱그빌 백작인 장 드 뒤누아Jean de Dunois가 영주가 되었다. 그는 프랑스 왕자인 루이 돌레앙Louis d'Orleáns(샤를 6세의 동생)의 사생아로 바타르 돌레앙bâtard d'Orléans이라고 불리기도 했으며, 무통에 처음 등장한 유명 인사였다.

장 드 뒤누아는 1468년에 사망했지만 그의 가족들은 영지(법적으로는 글로스터 공작의 소유였다)를 계속 유지하고 있었으며, 1497년에는 캉달 백작인 장 드 푸와Jean de Foix에게로 넘어갔다. 장 뒤누아와 푸와 가족은 1453년 카스티용 전투 후 영국이 보르도를 프랑스에 반환한 정치적 변동으로 자연스레 이득을 보게 되었다. 이 전쟁은 3년간의 극심한 불안 상태 중 최악의 위기였다. 1451년에 프랑스는 보르도를 이미 한번 탈환했다. 노르망디에서 승전한 후 7천 명의 군사가 남으로 내려와 다른 프랑스 부대와 합세하여 보르도를 방어하고 있는 영국군 요새를 함락시켰다.

프랑스와 스페인, 부르타뉴 연합 함대는 지롱드의 입구를 막아 영국군이 보르도 시에서 빠져 나가지 못하게 했다. 고립되고 수적으로도 열세였던 영국 수비대는 1451년 6월 29일 항복했지만 1452년 초에 슈루즈베리 백작이었던 존 탈보가 많은 보르도 사람들의 협조로 영국의 지배권을 되찾을 수 있었다. 하지만 다음해 7월 카스티용 전투 패배로 지배권은 결정적으로 프랑스로 넘어갔다. 탈보도 목숨을 잃었다.

샤토 탈보Château Talbot는 15세기 아키텐의 영주였던 슈루즈베리 백작Earl of Shrewsbury, 존 탈보의 소유였다. 1453년 카스티용 전투에서 총 사령관이었던 탈보 장군은 전쟁 포로가 된 후 풀려났고, 재탈환 전쟁에서 아들과 함께 전사했다. 한국에서는 2002년 월드컵 당시 히딩크 감독이 즐겨 마셨다 하여 '히딩크 와인'이란 별칭이 있다

뒤누아는 백년전쟁 중 프랑스 군의 대령으로 1451년 프랑스가 가스코뉴Gascony 지역을 어렵게 탈환한 전투에 참전했다. 비슷한 맥락에서 푸와 가족도 활발하게 사회 참여를 했다. 가스통Gaston 4세인 푸와 백작은 백년전쟁 말미에 프랑스 부대의 중장으로 참전했다. 그는 베아른Béarn 출신으로 남서부 프랑스의 귀족이었다. 푸와 백작은 1472년에 사망했지만, 가족들은 결혼으로 푸와 캉달Foix-Candale 가계로 계승되어 몇 세기 동안 아키텐의 중요한 가족으로 남게 되었다.

보르도 시 문서 보관소에는 1497년에 "영국 왕 헨리가 동생 글로스터 공작에게 하사했던 카스티용을 비롯한 라마르크Larmarque, 모통Moton, 리스트락Listrac과 몽티약Montignac 등 영지를 사촌 장 드 푸와에게 주었다."라는 기록이 있다.

장 드 푸와는 서포크의 마가렛 캔달 여백작과 결혼했고 그의 조카인 앙리 드 푸와 캉달Henri de Foix Candale에게 땅을 상속했다. 그후 앙리의 딸인 마르게리트 드 푸와 캉달에게로 상속되었는데 그녀는 엄청난 부자로 프랑스 최고의 신붓감 중 한 명이었다.

그녀의 부를 차지하게 된 운 좋은 남자는 33살의 에프롱 공작duc d'Éperon인 장 루이 드 노가레 드 라 발레트Jean-Louis de Nogaret de la Valette였다. 그들은 1587년 결혼하여 세 아들을 낳았으며, 18세기까지 무통을 소유하고 있었다. 독실한 가톨릭 신자이며 이름난 군 사령관이었던 그는 당대 동전에 각인될 만큼 유명 인사였고 앙리 3세(샤를 9세의 동생)의 신뢰받는 친구로 '작은 왕'이라는 별명도 있었다.

무통의 역사에서는 거의 언급되지 않지만, 그는 실제로 보르도 고급 와인에 한 획을 그은 특별한 일을 해낸 인물이다. 1627년 라 로셸 포위 작전중에 그는 네덜란드인 수력 기사인 얀 리워터Jan Leeghwater(또는 Leegwater; 배수 'empty water'라는 뜻이다)를 만났다. 노가레는 그의 능력에 감명을 받았으며, 메독 습지의 물을 빼려는 계획에 관해 논의하고 도면을 부탁했다. 시 의회는 이 안을 적극적으로 받아들였으며 네덜란드 상인들과 여러 영주들도 찬성했다. 메독에 영지를 갖고 있는 소유주 중 배수 사업에 참가하는 영주에게는 50년간 세금을 면제해주는 특혜가 주어졌다. 이 사업으로 인해 드디어 메독의 자갈 토양이 드러나게 되었고, 마침내 고급 와인을 생산할 수 있는 최적의 테루아가 조성되게 되었다.

노가레는 마르게리트의 지위와 부가 세습되게 하고, 그리고 그녀가 푸와 캉달 가문의 마지막이라는 점에서 아들들이 그의 이름 대신 푸와 캉달 이름을 갖는데 동의했다. 따라서 무통의 역사는 노가레 대신 푸와 캉달로 이어진다. 메독 지역에 대규모 포도밭을 조성한 노가레의 공헌이 충분히 인정받지 못하는 이유도 이때문일지 모른다. 아무튼 배수 공사로 인해 멧돼지 사냥터나 굴 밭으로 남아있을 보르도 북서쪽의 쓸모없는 땅이 1등급들의 요람으로 변하게 되었다. 노가레가 아니었다면 남쪽의 오브리옹만이 보르도의 유일한 1등급으로 남아있었을 것이다. 노가레는 1642년에 사망했고 그의 무덤의 조각품은 보르도 아키텐 박물관에 전시되어 있으며, 청동 조각은 파리의 루부르에 있다. 가족들의 영향력은 증손녀인 안느 카트린느 드 라 발레트Anne Catherine de la Valette로 이어졌으며, 배우 오드리 헵번도 노가레의 후손이다.

20세기의 헐리우드와는 동떨어진 곳인 17세기의 포이약 영지는 푸와 캉달의 다음 세대로 계승되었다. 이들은 분명 프랑스에서 정치적으로 활발하고 부유한 영주들이었지만 의회 의원은 아니었다. 퐁탁의 아르노 3세처럼 왕실과 가까이 지내며 영국에 와인을 팔지도 못했다. 무통이 1855년 1등급에서 제외된 이유도 아마 이런 상황 때문이었는지도 모른다.

Broakerage acc.t 1745. Vintage 1744

Month	Day	Entry	Price	tns	hh	
Jan.ry	3	Mess.rs Knox & cope bo.t of Cormane Macau on lees	a 700#	2	..	12
	3	d.o ... Barrau maccau	a 57#	5	2	30
	3	d.o ... Laronde d.o	190#	8	..	36
	8	M.r Sandilands ... Pred.t le Conte white	a 50#	21	..	
	8	M.rs Knox & Co. ... d.o ... d.o	a 50#	7	3	
	8	M.r Gernon ... d.o ... d.o		1	1	
	9	M.r Jordan ... Lalane S.t Emilion	a 48#	6	..	18
	11	M.r Johnston ... Prior cantenac on lees	325#	12	3	72
	15	d.o ... Rostan Gallance		2	1	
	15	d.o ... Mad.m Balgorie Mergnac	200#	3	1	
	18	d.o ... Bertonneau Marg.x	a 340#	15	..	96
	18	M.r Sandilands ... Longeville S.t Laur.t	a 500#	17	1	102
	24	M.r Johnston ... Sarazin Monff.o	50#	4	2	15
Feb.ry	3	M.r Johnston ... S.t Croix white wines	50#	2		
	4	d.o ... d.o ... Boyer cahors	75#	1	2	
	5	M.r Bradshaw ... S.t Bris white wine	a 200#	2	..	
	7	M.r Sandilands ... Brane Cadourne	320#	20	..	120
	8	M.rs Knox & Co ... Brane l'ainé S.t Juliens	350#	10	..	
	8	d.o ... d.o ... aldou Cusac	55#	5	1	15 15
	11	d.o ... d.o ... Chatau Marg.x old			2	
	12	M.r Sandilands ... Chevalin Brane	350#	2	2	24
	24	d.o ... d.o ... Labat cadourne	340#	3	2	18
March	7	d.o ... d.o ... Leoville S.t Juliens on lees	850#	8	1	80
	7	M.r Gernon ... Deloupes S.t Lambert	a 75#	6	..	
	7	M.r Raimond ... deloupes d.o	75#	1	..	90
	7	M.r Germé ... Deloupes d.o		11	3	
	9	M.rs Knox & Co ... Daran H. C	450#	12	..	
	11	M.r Germé ... White cantenac	85#	15	..	90
	12	M.rs Knox & Co ... Giscours Labarde	380#	20	..	200

2

보르도의 명성을 키우며

초승달 모양의 보르도 항

오브리옹에서부터 샤토의 길을 따라가 보면 보르도 고급 와인의 역사를 이끌어가는 또 다른 힘이 있다는 것을 느끼게 된다. 바로 가론 강이다. 가론 강이 흘러가 대양으로 유입되는 지롱드 강 어귀는 지난 수천 년 동안 프랑스 대서양 무역의 구심점이었다. 보르도는 12세기에서 19세기까지 프랑스에서 무역이 가장 활발한 중심지 중 하나였다. 18세기 말에는 정점에 달하여 가론 강에서 출항하는 선박이 한 해에 3천 척을 넘어섰으며 14만 톤의 물량을 실어날랐다. 루앙Rouen과 라 로셸La Rochelle, 생 장 드 루즈Saint-Jean-de-Luz 등 큰 항구에서도 한 해에 2천 척이 넘지 않았다.

지난 몇 세기 동안 보르도의 샤트롱 부두에서 선적된 와인은 지롱드 강 어귀를 따라 북쪽으로 향하여 대서양으로 나갔다. 영불 해협을 지나 브리스톨에 도착하거나, 북유럽으로 향하거나, 또는 대서양을 건너 미국의 동부 해안으로 향했다.

보르도 와인 무역에 대해 가장 다양하고 깊이 있게 관찰한 사람은 헝가리계 미국인 여행가인 아고스턴 하라스시Agoston Haraszthy였다. 그는 1861년에 구세계 와인(유럽 와인) 양조법을 알아보기 위해 프랑스를 여행했다. 캘리포니아 주지사였던 존 G 다우니가 그를 적임자로 임명했으며, 신임장도 지녔기 때문에 방문 동안 극진한 대접을 받았다. 1862년에는 〈포도 문화, 와인과 와인 양조*Grape Culture, Wine and Wine-making*〉라는 책을 발간했다.

하라스시는 유럽에서 그의 임무를 충실히 이행했다. 그가 주의 깊게 보고 쓴 많은 글 중에 보르도의 번잡한 샤트롱 부두에 대한 묘사가 눈에 띈다. 항구에 정박하고 있는 상선의 돛대들이 숲을 이루고 있었고 배마다 각국의 국기가 걸려 있었다고 기록했다. "아름다운 별이 그려진 성조기가 다른 어떤 기보다 높은 곳에서 바람에 펄럭이고 있었다." 다음날 아침 그는 알프레드 드 뤼즈Alfred de Luze라는 와인 중개인(보르도에서 강한 영향력을 가진 가문 중 하나이며 1897년 타스텟Tastet 가문과 결혼했다)을 만나 함께 샤트롱에 있는 오크 통 공방을 방문했다. 그는 고급 와인은 절대 새 오크 통을 사용하지 않고 나무의 쓴 맛을 줄이기 위해 한 번 사용한 헌 통에 숙성시키며, 이 통들은 '수송을 위한 통'이라는 설명을 들었다.

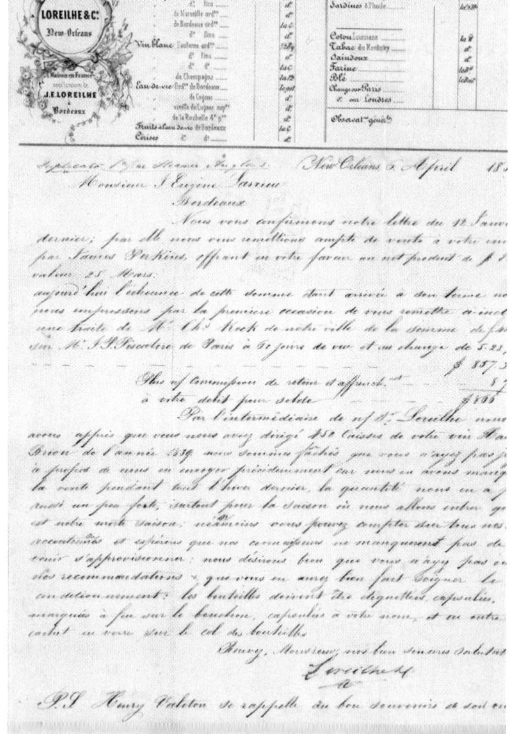
PRIX-COURANT À NEW-ORLEANS

LOREILHE & Cie
New-Orleans
Maison en France
J. E. LOREILHE
Bordeaux

Vin rouge de Bordeaux ord.re		Huile d'Olive		
Vin blanc		Sardines à l'huile		
de Champagne		Coton Louisiane		
Eau-de-vie Ord.re de Bordeaux		Tabac du Kentucky		
de Cognac		Saindoux		
vieille de Cognac		Farine		
de la Rochelle		Blé		
Fruits à l'eau-de-vie de Bordeaux		Change sur Paris		
Cerises		sur Londres		
		Observat.ons génér.les		

New Orleans April 18

Monsieur J. Eugène Larrieu
Bordeaux

매매 장부, 노넨 클라렌스 닐논

포도를 재배하고 품질을 향상시키는 일 외에, 와인을 통에 넣고 선적 준비를 하는 일도 또 다른 어려운 일이다. 보르도는 넓은 지역이며 항구는 중심에 있기 때문에 각 지역에 흩어져 있는 와인 생산자들을 만나기가 쉽지 않았다. 도로는 대부분 구불구불한 흙길이며 지형도 험한 편이었다. 특히 북쪽 메독 지역은 길이 거의 없었고 강이 주요 교통수단이었다.

보르도Bordeaux는 대서양에 접한 프랑스 4대 항구의 하나로 지형이 초승달 모양을 하고 있어 '달의 항구Port of the Moon'라고도 불린다. 보르도는 물eaux 가까이bord라는 뜻이다. 가론 강을 끼고 있으며 주변에는 강과 늪지대가 많다. 프랑스 최대의 농업 지대로 기원전 5세기부터 켈트 족에 속한 비투리지 비비스키Bituriges Vivisci 족이 거주했다. 기원전 1백 년경부터 로마의 침공이 있었고 기원전 50년에는 로마에 정복당했다. 항구를 중심으로 상업 도시로 성장하여 로마 시대 아퀴타니아 속주의 주도가 되었다. 4세기경 반달 족과 프랑크 족의 침공이 있었고 6세기경 프랑크 족의 메로빙거 왕국에 속하게 되었다. 12세기부터 15세기까지 3세기 동안은 아키텐 여공작 엘레아노르와 노르망디 앙주 공작인 앙리 플랑타주네Plantagenêt(후에 영국 왕 헨리 2세가 된다)의 결혼으로 영국이 지배하게 되었다. 도시는 주로 영국과 네덜란드에 수출하는 와인으로 번창했다. 1453년에는 카스티용 전투에서 샤를 7세가 승전하여 다시 프랑스에 귀속되었다. 영국과의 관계가 나빠지면서 와인 수출은 줄어들었으나, 16세기에는 서인도 제도에서 들여오는 설탕과 노예 무역의 중심이 되었다. 18세기는 가장 화려했던 시기였으며, 나폴레옹 3세가 중세식 파리를 현대식 수도로 바꾸기 위해 아름다운 보르도 건물들을 모델로 했다고 전해진다.

상인들은 강의 중요성을 분명히 알고 있었다. 그들은 주민들이 주요 운송로에 근접하여 상행위를 못하도록 최대한 막았다. 샤트롱을 제외한 보르도와 대양 사이의 다른 항구에서는 무역이 금지되었다. 즉 가론 강가의 작은 항구들에서는 지나가는 영국행 상선과 거래를 하지 못하게 했다는 뜻이다.

중개인

보르도 상인들의 세력과 아집은 생산자들과의 갈등을 심화시켰다. 상인들은 언어 능력도 부족하여 외국인과의 의사소통에도 문제가 있었다. 따라서 상인과 생산자를 연결해 주며 와인이 목적지에 안전하게 도착할 때까지 책임을 지는 중개인의 역할이 대두되었다. 이들은 외국 상인들이 포도밭을 방문하여 와인을 맛보게 하고 통역도 하며(영어는 필수) 협상을 이끌어내는 역할을 했다. 계약이 체결되면 모든 금융 거래는 중개인을 통해 이루어졌다.

중개인들은 곧 보르도 무역의 눈과 귀가 되었다. 많은 시간을 말을 타고 포도밭을 순회하며 정보를 수집하고 소유주와 매니저들과 친분을 쌓았다. 각 샤토의 투자 상황이나 재배에 기울이는 열정, 또는 어떤 수종을 심는지 등도 자세히 관찰하며 시음과 평가를 반복했다. 요즈음도 상인들은 중개인들에게서 각 포도밭의 최근 상태에 대한 정보를 얻는다. 중개인들은 매년 9월 수확 때, 우박이나 폭풍이 칠 때 또는 너무 더울 때 등 날씨를 살피며 연중 내내 노트를 들고 포도밭으로 향한다.

이 업종의 전문화는 영주가 중개인을 처음 지명했던 1408년으로 거슬러 올라간다. 그러나 1572년까지는 부르주아지(시민) 계급에 속해야만 중개인이 될 자격이 주어졌다. 중개인은 해마다 왕과 보르도 시를 위해 공정하게 일을 수행할 것을 선서했고, 약속을 어길 경우에는 직무를 박탈당하고 해고되었다. 와인의 진위를 확인하기 위해 와인 샘플을 조사하는 일도 그들의 역할 중 하나였다. 그리고 외국 상인들만 사전 허가를 받은 후 포도밭을 방문하고 와인 시음을 할 수 있게 했다. 중개인은 거래가의 4퍼센트를 받았다.

1572년에는 샤를 9세가 중개인들을 공식적으로 관리하게 되었다. 보르도에 모두 40명이 있었으며, 그들은 와인뿐만 아니라 다른 여러 해상 무역도 담당했다. 이제는 더 이상 부르주아지가 아니어도 되었지만, 거주지가 보르도 시내라야 했으며 최소 금화 5백 리브르 상당의 재산을 소유하고 있어야 했다. 정확하게 읽고 쓰고 말하는 능력은 필수였고, 거래가 잘못될 경우에는 벌금을 물거나 면허가 취소되었다. 1세기 후인 1680년에는 루이 14세가 와인을 거래할 때는 상인negociants은 예외 없이 중개인courtiers을 거쳐야 한다는 칙령을 내렸다. 상인들은 당연히 반대했다. 그들은 중개인들이 상인들의 수익을 가로챈다고 여겼으며, 이 논쟁은 수세기 동안 수그러들지 않고 계속되었다.

쿠르티에courtier는 원래 궁정에서 일을 하는 사무직이나 군인, 비서, 또는 정보를 전하는 중개인 등을 두루 지칭했다. 귀족의 신분일 수도 있었지만 아닌 경우가 많았다. 와인에 있어서 쿠르티에의 역사는 영국이 보르도를 지배하고 있을 때로 거슬러 올라간다. 이들은 생산자와 상인을 이어주며 매도자와 매수자 사이에서 거래 금액을 조절하고, 지불할 자금을 맡아두는 역할을 했다. 중개인 제도는 1680년에 루이 14세가 각 지역의 네고시앙은 쿠르티에와 함께 일해야 한다는 칙령을 내리면서 법제화되었다. 쿠르티에는 네고시앙으로 활동하지는 못하며, 어려운 시험과 블라인드 테이스팅을 통과해야 하며, 면허를 얻기 전 5년의 경험을 쌓아야 한다. 최고의 중개인들은 다양한 시장의 와인 수요를 알고 있으며, 네고시앙이 와인을 얼마나 가지고 있는지도 파악하고 있다. 네고시앙과 쿠르티에라는 말이 가끔 혼돈을 일으키는데 간단히 요약하면 다음과 같다.
쿠르티에courtier = 브로커broker = 중개인
네고시앙negociant = 와인 머천트wine merchant = 와인상 / 와인 판매 회사

아일랜드에서 프랑스로

1739년 중개인 제도가 정착되고 있을 즈음 스물세 살의 아브라함 로통Abraham Lawton은 아일랜드의 코크Cork 항을 떠나 샤트롱 부두에 도착했다. 그의 가족들은 아일랜드에서 와인 판매 회사를 하고 있었다. 1740년에 보르도에서 그가 처음 선적한 와인은 형제들에게 보내는 와인이었다. 미첼Mitchells이나 딜롱Dillons, 바르

톤Bartons, 키르완Kirwans, 맥카시MacCarthys 등 후에 보르도에 이름을 남긴 아일랜드 상인들의 이름도 있었다. 아브라함 로통은 2년이 지나지 않아 중개인이 되었고 공적으로 임무를 맡게 되었다. 1715년부터는 중개인이 되려면 자격증을 취득하고, 네 명의 상공회의소 심사 위원 앞에서 능력 인증을 받아야 했다. 로통은 첫 시험에 합격했다.

초상화 속의 로통은 그 시대에 유행했던 곱슬곱슬한 가발을 쓰고 불그스럼한 볼에 윤기 있는 얼굴로 부유하고 진지한 모습이다. 그는 프랑스에서 새로운 생활을 시작하는데 아무 문제가 없어 보였다. 1745년에는 이 지역에 사는 샤를로트 셀브Charlotte Selves와 결혼하여 12명의 자녀를 두었다. 그는 평생 영어로 일기를 썼으며 마고는 카슬Castle 마고라고 썼고 결코 샤토 마고라고 쓰지 않았다.

부르스 광장Place de la Bourse에 있는 가누쇼Ganuche의 문구점에서 산 멋진 가죽 양장의 첫 일기장에는 단명한 자녀들에 대한 고통스러운 기록도 있다. 아브라함과 샤를로트가 낳은 열두 명의 자녀들 중 일곱이 그들보다 먼저 죽었고 그 중 넷이 유아기에 떠났다. 일기장의 첫 장에는 아이들의 이름과 생일, 세례를 받은 날, 사망한 날 등을 먼저 썼다. 다음 와인 거래의 날짜와 가격 등을 자세히 기록했다.

"당시 중개인이라는 직업은 육체적으로 고된 노동이었습니다." 로통의 5대 손인 81세의 다니엘 로통Daniel Lawton이 선조들로부터 전해들은 이야기를 기억을 더듬으며 말한다. "포이약까지 가려면 말을 타고 먼지가 나는 험한 길을 4~5시간을 달려야 했습니다. 건장해야 했고 혼자 다니는 길이라 외로움에도 익숙해야 했겠지요. 그리고 경쟁도 심했습니다. 어떤 샤토나 마을의 수확이 좋았다는 소식이 들리면 여러 명의 중개인들이 서로 먼저 도착하려고 서둘러 새벽에 보르도를 떠났답니다. 주인과 협상을 성사시키고 단골 상인에게 와인을 배당할 수 있도록 부지런히 움직였어요. 중개인이나 상인들은 모두 샤트롱 부두에 사무실이 있었으며 잘 아는 사이라 서로 무엇을 하고 있는지 추적하고 있었어요. 경쟁이 치열했습니다." 생테스테프Saint Estèphe나 북부 메독에 갔다오려면 수일 또는 수주가 걸렸기 때문에 연중 많은 날을 가족과 떨어져서 지내야 했다.

"보르도는 이들이 아니었더라면 지금처럼 발전하지 못했을 것입니다. 1등급의 역사에서 어려운 시기에는 매니저나 디렉터들이 중개인이었고 내부에서 이 역활을 감당했습니다."

아브라함은 곧 신용을 얻었고 전문적인 중개인으로 인정받았다. 아들 기욤Guillaume도 어려운 인간 관계를 잘 형성하며 와인의 품질을 추적하는 힘든 일을 해냈다. 또한 중개인들에게는 생명과 같은 정확한 정보들인 날씨 상태나 포도나무 수령, 수확 날짜, 수확량, 시장 가격, 비축 와인의 규모 등을 일기에 자세히 기록했다. 그의 후손들은 요즈음도 이를 계속하고 있으며, 수십 년간의 수확 기록은 〈시간의 흐름*Du L'Air du Temps*〉이라는 책으로 출판되었다.

기욤 로통은 1759년 4월 1일 일요일에 태어났다. 아들로서는 넷째였으나 어릴 때 살아남은 아이로는 첫 번째였다. 그는 동시대의 전설적인 존재였다. 손녀가 그린 타스테 로통 사무실에 걸려 있는 초상화는 건강하고 젊어 보이며 아일랜드인의 붉은 머리카락을 갖고 있다. 그는 공정하고 유능한 중개인으로 명성을 얻었을 뿐만

17세기의 기욤 로통 초상화와 7대손 다니엘 로통

아니라, 1815년에 보르도 최초의 와인 등급을 만들어내기도 했다. 어느 샤토가 시장에서 가장 비싼 값으로 팔리느냐를 기본으로 했으며, 원래 네 개의 1등급 샤토는 모두 최고가 와인으로 이름이 올라 있었다.

현재 아브라함 로통의 후손과 동업 중개인들은 1949년 12월 31일 제정된 법에 따라 일하고 있다. 즉 중개인은 판매 목적으로 와인을 사지 못하며, 어떤 경우라도 중재자의 역할만 수행해야 하며, 어느 한 쪽이 유리하도록 지원할 수 없다. 이에 따른 대가로 매매 가격의 2퍼센트를 상인으로부터 받는다. 수수료는 처음 샤토에서 매매할 때 적용되며, 보르도 지역 내에서나 외국으로 나갈 경우 상인들 사이에서 거래될 때에도 적용된다. 따라서 최고 중개인은 드러나지는 않지만 보르도에서 가장 부유한 시민 계층에 속한다고 볼 수 있다.

1등급 와인은 중개인들에게는 대단한 수입원이 되며, 또한 보르도의 핵심 재원이 된다. 일 년 생산량 판매 가격의 2퍼센트라면 현재 가격으로는 각 샤토 당 수백만 유로가 된다. 전체 시스템은 먼저 서로 다른 상인들에게 와인을 할당하고, 다음은 상인들이 배당받은 와인을 그들의 단골 고객에게 나누어 판매하는 방식이다. 이러한 유통 과정은 와인이 세계 각지로 빠르고 효율적으로 분배되게 한다. 따라서 할당을 받기 위한 상인들

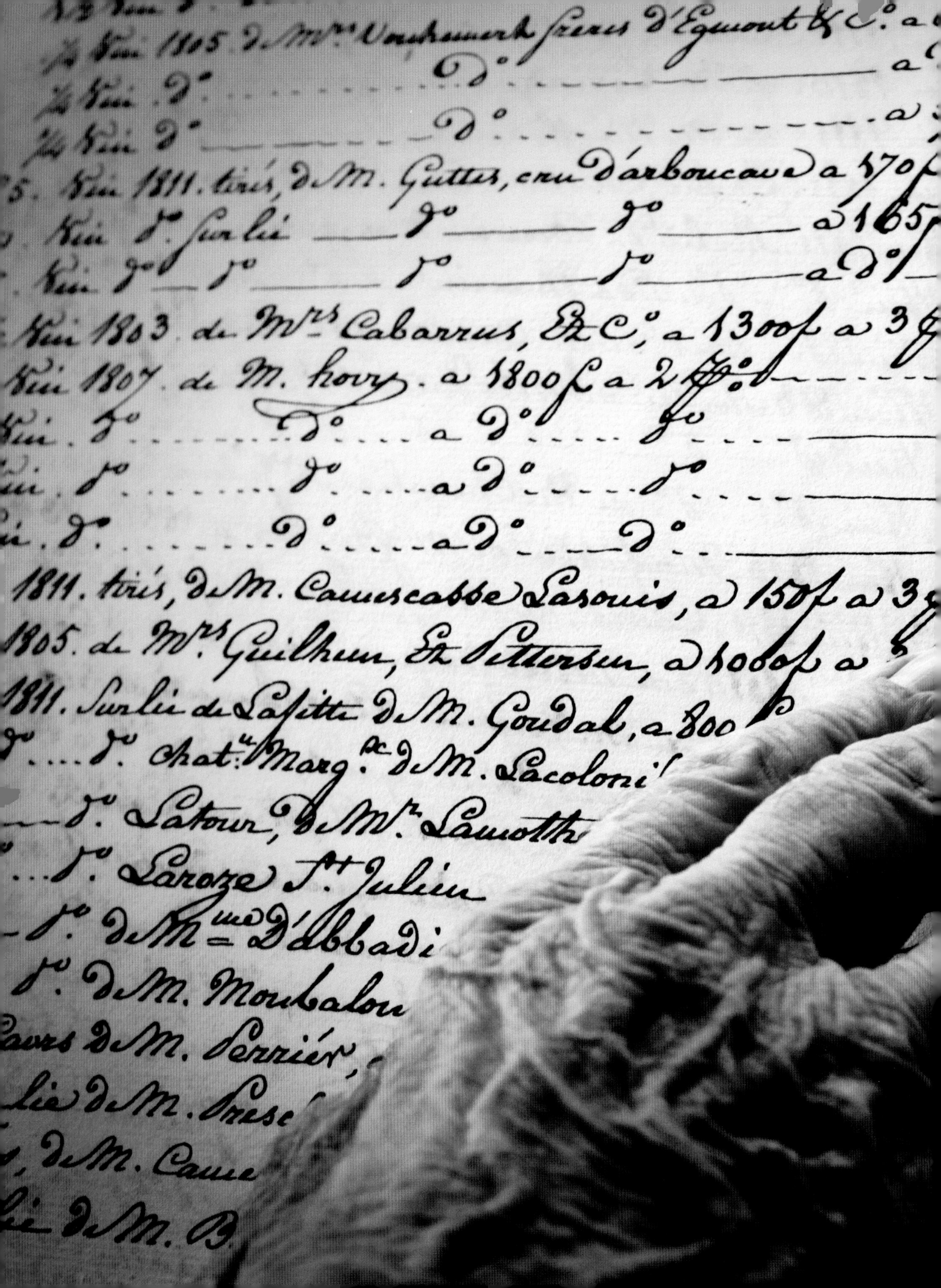

½ Vin 1805. de Mrs Vandermerk freres d'Egmont & Co. a

d°. —— a

½ Vin d°. —— a

½ Vin d° —— d° —— a

5. Vin 1811. tirés, de M. Guttes, cru d'arboucave a 170f

Vin d°. Surlie —— d° —— d° —— a 165f

Vin d° d° —— d° —— d° —— a d°

Vin 1803. de Mrs Cabarrus, & Co, a 1300f a 3 [illegible]

Vin 1807. de M. Hovy. a 1800f a 2 [illegible]

Vin. d° d°. .... a d° d° ——

in. d° d° ..... a d° ..... d° ——

in. d°. d°. .... a d°. ..... d°. ——

1811. tirés, de M. Camescabbe Lasouis, a 150f a 3

1805. de Mrs Guilhem, & Pettersen, a 2000f a

1811. Surlie de Lafitte de M. Goudal, a 800

d° ... d° Chat.u Marg.ux de M. Lacolonie

— d° Latour, de Mr Lamothe

... d° Laroze St Julien

— d° de Mme D'Abbadie

d° de M. Montalon

aurs de M. Perrier,

lie de M. Presc

, de M. Came

lie de M. B

Frion — "

Duhéron — "

Albrecht — 24

J. B. Metzler — 27

Bethuneau — "

Duhéron — 30

Albrecht — "

Lassabathie — "

harmensen — 31

Pre Metzler — février 3

Bracht — "

harmensen — "

Mautz — "

"

"

5

"

"

"

의 경쟁도 치열해지며, 이론적으로도 가격을 최상으로 끌어올릴 수 있는 뛰어난 제도이다. 때로는 전 시스템이 붕괴될 때도 있지만, 시장의 요구에 따라 등락을 거듭하면서 빠르게 제자리를 찾아간다.

중개인들은 보르도에 상주하며 이 시스템의 중심 역할을 한다. 그들의 가장 중요한 업무는 샤토 담당자가 시장 상황을 파악하게 하는 것이다. 또 어떤 상인에게 할당을 더 늘여야 하는지, 또는 어떤 새로운 시장을 주목해야 하는지 등 중요한 조언을 한다.

대개 1등급 샤토들은 3~4명의 중개인과 연결되어 있는데, 이들은 샤토가 40~50명의 상인들에게 와인을 할당하는 것을 돕는다. 대부분 중개인들은 로통 가족처럼 수세기 동안 같은 일에 종사하고 있다. 시셀Sichel과 바르톤Barton에서부터 베예르멘Beyerman, 존스톤Johnston까지 유명한 이름들은 외국 상인들이 보르도 와인의 성장에 미친 영향을 다시 보여준다. 18세기에는 상인들과 중개인들의 집이 샤트롱 부둣가에 나란히 있었다. 무역선과 접근도 쉽고 강변에 늘어선 돌로 지은 와인 창고와도 가까웠기 때문이다. 지금은 몇몇만 남아 있고 대부분은 현대적 창고 시설을 갖춘 시내 외곽의 싼 지역으로 옮겼다.

요즈음에는 네고시앙negociants들이 1등급 소유주와 직접 만나 업무를 처리하는 경우가 많다. 와인상들은 해마다 샤토를 여러 번 방문하고 주요 고객을 동반하여 시음회나 만찬에 참가한다. 외국 고객들도 방문하며, 샤토를 대신하여 만찬을 주최하고 외국 시장의 분위기를 파악한다. 수집한 정보는 보르도에 있는 담당자에게 즉각 보고한다. 이런 미묘한 관계는 수세기 동안 지속되었지만, 최종적으로 당첨되는 상인은 여전히 샤토와 중개인 간의 사적인 대화에 의해 결정된다. 선택된 와인 판매상들은 각각 할당받은 와인을 단골 고객에게 분배하는데 소매상에게는 각 와인을 2~3 상자 정도 배당한다. 보르도 와인을 3백년 동안 구매해온 런던의 베리 브로스 & 러드Berry Bross. & Rudd처럼 유명한 상점에는 1천 상자까지도 보낸다. 순위가 낮은 상인들은 작은 샤토들의 와인을 대량 구입하여, 명성이 있고 이윤이 남는 1등급만큼 가치가 오르기를 기대한다.

아브라함 로통이 활동하던 초기에는 1등급 샤토들은 수확 후 만든 와인을 바로 큰 오크 통에 넣어 팔았다. 병입이 필요하면 상인이나 최종 구매자가 했다. 수확이 좋은 해에는 중개인들이 샤토 문앞으로 달려가 고객에게 판매할 와인을 할당받으려고 애썼지만, 좋지 않은 해에는 샤토 주인이 구매자를 초조하게 기다리는 상황이 되었다. 요즈음은 상인들이 미리 주문을 하고, 배송 2년 전에 이미 와인 값을 지불할 준비를 하고 있다. 오히려 상인들이 충분한 할당을 받을 수 있을지 초조하게 기다린다.

오른쪽 _ 다니엘 로통

뒤쪽 _ 지롱드 강 어귀

Aux Citoyens Membres du Comité de Surveillance

8 avril 94

Citoyens

Joseph Fumel, agé de 74 ans, accablé d'infirmitez est détenu depuis cinq mois dans les prisons, sa détention étoit nécessitée sans doute par les circonstances, il ne s'en plaint point; tranquille a ce sujet, il a en sa faveur deux témoignages puissans, celui de sa conscience qui ne lui reproche rien, et celui de tous ses Concitoyens, qui, s'il est nécessaire s'empresseroient, il ose s'en flatter, de rendre la justice due a ses sentimens et principes toujours constans et invariables pour le bonheur de sa patrie, celui de son gouvernement, la prosperité de la République et le succès de ses armes.

Des l'instant que la révolution s'annonça; fort de ses sentimens comme de l'estime et de l'amitié de ses concitoyens il en reçut une preuve flateuse et la plus glorieuse.

Dans le mois de Juillet 1789. (vieux stile) la garde Nationale de Bordeaux délibera sur les moyens de sureté a prendre rélativement au fort Trompette; les Citoyens de la Cité, dans une assemblée tenue a ce sujet, a laquelle l'exposant fut appellé s'en rapporterent a sa parole et loyauté; aussitot a la satisfaction de l'assemblée il donna l'ordre que l'entrée de ce fort fut ouverte de jour et de nuit a toutes les patrouilles de la garde Nationale.

Au commencement de l'année 1790. ses Concitoyens le nommerent d'une voix presqu'unanime a la place de Maire de Bordeaux.

L'exposant ne retrace ces deux faits dont il s'honnore que pour éclairer, Citoyens, votre justice et vous convaincre que dans tous les tems il a toujours desiré et formé des vœux pour le plus parfait bonheur de ses compatriotes.

Son Civisme, sa conduite, ses principes connus n'offrent pas l'incertitude du doute a cet égard; il a contribué avec zéle et empressement autant que ses facultez et moyens lui ont permis a accélerer un bonheur qu'il desiroit sincerement.

Citoyens, l'exposant vous prie d'approuver qu'il mette sous vos yeux une notte

3

프랑스 혁명과 보르도

프랑스 혁명이 보르도를 휩쓸었던 1789년 당시 1등급 샤토들은 이 지역의 와인 시장을 이끌어가는 중추적 역할을 하고 있었다. 소유주들은 18세기의 대부분을 부를 쌓으며 즐겼지만, 프랑스를 뒤흔든 거대한 혁명의 소용돌이에서 귀족 신분인 그들은 직격탄을 피할 수 없었다. 혁명의 열기가 가라앉을 즈음에는 5대 샤토 중 3개 샤토의 소유주가 사라진 상태였다.

보르도는 혁명의 와중에서 프랑스 어떤 도시보다 심한 피해를 입었다. 주로 온건 부르주아지를 대변하는 지롱드 당Les Girondins이라는 정치 파벌에 관련되었기 때문이었다. 그들은 처음에는 1789년 혁명을 열렬히 지지했으나 1790년대 초에는 급진파들에 밀려 혁명 세력의 적으로 몰렸다. 보르도 시의 대부분 의회 의원들은 전혀 관련이 없었음에도 불구하고 동조자로 저주받았다. 19세기 초에는 8백여 개의 보르도 귀족 가문 중 거의 절반이 사라지게 되었다. 의회 의원 36명을 포함한 79명의 보르도 귀족이 처형을 당했다. 408명이 망명길에 올랐고 대부분 스페인으로 향했다. 남은 사람들은 지위를 박탈당했으며, 높은 세금 때문에 남아있는 재산도 위태로운 처지가 되었다.

혁명 이전의 앙시앵 레짐Ancien Régime(구체제) 말기에는 5대 샤토가 모두 이윤을 벌어들이며 번성하고 있었다. 오브리옹의 프랑수아 오귀스트는 이미 90여 년 전인 1694년에 사망했으나, 런던의 퐁탁 헤드는 1780년까지 사업을 계속했다.

그는 너그럽고 대범한 주인이라는 사실을 증명이나 하듯 빚이 많았고 자손은 한 명도 없었다. 인명 사전에는 선술집 주인Tavern Keeper이라는 직명으로 기록되어 있었다. 그의 보르도 샤토는 명성을 굳건히 유지했으며, 테레즈 드 퐁탁(여동생)과 결혼한 마고의 레스토낙 후손들과 조카 루이 아르노 르 콩트 가족이 함께 물려받아 성장을 계속했다.

앙시앵 레짐은 백년전쟁 후부터 프랑스 대혁명 전까지(1453~1789) 프랑스에서 왕이 통치한 시기를 말한다. 백년전쟁 후 프랑스는 절대 왕정이 강화되었다. 루이 13세는 '왕권신수설'을 바탕으로 하는 절대 왕정을 완성하였다. 루이 14세는 태양왕이라고 불리며 "짐이 곧 국가"라는 말로 절대 군주의 권력을 과시했다. 그러나 베르사유 궁 건설과 계속되는 대외 전쟁으로 빚이 늘어났다. 루이 16세는 영국의 신대륙 진출을 견제하기 위해 미국 독립전쟁(1775~1783)을 지원했으며, 국가 재정도 파탄이 나게 되었다. 거듭된 흉년과 왕비 마리 앙투아네트의 사치도 왕실에 대한 불만을 고조시켰으며, 결국 프랑스 혁명(1789)이 일어나는 계기가 되었다. 왕과 왕비는 프랑스 제1공화국의 혁명 재판에 의해 1793년에 단두대에서 처형되었으며 이로서 앙시앵 레짐은 막을 내리게 되었다.

그동안 라피트와 라투르는 더욱더 번창했다. 알렉상드르와 마리 테레즈의 외동아들인 니콜라 알렉상드르 드 세귀르Nicolas-Alexandre de Ségur는 1697년 10월 20일에 태어났다. 1716년 아버지가 사망하자 그는 19세

왼쪽 _ 니콜라 알렉상드르 드 세귀르 초상화

의 어린 나이로 라피트와 라투르를 상속받았으며, 아버지의 보르도 의회 종신 의장직(혁명 후 가족 세습제는 폐지되었음)도 물려받았다. 젊은 후작은 2년 후 푸와 캉달 가족에게서 무통 영지를 사들여 무통도 주목을 받게 되었다. 그는 이 영지를 불과 2년 후에 조제프 드 브란느 남작에게 매각했지만, 실제로 이때부터 무통이 와인 생산지로서 떠오르게 되었으며 보르도의 상인들이 찾는 와인이 되었다. 다른 1등급보다는 뒤처졌지만 가격도 오르기 시작했으며 피숑 드 롱그빌Pichon de Longueville과 같은 최고의 '2등급'으로 빠르게 부상했다.

포도나무 심기 열풍

1720년 라피트로부터 무통을 사들인 조제프 드 브란느Joseph de Branne 남작의 아버지는 왕의 보좌관이었다. 그는 처음부터 새로 사들인 영지에 야망을 갖고 있었으며, 이름도 브란느 무통Brane-Mouton으로 바꾸고 양조 시설도 신축했다. 이미 포도밭이 있었던 것은 확실하지만(1587년 노가레와 마르게리트 드 푸와 캉달의 결혼 당시에도 포도나무가 있었다는 기록이 있다) 그는 대대적으로 포도나무를 심기 시작했다. 실제로 이 시기에 포이약 전 지역에서 포도나무 심기 열풍이 불었다. 이는 상당한 이윤이 남는 사업이었고, 보르도 사람들은 돈 버는 데는 결코 주저하지 않았다.

조제프 남작은 무통 남작령을 최대한으로 늘여 나갔다. 그의 직무는 당시 대부분 명사들처럼 보르도 의회 의원이었으나 재산은 거의 포도밭에 쏟아 부었다. 그가 사망한 1769년 즈음에는 생산량이 늘어나 이웃 영지에서 사냥을 하는 임대료를 내거나, 또는 다른 계약을 할 때 오크 통 와인으로 충분히 값을 치를 수 있었다. 조제프가 사망하자 부인 엘리자베스 뒤발Élizabeth Duval은 대부분의 소작인들이 임대료를 내지 않아 크게 당황했다.

같은 해에 그녀는 한 공증인에게 무통 영지에 도움을 준 데 대한 대가를 지불한 기록이 있으며, 왕에게 직접 그녀가 무통의 영주라는 확인을 바라는 청원서를 보냈다. 왕은 1769년 6월 17일에 '프랑스와 나바르의 왕이며 신의 은총을 받은 루이 왕'이라고 표기된 문서에 이를 승인했고 현재 시의 문서 보관소에 잘 보관되어 있다.

공증인의 영수증 다발을 보면 이후 수년 동안 엘리자베스 뒤발과 아들 엑토르Hector는 임대료를 받기도 했고, 또한 여러 다른 영주나 공증인 등에게 빠짐없이 지불도 했다. 결제는 예외 없이 오크 통 와인(오래된 것이나 새 것)이었으며 현찰은 주로 은화를 사용했다.

오른쪽 _ 브란느 남작 무통 영주 증서 원본

뒤쪽 _ 샤토 마고 부엌

LES CHEVALIERS PRE'SIDENS, TRESORIERS DE FRANCE, Généraux des Finances, Juges du Domaine du Roi, & Grands Voyers en la Généralité de Guienne; A tous ceux qui ces présentes Lettres verront: Salut. Savoir faisons, qu'à la Requête du Procureur du Roi, s'est présenté pardevant Nous Joseph de Brane Ecuyer Baron de Mouton

en conséquence des Lettres de Chancellerie, datées du douze avril du present mois Signées par le Conseil Nesson & scellées, assisté de Me. Lafon son Procureur, lequel en présence dudit Procureur du Roi, étant ledit Brane tête nue, les deux genoux à terre, sans ceinture, épée ni éperons, tenant les mains jointes, a fait & rendu au Bureau les Foi, Hommage & Serment de fidélité qu'il doit & est tenu de faire au Roi notre Sire LOUIS XV. Roi de France & de Navarre à présent regnant, pour raison de la terre et seigneurie de Mouton avec ses

appartenance & dépendance, située dans la parroisse de Pauliac seneschaussée de Bourdeaux

relevant de sa Majesté, à cause de son duché de guienne Et après avoir promis & juré sur les Saints Evangiles, d'être bon & fidele Sujet & Vassal du Roi, ainsi qu'il est porté dans les Chapitres de fidélité vieux & nouveaux, & de satisfaire à toutes les obligations auxquelles sont tenus les Vassaux de sa Majesté, de payer tous les Droits & Devoirs Seigneuriaux qui pourroient être dûs, même & par exprès, les profits de Fief, depuis les jour de la Saisie féodale, si aucune a été faite, si le cas y échoit, sous lesquelles obligations ledit Vassal a été par nous investi de lad. terre et seigneurie à la charge d'en fournir son aveu & dénombrement dans les quarante jours portés par l'Ordonnance, lui faisant main-levée pour l'avenir des fruits desdits b[illegible] saisis faute d'Hommage non rendu; sans préjudice des Lods & Ventes, Re[illegible]ances, & autres Droits & Devoirs Seigneuriaux. FAIT à Bordeaux au Bureau du Domaine du Roi en Guienne, le dix sept jour de avril mil sept cent soixante neuf

Chaperon [illegible] Peyronnet [illegible]

Policard [illegible] Pr. du Roy

Brane hommage

포도 왕자

무통을 매각한 후 세귀르 후작은 라피트와 라투르를 런던뿐 아니라 프랑스 전역에서도 유명하게 부상시키려고 마음먹었다. 프랑스에서는 오히려 보르도 지역 와인에 대해 관심이 덜했다. 보르도 와인이 영국인 취향에 더 맞기도 했지만, 지리적으로도 파리에서는 멀리 떨어져 있었고 작은 공국들로 나뉘어져 전쟁도 잦았다. 18세기 초 프랑스 왕들이 좋아했던 와인은 샴페인과 부르고뉴 와인이었는데, 이유는 프랑스의 수도와 가까워 상인들의 왕래가 수월했기 때문이다.

이런 상황에서도 1720년대 초 니콜라 알렉상드르 드 세귀르는 루이 15세 왕실에 라피트와 라투르를 선보이는 길을 열었다. 60여 년 전 오브리옹이 영국 찰스 2세의 와인이 된 것처럼, 퐁파두르 부인이 이들 와인의 애호가가 되었다. 그의 개인적인 홍보전은 어렵지 않아 보였다. 세귀르 후작은 보르도의 최고 부자로 알려졌기 때문에 루이 15세의 화려한 궁에서도 환대를 받았고, 그도 기꺼이 부를 자랑하고 싶어 했다. 파리에 저택이 있었고 베르사유 궁에도 루이 왕에게서 '포도 왕자'라는 칭호를 받을 만큼 자주 초대되었다. 그는 메독 포도밭에 대대적으로 투자했다.

루이 15세는 루이 14세의 증손자로 1715년부터 1774년까지 59년 동안 프랑스와 나바라를 통치한 왕이다. 프랑스 대혁명을 맞은 루이 16세는 루이 15세의 손자이다. 마담 퐁파두르Madame de Pompadour(1721~1764)는 루이 15세의 정부로 왕의 사랑을 독차지했다. 포도 왕자 니콜라 알렉상드르 드 세귀르 후작(1695~1755)은 한때 샤토 라피트와 라투르, 무통, 칼롱 세귀르를 모두 소유하고 있었다. 1716년에 라피트와 칼롱 세귀르를 상속받았고 1718년에는 무통을 매입했다. 샤토 라투르는 어머니에게서 상속받았다. 백년 후인 1855년 등급에 라피트와 라투르는 1등급에, 무통은 2등급에, 칼롱 세귀르는 3등급에 포함되었다. 그는 라피트와 무통 포도밭의 경계선을 그었고 두 영지의 와인을 구분했다. 루이 15세는 그를 포도 왕자라고 불렀다. 어느 날 루이 15세가 다이아몬드처럼 빛나는 그의 옷 단추를 칭찬하자, 세귀르 후작은 포도밭에서 주운 돌로 광택을 낸 단추라고 자랑했다고 한다.

당대 영주들은 사치스런 생활을 즐겼다. 모두 귀족 칭호(라피트와 라투르는 후작, 무통은 남작, 오브리옹과 마고는 백작)를 갖고 있었으며 영지에서 엄청난 부를 얻었다. 세귀르의 자산 중 86퍼센트는 두 영지에서 생산되는 와인이었다. 그러니 당연히 저택을 호화롭게 장식하고 손님을 후하게 접대했을 것이다. 보르도 역사학자인 미셸 피작Michel Figeac은 그들의 일상생활에 대한 재미있는 사실들을 기록했다. 혁명 전에는 침대가 가장 비싼 가구였기 때문에 침대 숫자만 보더라도 흥미로운 사실이 드러난다. 큰 주인 침대 하나가 3백 리브르,(당시 성직자의 평균 1년 봉급보다 20퍼센트가 더 많다) 하인들의 작은 침대는 50리브르 정도였다.

뒤쪽　샤토 라투르

당시에는 벽난로 외에는 난방 기구가 없었기 때문에(최고 부잣집에는 나무를 때는 화덕이 있었다) 침대는 아주 중요한 가구였다. 1등급 소유주들은 네 개의 기둥에 화려한 조각이 새겨진 침대에 매트리스 두 개를 겹치고 깃털 베개, 순모 시트와 담요, 비단으로 장식한 두꺼운 발 담요 등을 갖추었다. 오브리옹의 퓌멜 백작은 시트와 담요가 3백 장이었으며, 18세기의 새로운 발명품인 베개에 대한 언급은 없었다.

포이약 마을에서는 세귀르 후작이 화려한 연회를 베풀고 있었다. 부엌 조리 기구들의 목록도 침실 못지않은 위용을 드러냈다. 엄청난 규모의 부엌에는 수백 개의 수프용 솥과 냄비, 생선찜용 그릇, 고기 굽는 꼬챙이 등이 가득했다. 가금류, 특히 오르토랑Ortolan이라는 요리가 인기가 있었다. 오르토랑은 아주 작은 새를 산채로 잡아 강제 사육하여 아르마냑에 담가 죽인 후, 털을 뽑고 불에 구워 뼈와 함께 통째로 먹는 요리다. 그물에 잡힌 수많은 오르토랑을 어두운 방에서 간이 충혈될 때까지 귀리나 수수를 억지로 먹인 후 적당한 크기가 되면 18세기의 식탁에 올렸다. 혁명 전 이 요리의 인기는 최고조에 달했으며 현대 프랑스 사회에서도 오르토랑에 대한 관심은 분명 사라지지 않고 있다. 미테랑 대통령이 1996년 사망 직전 이 요리를 마지막으로 주문하여 즐겼다는 사실이 사후에 작은 스캔들이 되기도 했다.

라피트와 라투르의 분할

세귀르 후작이 라피트와 라투르 두 영지를 소유하며 즐기는 것도 혁명 때까지 계속되지는 못했다. 니콜라 알렉상드르는 딸이 넷이었는데, 1755년 사망 후 소유권은 각기 다른 가족에게로 분할되었다. 네 딸 중 장녀인 마리 테레즈Marie-Thérèse의 아들인 니콜라 드 세귀르가 라피트의 유일한 소유주가 되었으며, 다른 세 딸은 샤토 라투르의 소유권을 보유했다.

라피트와 라투르의 소유주가 분리된 후부터 두 영지는 운영 방식뿐만 아니라 사업 전략도 달라졌다. 그동안 양쪽은 모두 지역 공증인인 메트르 스위스Maitre-Suisse가 관리했고, 와인은 보르도 상인에게 같은 값으로 팔았다. 1757년 12월 16일 아브라함 로통의 출납부 원장에는 스위스 라피트Suisse-Lafite와 스위스 라투르Suisse-Latour를 토노 당 1천3백 리브르에 매입했다는 기록이 있다. 수십 년 동안 둘은 정확하게 같은 값에 팔렸다.

두 영지가 분리된 1755년부터 라피트는 도망제Domanger가 인계받았고 라투르는 1774년까지 메트르 스위스가 그대로 운영했다. 이는 라투르에는 큰 도움이 되었다. 세귀르 가족은 분리되기 전 라피트를 발전시키는 데 모든 힘을 쏟아 부어 라피트의 생산량이 라투르보다 1/3 정도 더 많았다. 1750년에 라피트는 107토노였고 라투르는 70토노였다. 하지만 분리 후에는 메트르 스위스가 그대로 운영한 라투르의 포도밭은 1759년 38헥타르에서 1794년에는 47헥타르로 더 늘어났다.

분리는 또 다른 점에서 라투르에게 이득이 되었다. 혁명으로 많은 소유주들이 광범위하게 정치적 사건에 연루되었으나, 라투르는 세귀르 카바낙Ségur-Cabanac 백작만 직접 연루되었다. 다른 중요한 사람들은 단두대행을 면했다. 세귀르 카바낙의 지분(27.06 퍼센트)은 보르도 유명 의사의 미망인에게 팔렸지만, 영지는 여전히 메트르 스위스가 운영했다. 그리고 국가 소유로 명시되지 않았기 때문에 국가의 관리를 벗어날 수 있었다.

1797년에 바뀐 매니저 푸와트뱅Poitevin은 포도나무의 건강을 회복시키고 라투르의 가격을 적정선까지 끌어올리기는 했지만 많은 어려움이 있었다고 기록했다. 1842년에는 상속인들의 숫자가 다시 증가하기 시작하여 가족들만으로 구성된 샤토 라투르 포도원 조합이 결성되었다. 가족 경영은 1695년 알렉상드르 드 세귀르(라피트)와 마리 테레즈 드 크로젤(라투르)이 결혼한 후부터 1962년까지 250여 년 동안 이어졌다.

무통도 정부가 빼앗을 대저택이 없었기 때문인지 라투르처럼 최악의 충격은 피했다. 소유주인 엑토르 드 브란느는 생명은 건졌으나 살아남은 귀족들에게 부과된 살인적인 세금으로 파산 상태였다. 〈혁명 11년(1802)〉의 기록을 보면 지롱드 당에서 가장 세금을 많이 낸 6백 명 중 170명이 '귀족'이었고 나머지는 네고시앙과 지주, 의사나 다른 전문직이었다. 엑토르 드 브란느는 두 번째 고액 세금 납부자였는데 영지에 대한 세금이 8,792프랑이었다.(1795년에 리브르Livers에서 프랑Francs으로 바뀌었다.)

라피트는 8년 동안 두 주인을 잃었다. 니콜라 드 세귀르는 도박벽이 있었고, 이로 인해 혁명 3년 전인 1786년에 사촌 니콜라 피에르 드 피샤르에게 88만 리브르에 영지를 매각했다.

피샤르는 판사 겸 변호사였고 1760년부터 보르도 의회 의장을 역임했다. 그는 법적 지식을 잘 활용하였으며, 1784년에 성립된 다른 계약을 뒤집고 가족 승계의 복잡한 법을 적용하여 라피트를 사게 되었다. 그는 이 지역의 최고 부자이기도 했다. 포이약과 소테른에 소유한 포도밭 외에도 레 랑드Les Lendes 농장에는 양 143마리, 암소 24마리, 수소 8마리가 있었다. 또 뤼 드 마라이Rue de Marail에는 보르도 시에서 가장 크고 화려한 저택 중 하나를 소유하고 있었다. 부엌과 침실, 집안 가구들 목록을 보면 대단히 호사스럽고 관대한 주인이었음을 알 수 있다. 그의 시내 주택에는 큰 서빙용 접시가 13개, 접시가 314개, 와인 셀러에는 보르도 산 외에도 샴페인과 뮈스카, 포트, 셰리, 마르살라 등이 채워져 있었다.

마지막 게임

혁명의 소용돌이 속에서 라피트의 피샤르Pichard가 받은 타격은 극심했다. 도박벽이 있는 니콜라 세귀르에게서 라피트를 매입한 후 수년간은 포도 수확도 형편없었다. 전국적으로도 농산물 작황이 나빠 원성이 높아지고 흉년이 계속되어 마침내는 혁명을 몰고 오게 되었다. 이를 복구할 시간도 없이 그는 혁명군에 체포되었고 당시 1백만 리브르가 넘는 땅과 전 재산을 몰수당했다. 피샤르는 부인과 함께 1794년 6월 30일 공포의 단두대에서 처형당했고 라피트는 국가 소유가 되었다.

CHATEAU HAUT-BRION
PREMIER GRAND CRU
CONTROLÉE
AU CHATEAU
A PESSAC, GIRONDE

마고와 오브리옹의 소유주였던 퓌멜 가족도 역시 불운했다. 조제프 드 퓌멜Joseph de Fumel은 1749년부터 마고와 오브리옹을 소유하고 있었다. 그는 마고의 레스토낙 후손이며 군 지휘관으로 성공하여 귀족 칭호를 받았다. 1773년 퓌멜은 샤토 트롱페트Trompette의 총독이 되었다. 이곳은 백년전쟁 후 현재 보르도 중심 캥콩스Quinconces 광장에 지은 요새였다.

이 요새는 카스티용 전투에서 승리한 샤를 7세가 보르도를 되찾은 프랑스의 힘을 보여주며 영국이 다시는 프랑스를 넘보지 못하도록 하려는 목적으로 지어졌다. 이 요새는 점점 더 번성하는 보르도 항구를 보호하는 중요한 군사 요지였으나, 혁명 후 1818년에 완전히 파괴되었다.

퓌멜은 1781년에 생 루이 대십자 훈장을 받았다. 토머스 제퍼슨이 보르도와 샤토 오브리옹을 방문한 시기는 퓌멜이 소유주였던 때였다. 첫 방문은 혁명 2년 전인 1787년 5월 25일이었다. 제퍼슨은 1784년 빈티지 몇 병을 미국의 가족에게 보내며 "오브리옹에서 만든 보르도 최고의 와인이다."라는 편지를 보냈다. 그는 다른 1등급에 대해서도 관심을 갖고 찬사의 글을 남겼다.

퓌멜의 두 샤토에 대한 열정은 포도 재배에 대한 18세기 책에 기고한 글에도 나타난다. 그는 전략적인 두뇌로 콩트Comte 측 가족과 분쟁을 해결하기 위해 건물과 포도나무를 포함한 오브리옹의 '셰네프Chai Neuf' 구획을 맡기기도 했다. 그는 샤토에 부속 건물도 여러 개 짓고 공원과 정원의 경관도 바꾸었다.

루이 15세에 대한 충성은 그뿐만 아니라 딸에게도 문제를 안겨 주었다. 왕의 건강이 나빠지기 시작하자 왕의 정부인 마담 뒤 바리Madame du Barry는 왕의 사망 후 보호자를 찾기 시작했다. 마침내 그녀는 막내 동생인 장 바티스트 기욤 니콜라Jean-Baptiste Guillaume Nicolas와 마리 루이 엘리자베스 퓌멜Marie-Louise Elizabeth Fumel을 결혼시키기로 마음먹었다. 장차 장인이 될 퓌멜은 장 바티스트를 샤토 트롱페트의 총독으로 임명하며 기꺼이 도와주었으나, 왕이 직접 개입하여 결혼을 시킬 때까지는 딸의 결혼에 적극적이지 않았다. 퓌멜 가족은 1774년에 왕이 수두로 사망한 후에도 장 바티스트가 퓌멜이라는 가족 성을 쓰지 못하게 했으며, 그는 장모의 성인 아르지쿠르Hargicourt를 사용했다.

마담 뒤바리Madame du Barry(1743~1793)는 루이 15세의 정부로 퐁파두르 후작 부인 사후 사실상 왕비 역할을 했다. 루이 16세 황태자비 마리 앙투아네트와 공주들은 하층 계급 빈민가 출신인 그녀를 면전에서 무시했다. 루이 15세가 병세 악화로 사망(1774)하자 수도원으로 추방되었다가 다시 궁으로 돌아와서 살았으나 프랑스 혁명 후 단두대로 끌려갔다. 마리 앙투아네트Marie Antoinette(1755~1793)는 오스트리아 공주로 태어났으며, 적국이었던 프랑스와의 동맹을 위해 루이 15세의 손자인 루이 16세와 정략 결혼을 했다. 베르사유의 프티 트리아농 궁은 퐁파두르를 위해 지어졌으나, 그녀의 사후에 완공되어 마담 뒤바리 차지가 되었다. 루이 16세는 이 궁을 왕비 마리 앙투아네트에게 하사했고, 사치와 환락의 궁으로 알려진 이 궁은 실제로는 왕비가 시골 전원 생활을 즐기는 휴식처였다고 한다. 그녀에 대한 부정적인 평판은 대부분 과장된 것으로 밝혀졌으며, 프랑스 혁명 후 1791년 루이 16세와 오스트리아로 도주를 시도하다 체포되어 단두대에서 처형되었다.

18세기 샤토 트롱페트 요새
피에르 필리프 쇼파르 판화, 18세기

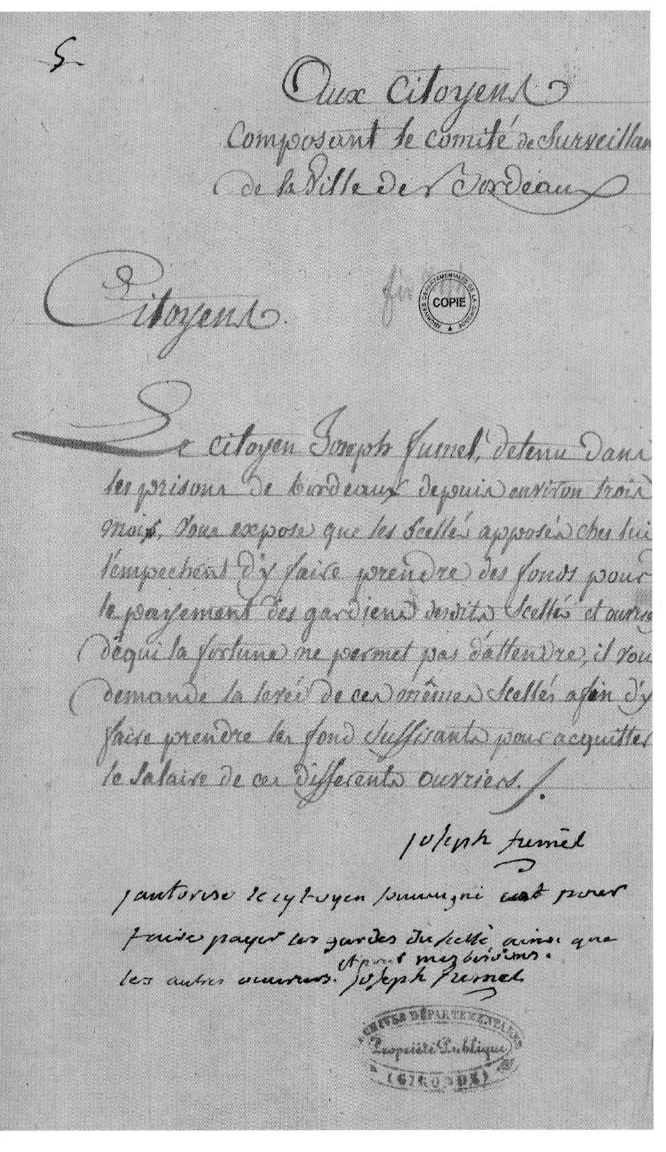

Aux citoyens
Composant le comité de surveillan
de la ville de Bordeaux

Citoyens.

Le citoyen Joseph Fumel, detenu dans les prisons de Bordeaux depuis environ trois mois, vous expose que les scellés apposés chez lui l'empechent d'y faire prendre des fonds pour le payement des gardiens desdits scellés et ouvri de qui la fortune ne permet pas d'attendre, il vous demande la levée de ces mêmes scellés afin d'y faire prendre les fond suffisants pour acquitter le salaire de ces differents ouvriers.

Joseph Fumel

j'autorise le citoyen [illegible] pour faire payer les gardes du scellé ainsi que les autres ouvriers. Joseph Fumel

처형 전 감옥에서 쓴 퓌멜 백작의 편지

퓌멜은 왕실과 관계가 밀접했음에도 불구하고 혁명 초기에는 보르도 시민들에게 인기가 있었다. 바스티유 감옥이 무너질 때도 그는 평민들 편에 섰다. 샤토 트롱페트를 포기하고 가지고 있던 금을 모두 녹여 필요한 사람들에게 나누어주기도 했다. 다음 해인 1790년 2월 19일에는 시장으로 선출되었으나, 귀족들에 대한 분위기가 더욱 암울해지면서 1791년에는 시장직에서 물러났다.

파리에서 혁명의 테러가 휩쓸고 내려왔을 때 그는 1793년까지 오브리옹에 은둔하고 있었다. 피에 굶주린 것 같은 혁명위원회는 퓌멜을 투옥시켰으며 오브리옹은 몰수당했고 결국 혁명위원장의 정부가 저택을 차지했다.

퓌멜의 공식적인 죄명은 혁명 선서를 거부한 사제들을 보호해준 혐의였다. 또 먼 남쪽의 현재 아장Agen 근처의 82명의 소작인들로부터도 고발을 당했다. 1794년 7월 27일 퓌멜은 보르도의 감베타 광장(당시 도핀느 광장, 혁명 광장)에 모인 흥분한 군중들 앞에서 참수되었다. 사흘 후에는 딸 마리 루이즈도 같은 형을 당했다. 퓌멜은 오브리옹의 관리인에게 가슴 아픈 지침서를 남겼다. '그가 없는 동안' 포도나무를 어떻게 돌볼 것이며 수확 날짜와 일꾼의 숫자, 임금 기준, 가지치기 날짜, 샤토 관리와 외부 건물 관리 등에 대한 상세한 기록이었다.

마리 루이즈 퓌멜의 남편인 장 바티스트(아르지쿠르 백작)는, 루이 15세의 측근인 그가 살아남게 된 결혼에 대해 전혀 고마워하는 마음이 없었다. 그는 혁명군의 샤토 몰수도, 부인과 장인의 비극적인 최후에도 아랑곳없이 일찍이 망명했다. 파리의 로베스피에르 혁명 정부는 퓌멜이 처형당한 다음날 전복되었다. 나흘 후에는 보르도 혁명의회 의원들도 모두 체포되어 처형당했지만, 오브리옹의 퓌멜 백작에게는 너무나 늦게 온 돌이킬 수 없는 시간이었다.

프랑스 대혁명은 1789년부터 1799년에 일어난 시민 혁명이다. 프랑스는 앙시앵 레짐 시대에 부르주아지 계급이 부상하고 미국의 독립으로 자유주의적 의식이 고취되고 있었지만, 왕과 귀족들의 농민 착취는 심해지고 있었다. 인구 대다수를 차지하던 평민들은 거듭된 흉년으로 과도한 세금을 이기지 못하고 봉기했으며, 1789년 7월 14일 파리 민중들은 바스티유 감옥을 습격했다. 이념적으로는 당시 계몽 사상가였던 장 자크 루소의 "모든 사람은 평범하며 인간의 존엄성은 중시되어야 한다."는 직접 민주주의적 영향이 팽배하고 있었다.
1789년 8월 26일 제헌국민회의는 봉건적 특권이 폐지되었음을 선언하고 프랑스 인권 선언을 채택했다. 혁명 초기는 입헌군주제를 지지하는 온건파들이 주도했으며, 라파예트가 총사령관에 임명되었다. 1791년 9월에는 입헌군주제를 골자로 하는 프랑스 헌법이 제정되었으며 10월에는 입법의회가 구성되었다.
공화제는 지롱드 당과 자코뱅 당이 지지했다. 지롱드 당은 원래 지롱드 지역 출신들이 주로 모인 정치 단체로 경제적으로 여유가 있는 부르주아가 주도했으며 지나친 개혁은 피하려 했다. 급진파 자코뱅은 하층민을 대변했다. 루이 16세가 1791년 6월 오스트리아로 피신하려던 중 체포되면서 혁명은 급진파인 로베스피에르가 주도하게 되었다.
1792년 입법의회가 해산된 후 국민공회는 공화정(프랑스 제1공화국)을 선포했고, 프랑스 헌법은 1년 만에 폐지되었다. 1793년 혁명 광장(콩코드 광장) 단두대에서 루이 16세와 마리 앙투아네트가 처형되었다. 지롱드 당은 추방당했고, 로베스피에르가 권력을 장악했으나 그도 결국 1794년에 국민공회의 온건파에 의해서 탄핵을 당하고 체포되어 7월 28일 처형되었다.

혁명 이후

혁명으로 1등급 소유주들이 급격히 바뀌게 된 것은 당연한 일이었다. 역설적으로 말하면 몇몇 생존한 소유주는 예전의 영향력이 아직 남아있었다고 볼 수 있다.

혁명 후 오브리옹과 마고의 동시 소유는 몇 년간 더 지속되었다. 이번에는 퓌멜 백작의 조카딸인 로르(1795년 무통의 엑토르 드 브란느 남작과 결혼)가 소유주가 되었다. 처음에 그녀는 두 샤토를 같이 소유하기 위해 부단한 노력을 했다. 그러나 혁명 후 화폐 가치는 엄청나게 불안정했으며, 급속히 떨어지는 지폐로 몰수된 영지를 싸게 매입하여 거액의 이익을 취하려는 사람들도 많았다. 따라서 구매자는 매매가의 1/4을 실제 주화로 지불해야 했다. 살아남은 귀족들은 높은 세금에 시달리고 있었기 때문에 로르에게는 분명 두 개의 영지가 큰 부담이 되었다. 당시 보르도에서 매입 자금을 마련할 수 있는 부자는 샤트롱의 상인들뿐이었다. 로르는 1796년에 4명의 상인들에게 마고를 1811년까지 15년간 임대하도록 설득했다.

오브리옹은 로르와 형제들에게 반환되었고 퓌멜 백작은 지롱드 의회에서 사후 사면이 승인되었다. 마침내 두 샤토(오브리옹과 마고)의 소유가 불가능하다는 결론이 났다. 특히 로르의 남편 브란느 남작의 소비벽은 혁명 후의 세리보다 더 그녀의 재산을 축내고 있었다. 1795년 결혼 당시에는 로르가 오브리옹에 살고 있었으나 그들은 곧 함께 마고로 옮겼으며, 일 년 후에 아들 자크 막심 드 브란느가 태어났다.

뒤쪽 _ 샤토 오브리옹 기실

1798년 무일푼이 된 브란느 남작은 부인과 갓 태어난 아들을 남겨 두고 채권자들을 피해 함부르크로 도피했다. 그는 1791년에도 스페인으로 몇 달 피신한 적이 있었다. 무분별한 공포 정치가 보르도 귀족들에게 가차없이 다가오고 있었기 때문이다. 그는 왕정에 협조한 망명 귀족의 명단에 올라있었으며 돌아오자마자 22개월 동안 옥살이를 했다. 1794년 정치적 투옥이 풀린 후 로르와 결혼했다.

결혼 생활은 그의 두 번째 망명이 끝나기 전에 파탄이 났다. 브란느가 외국에서 보낸 편지에 따르면 로르에 대한 그의 애정은 변함이 없었으나, 로르가 그를 버리고 떠났다는 주장이었다.("나의 불행은 결코 끝나지 않은 것 같다. 내가 외국에 있는 동안 로르 퀴멜의 재혼 소식을 들었다.") 그 소식은 사실이었으며, 남편이 부재중이었던 1801년 11월 9일 로르는 경제력이 있는 프러시아의 헤스Hesse에서 온 상인 랑스도르프 남작과 재혼했다.

그녀는 이혼과 동시에 소유하고 있던 두 샤토와도 깨끗하게 결별을 시도했다. 먼저 1801년에 오브리옹을 처분했는데 당시 정치적 영향력을 되찾은 나폴레옹의 외무상 탈레랑Talleyrand에게 매각했다. 그후 수십 년 동안 소유주가 여러 번 바뀌었고, 1836년에는 경매에 부쳐져 파리의 은행가인 조제프 위젠느 라리외Joseph Eugène Larrieu가 29만6천 프랑에 매입했다. 그는 수년 후 1841년에는 오브리옹의 '셰 네프Chai Neuf' 구획(1694년 콩트 가족 상속)도 매입하여, 페삭의 가장 유명한 샤토가 다시 하나로 합쳐졌다.

로르는 1801년 오브리옹을 매각 후 얼마 되지 않아 샤토 마고도 매물로 내놓았다. 그녀가 엑토르와의 첫 결혼에서 완전히 벗어나고 싶었다면, 결혼 계약서에 기재된 작은 글씨를 찬찬히 읽어 봤어야만 했다. 전 남편 엑토르는 아직도 마고의 공동 소유주였으므로 일이 복잡하게 얽히게 되었다.

이혼의 와중에 스페인의 귀족, 베르트랑 두아Bertran Douat 후작이 나타나 마고를 65만 프랑에 매입했다. 혁명 전에 비하면 반값도 안 되었다. 두아는 기존 1등급 소유주인 의회 의원 세귀르나 퀴멜 백작같은 장성과는 분명히 다른 부류였다. 그는 이리저리 얽힌 빚과 세금, 수십 년 동안 누적된 소작인과 임차인들에 대한 채무 등을 해결하는데 수년을 보냈고, 1809년에서야 완전히 샤토의 통제권을 확보할 수 있었다.

두아는 사실 프랑스인이었으며, 프랑스와 스페인의 국경 근처에서 부유한 생선 상인의 아들로 태어났다. 사회적 신분은 280여 년 전 오브리옹의 아르노 드 퐁탁의 선조처럼 성공한 상인 그룹에 속했다. 그는 성인 시절을 주로 스페인의 빌바오 항 근처에서 보냈기 때문에 보르도를 지배해오던 부르주아지 그룹에게는 외지인으로 간주되었다. 그가 샤토 마고를 샀을 때에는 50대 후반이었고 주로 파리에서 시간을 보냈다. 하지만 마고에 대한 영향력은 상당했다. 포도밭 매니저 지로Giraud와, 현재의 신고전주의 형식의 샤토를 지은 건축가 기루이 콩브Guy-Louis Combe는 두아의 지시를 충실히 수행하고 있었다.

두아가 마고를 샀을 때 영지에는 수세기 동안 있었던 소담한 연노랑색 2층 건물과 작은 예배당뿐이었다. 영지는 2백 헥타르가 넘었고 농장이 60헥타르였다. 와인을 만드는 큰 통이 23개, 그외 여러 용기들과 작은 통, 압착기 등이 있었다. 1810년부터 시작된 재건축은 "문자 그대로 궁전 같았다. 아테네의 판테온 신전처럼 우아한 도리아식 기둥과 웅장한 조각과 진짜 궁전 같은 진입로가 있었다." 〈보르도 그랑 크뤼, 1867〉

기 루이 콩브는 프랑스인이지만 로마의 고전 건축에서 영감을 받았다. 그는 1810년에 샤토 마고를 짓기 시작해서 두아가 사망한 1년 후인 1817년에 건물을 완성했다. 그는 샤토 트롱페트(퓌멜 백작과 사위 아르지쿠르 백작의 요새)도 보수했으며 1802년에는 현재 보르도의 중앙 광장에 있는 아름다운 15세기 건물인 생 앙드레Saint-André 성당을 재건했다. 그는 부르주아지 저택도 여러 채 지었다. 보르도의 유일한 5성급 호텔인 아콰르 옹 쿠르 드 렝탕당스Acquart on Cours de l'Intendance도 그의 작품이다. 현재는 미슐랭 스타 레스토랑 프르쇼르 다르장Le Pressoir d'Argent이 입점하고 있다.

생 앙드레 성당, 또는 보르도 대성당은 프랑스의 대표적인 중세 고딕 양식의 성당이다. 1137년 아키텐의 엘레아노르 여공작이 황태자 루이 7세와 결혼식을 올린 곳으로 유명하며 유네스코 세계문화유산으로 등재되어 있다.

19세기 말 샤토 무통 로칠드

메독의 나폴레옹

나다니엘 드 로칠드 남작

엑토르 드 브란느 남작은 그동안의 상처를 달래면서 메독으로 돌아와 무통에서 일을 다시 시작했다. 세금 기록이 정확하다면 1802년이다. 포도나무와 재회한 기쁨도 컸지만 혁명으로 인한 재정적 손실이 너무나 컸던 그는 끝도 없는 채무자들의 소송에 10년을 시달렸다. 샤토 마고의 문서 보관소에는 채무자들의 탄원서가 무더기로 보관되어 있다. 그러나 1814년 루이 18세가 왕권을 회복하자 브란느는 재빠르게 국가 재정 담당관을 설득하여 각종 빚을 탕감받았다.

그는 땅을 사들이기 시작했고, 다른 곳에 있는 그의 땅을 무통 근처의 땅으로 바꾸기도 했다. 또한 포이약 토양에 가장 맞는 카베르네 소비뇽을 널리 심도록 독려하며 선견지명이 있는 주인으로 안착했다. 무통은 19세기 대부분을 카베르네 소비뇽으로만 와인을 만들었다고 기록되어 있다. 아들 자크 막심Jacques-Maxime도 아버지의 지침을 이어받았다. 자크는 마침내 메독의 나폴레옹이라는 별명으로 불리며 보르도의 전설적 인물 중 한 명으로 남게 되었다. 그는 1876년에 사망했으며, 이 별명은 가끔 아버지 엑토르를 잘못 지칭하기도 한다.

아버지와 아들이 둘 다 포도밭에 열정을 바쳤지만, 엑토르는 1830년에 파리의 은행가인 이작 튀레Isaac Thuret에게 무통을 120만 프랑에 매각했다. 아마도 그는 새로 구입한 샤토 고르스Gorse(현재 브란느 캉트낙 Brane-Cantenac)에 집중하려고 했던 것으로 추측되지만, 1833년까지는 고르스를 구입하지 않았기 때문에 연도가 맞지 않다. 그는 결국 수년에 걸친 채무를 이기지 못하고 매각할 수밖에 없었을 것이다. 엑토르 드 브란느는 무통 매각의 후유증을 이기지 못한 채 2년 후인 1835년에 사망했다. 튀레가 무통을 매입한 후 곧 19세기에 처음 나타났던 포도나무 병인 노균병이 퍼지고 대부분 포도밭이 황폐화되었다. 엑토르는 이에 약간은 위안을 받았을 것이다. 튀레는 파리에 주로 머물렀으며 영지에는 잠깐씩 관심을 보일 뿐이었다. 20년 후에 영지가 경매에 나왔을 때는 포도밭은 심각한 손상을 당한 상태였고 집중적인 손길이 필요했다.

오른쪽 _ 무통 매입증서

로칠드 가문

1853년에 드디어 로칠드 가문의 영국 가계인 나다니엘 드 로칠드Nathaniel de Rothschild 남작이 무통을 인수하게 되었다. 아버지 나단 남작은 스물한 살 때인 1798년 네덜란드에서 세계적인 상공업의 중심지인 맨체스터로 이주하여 섬유와 재무 관계 일을 시작했다. 1805년에는 런던으로 옮겨 로칠드 은행을 설립했고 곧 금괴 무역의 세계적인 선두주자가 되었다. 1806년에는 네덜란드 금융업자의 딸인 한나 바렌트 코헨Hannah Barent-Cohen과 결혼하여 9남매를 낳았다. 나다니엘은 넷째였다.

당시에는 많은 샤토들이 포도나무 병 때문에 수익이 바닥났고 이때문에 매물로 나온 영지가 널려 있었다. 나다니엘이 왜 특히 무통을 사려고 했는지, 어디에서 처음 무통을 맛보았는지는 추측만 무성하다. 아마 런던에서 은행업을 할 때 1851년 런던 하이드 파크의 크리스탈 궁에서 열렸던 박람회에 갔을 가능성은 높다. 스페인 와인이 전시되었고, 물론 마데이라도 있었지만 그외 다른 나라 와인이 전시되었다는 기록은 특별히 없다. 또한 진열된 많은 프랑스 상품 중, 보르도 와인이 있었을 가능성도 크지 않다. 증손자 필리프 드 로칠드 남작은 자서전에 나다니엘이 박람회에서 보르도의 고급 와인을 맛본 후 지롱드에 있는 포도밭을 사기로 결심했을 것이라고 기록했다. 하지만 이 이야기는 가족들 사이에 내려오는 이야기일 가능성이 크다.

빅토리아 여왕은 1851년 5월 1일에 런던 하이드 파크의 크리스탈 궁Crystal Palace(수정궁)에서 세계 박람회를 오픈했다. 산업혁명을 이룬 영국이 새로운 산업 기술을 세계에 자랑한 최초의 엑스포였다. 철골과 유리로 지은 전시회장 건물은 19세기 신건축 역사에 큰 획을 그었으며, 증기 기관차도 전시되었다. 6백만 명이 전시를 관람했고 수익금은 빅토리아 알버트 박물관, 과학 박물관, 자연사 박물관을 건립하는데 사용되었다. 수정궁은 1854년에 하이드 파크에서 시든햄 힐로 옮겼으며, 역사적인 전시와 공연장으로 수많은 관람객을 모았으나 1936년 11월 화재로 소실되었다.

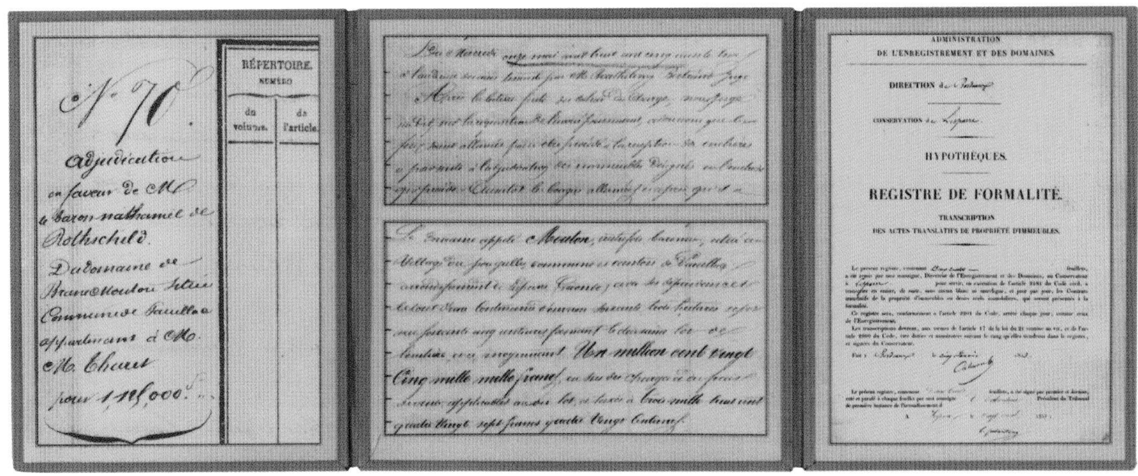

RÉPERTOIRE.
NUMÉRO
du volume. | de l'article.

N° 70.
Adjudication en faveur de M. le Baron Nathaniel de Rothschild. Du domaine de Brane-Mouton situé Commune de Pauillac appartenant à M. M. Thuret pour 1,125,000f

… Le domaine appelé Mouton … Un million cent vingt cinq mille francs …

ADMINISTRATION
DE L'ENREGISTREMENT ET DES DOMAINES.
DIRECTION d
CONSERVATION d
HYPOTHÈQUES.
REGISTRE DE FORMALITÉ.
TRANSCRIPTION
DES ACTES TRANSLATIFS DE PROPRIÉTÉ D'IMMEUBLES.

또 하나 흥미를 끄는 가능성은 나다니엘이 런던 하이드 파크 근처 메이페어에 있는 도박 클럽에 정기적으로 출입했다는 사실이다. 크록포드Crockford 클럽은 1828년에 문을 연 세계 최초의 상류층 사교 클럽이다. 1852년 이 클럽의 와인 셀러 장부에는 브란느 무통Brane-Mouton 8상자를 구입했다는 기록이 있다. 이곳은 웰링턴 공작이 후원을 하는 당대의 주요 인물들이 모이는 장소로 나다니엘이 방문했을 가능성은 매우 높다. 그가 블랙 잭 테이블에서 크게 이겨 브란느 무통으로 축배를 들었을 것이라는 추측도 흥미롭기는 하다. 하지만 파리에 거주하는 동안 무통 영지를 사도록 설득되었을 것이란 설이 가장 유력하다. 나다니엘은 1850년에 삼촌인 제임스 마이어 로칠드(몇 년 후 라피트 매입)와 함께 일하기 위해 파리로 옮겼다. 그가 당시 파리의 은행가이며 매입자를 찾고 있던 브란느 무통의 소유주인 이작 튀레Isaac Thuret를 만났을 가능성은 매우 높다.

웰링턴 공작(1769~1852)은 영국 육군 원수이자 나폴레옹 전쟁 당시 영국 육군 최고의 지휘관이었다. 나폴레옹의 러시아 진군(1813)중 이베리아 반도에서 프랑스 군을 격파하고 북상중 나폴레옹의 실각 소식을 들었다. 1815년 영국으로 돌아가서 넬슨의 뒤를 잇는 영웅으로 추앙받았으며 공작의 칭호와 영지를 하사받았다. 빈 회의에 영국 대표로 참석중 나폴레옹이 엘바 섬을 탈출했다는 소식을 듣고, 곧 영국 육군을 이끌고 벨기에로 향하여 워털루 전투에서 프랑스 군을 포위해 승전했다.

나다니엘 남작은 연회를 즐겨 베풀었고 만찬에는 자신의 와인을 대접하고 싶어했다고 한다. 그는 1853년 레스파르 메독Lesparre-Médoc에서 열린 경매에서 금화 11억2천5백만 프랑에 무통을 매입했다. 당시 무통의 판매 가격은 다른 1등급과 같았다. 하지만 1855년 등급이 정해지기 불과 2년 전이었기 때문에 최고 샤토와 같은 등급을 확보하기에는 시간이 충분하지 않았다. 그의 노력이 부족한 것은 아니었다. 그는 노균병뿐만 아니라 흰가루병(오이듐)도 만연하고 있었던 포도밭에 즉시 관심을 기울였다. 매니저 테오도르 갈로Théodore Galos는 카베르네 소비뇽을 심기 시작했고 1860년대와 1870년대 20년 동안 수확은 좋았다. 그는 곧 샤토 이름에서 '브란느Brane'를 빼고 그의 이름을 넣었지만 수년이 지난 후에야 일반적으로 사용되었다. 1856년 라벨에는 아직도 'Branne Mouton de Rothschild'로 표기되어 있다. 나다니엘은 무통을 매입하기 전 해에 삼촌 제임스의 딸 샤를로트 드 로칠드Charlotte de Rothschild와 결혼했다. 그들은 네 자녀를 두었는데 1870년 나다니엘의 사후에는 장남 제임스 드 로칠드가 가족 기업을 상속받아 무통의 소유주가 되었다. 제임스는 현재 작은 무통Petit Mouton이라 불리는 제2제정시대 양식의 저택을 지었다. 하지만 그도 그의 미망인도, 아들 앙리도 나다니엘 남작만큼 포도 재배에 열정을 기울이지는 않았다. 증손자인 필리프 세대에 가서야 마침내 그의 유업이 계승되었다.

프랑스 제2제정(1852~1870), 또는 제2제국은 나폴레옹 3세의 통치 기간을 말하며 프랑스 최후 군주정 체제이다. 나폴레옹 1세가 엘바 섬으로 유배된 후 부르봉 왕가가 복귀했으나 1848년 2월 혁명으로 프랑스는 다시 공화정으로 돌아가게 되었다. 나폴레옹 1세의 조카인 루이 나폴레옹은 1848년 제2공화정의 대통령으로 당선되었고, 1852년에는 제2제정의 황제로 즉위하여 스스로 나폴레옹 3세라 칭했다. 1870년 보불 전쟁 패배 후 폐위되었다.

라피트의 매각

라피트도 1794년에 소유주였던 피에르 드 피샤르Pierre de Pichard(니콜라 드 세귀르의 사촌)가 처형된 후 비슷한 파탄을 겪었다. 혁명 후 라피트는 공식적으로는 프랑스 정부 소유였고, 3년간은 누구도 소유권을 행사하지 않았으며 돌보는 사람도 없었다.

1797년 경매를 통해 파리에 거주하는 네덜란드인 얀 드 비트Johan de Witt가 버려진 상태의 라피트를 매입했다. 그도 영지를 경영하려면 막대한 자금이 필요하다는 것을 곧 깨닫게 되었고, 결국 3년밖에 소유하지 못하고 1800년에 매각했다. 하지만 그가 남긴 업적은 조제프 구달Joseph Goudal을 매니저로 영입하여 라피트가 다음 세기까지 안정적으로 유지되게 한 것이다. 구달은 와인을 만들고, 네고시앙 회사를 만들어 판매도 하는 아주 중요한 책임을 맡았다. 1818년 왕정 복고 후 영지는 이냐스 조제프 방레르베르그Ignace-Joseph Vanlerberghe에게 넘어갔다. 그는 대단한 곡물상으로 나폴레옹 군대에 무기를 공급한 18세기식 무기 거래상이었다.

매니저 구달은 소유주가 바뀌어가는 동안 라피트를 꾸준히 정성들여 보살폈다. 그도 포도밭을 갖고 있었으나 아들 에밀과 함께 라피트에 더 애착을 갖고 일했다. 그들은 라피트의 우수성을 선전하는데 심혈을 기울였다. 19세기 초 대부분은 라피트가 다른 1등급들을 제치고 최고가를 받았는데, 이는 전적으로 구달이 노력한 결과였다. 1845년에 에밀 구달은 카뤼아드Carruades 땅 12헥타르를 사서 라피트에 더했다. 그는 이 구역이 라피트와 부분적으로는 같은 토양이라는 것을 알고 있었다.('카뤼아드 드 라피트'는 라피트 로칠드의 세컨드 와인으로 현재 1902년 빈티지부터 구매가 가능하다.)

방레르베르그 가족은 1868년까지 라피트를 소유했다. 그들이 이혼을 했는지는 확실하지 않지만, 이혼을 했다면 세금을 피하기 위한 수단이었다고 추측된다. 이 부부는 분명 세금을 내지 않으려고 오랫동안 버텼다. 1821년 방레르베르그가 사망했을 때에는 상속세를 피하기 위해 영국 은행가인 사무엘 스코트에게 4백4십만 프랑에 위장 매각을 했다. 스코트와 그의 아들이 공식적인 소유주가 되었고 구달은 영지를 맡아 경영했지만(1855년 등급에는 소유주로 그들의 이름이 나타난다) 실제는 방레르베르그의 대리인 역할이었다. 이런 상황은

1866년 에메 위젠느 방레르베르그가 사망할 때까지 지속되었다. 그후 상속자들(여형제 둘과 조카)이 영지를 매각하기로 결정하면서 라피트는 다시 경매에 넘겨졌다.

그동안 라피트의 이웃 브란느 무통은 무통 로칠드로 이름이 바뀌었고 두 샤토의 전설적인 경쟁은 이미 시작되었다. 이는 로칠드가 주도했다기보다는 매니저였던 에밀 구달이 부추겼다. 그는 무통이 라피트에 대해 분명 위협적인 존재라는 것을 알고 있었다. 나다니엘 남작이 무통 영지를 샀을 때, 라피트의 스코트는 카뤼아드 땅을 부유한 이웃 무통에 매각하려고 구달에게 의견을 구했다. "그렇게 귀중한 땅을 팔면 무통은 포도밭을 1등급으로 만들려고 할 것이고 성공할 가능성도 충분합니다. 무통이 승급하면 결과가 어떨지 아십니까? 무통이 1등급이 되면 라피트는 가격이 떨어질 것입니다." 구달이 대답했다.

구달은 무통을 늘 견제했다. 중개인과 상인들에게는 무통에 높은 가격을 매긴다고 정기적으로 편지를 보내 불평하며, 라피트의 가격을 더 올리라고 요구했다. 1858년에 구달은 보르도 중개인을 거치지 않고 라피트 와인을 전부 런던에 직접 현금을 받고 팔았다. 하지만 방레르베르그는 파리에 있었고 스코트는 런던에 있었으니 논란의 여지가 없었다. 구달은 라피트가 추구해온 최고의 품질, 즉 최고의 자리를 지켜야하겠다는 의지를 꺾지 않았다.

라피트의 문서 보관소에 가면 경매 기록을 자세히 살펴볼 수 있다. 1866년 방레르베르그가 사망하고 첫 경매가 1868년 6월 20일 보르도에서 열렸다. 라피트의 입찰가는 450만 프랑이었다. 카뤼아드는 25만 프랑이었다. 과연 누가 라피트를 살 것인지에 대한 소문이 보르도를 휩쓸고 있었다. 6월의 경매에는 아무도 입찰에 응하지 않았다. 다음 경매는 두 달 후 8월 8일 파리에서 열렸다. 관심을 끌기 위해 입찰 가격을 3백만 프랑으로 낮추었다. 입찰에 응한 두 경쟁자는 보르도 와인상 그룹과 제임스 마이어 드 로칠드James Mayer de Rothschild 남작이었다.(변호사가 대신 참석했다.)

경매 기록은 1868년 8월 8일 문서에 자세하게 쓰여져 있다. 파리 최고재판소에서 서명했으며 '황제 나폴레옹 3세 인가'라고 되어 있다. 라피트와 카뤼아드는 매물에 나온 열 개 중 여섯 번째와 일곱 번째였다. 샤토 라피트는 포이약과, 생테스테프, 레스파르, 3개 코뮌에 위치하며 123헥타르 59아레ares 75상티아레centiares, 카뤼아드는 따로 10헥타르 23아레 40상티아레라고 기록되어 있다.(1아레=100m², 1상티아레=1m²)

이어서 멋진 풍광과 공원을 가로지르는 가로수가 늘어선 진입로를 따라 샤토로 가는 길이 묘사되고 '메독에서 가장 아름다운 곳'이라고 소개한다. 샤토 건물은 2층이며, 1층에는 현관, 복도, 넓은 거실, 당구장, 식당, 사무실, 주방, 욕실이 있고 지하에 셀러가 있다. 매니저의 사택이 따로 있다. 2층에는 욕실이 딸린 침실이 열 개 있다. 직원 침실과 세탁실, 다림질 방이 있다. 샤토 앞에는 테라스가 있고 와이너리와 셀러가 있다. 셀러에는 큰 나무 통 22개, 나무 통 공방, 말 6마리 마굿간, 차 4대 주차장, 직원 사택, 대장간, 정원사 사택, 격납 창고, 훈제실, 우물, 큰 저장실, 린넨장, 수확 일꾼을 위한 주방, 베르주스verjus(덜 익은 포도 주스로 요리에 사용했다)를 가공하는 방이 따로 있다. 외부에 별채가 몇 개 있고 채소밭과 세탁장, 호수가 있다.

제임스 남작은 라피트와 카뤼아드를 둘 다 매입했다. 물론 세 아들이 아버지를 부추겼겠지만 스스로 결단했을 가능성이 더 크다. 그는 조카 나다니엘이 무통을 매입한 후에 메독에 있는 여러 영지들을 물색하고 다녔다. 중개료를 포함해 479만 프랑에 매입했는데, 다행히도 수익이 계속 늘어나 10년이 지나지 않아 모두 회복할 수 있었다. 셀러에 있던 와인은 매매가에 포함되지 않았으며, 몇 달 후 10월 26일 파리에서 경매에 부쳐졌다. 제임스 남작이 파리에서 사망하기 몇 주 전이었다. 대부분 기록은 남작이 새로 산 영지에 가보지도 못하고 사망했다고 한다. 그러나 딸 샤를로트가 무통의 나다니엘 남작과 결혼해서 살고 있었기 때문에 무통에서 인접한 라피트를 살펴볼 기회는 있었을 것이다.

라피트 와인의 경매는 모든 기록을 깼다. 물론 대부분 와인은 무통에 이어 포이약에서 두 번째로 샤토를 매입한 로칠드 가문의 새 주인, 제임스 남작이 사들였다. 다음 세기에 벌어지는 두 샤토 사이의 경쟁 관계는 바로 이 시점에서 심화되고 있었다.

세계의 중심은 어디에?

보르도의 1등급 와인을 마시거나 수집하는 사람들은 대부분 당대를 지배했던 사회 계급에 속했다. 혁명기를 제외하면 옛날이나 지금이나 크게 달라지지 않은 것 같다. 보르도는 결코 정치 권력과 멀리 떨어진 곳이 아니다. 샤토의 성장이 시작된 초기, 즉 오브리옹이 런던에서 퐁탁 헤드Pontac Head를 열었을 때부터 고객은 주로 명망 있는 유력 인사들이었다. 퐁탁 헤드는 식품점과 바를 겸한 레스토랑이었으며 오브리옹 와인을 광고하는 쇼윈도였다.

역설적이기는 하지만 프랑스의 한 역사가는 "적합한 수출 시장이 있을 때에만 테루아가 의미가 있다."라고 말했다. 세계적인 와인 생산지가 되려면 당연히 기후나 토양이 우선이겠지만, 이에 못지않게 국제 정치가 중요한 역할을 한다는 의미이다.

아르노 드 퐁탁 3세Arnaud III de Pontac는 1660년대에 이미 와인이 잘 팔리는 시장을 찾아야 한다는 사실을 알았다. 당시 대부분의 보르도 와인은 네고시앙을 통해 판매되었고 주인이 직접 개입하는 일은 드물었다. 소유주들은 와인을 판매하는 궂은 일을 맡기를 꺼려했다. 퐁탁은 전통에 개의치 않고 아들 프랑수아 오귀스트를 당시 유럽 지식인 사회의 중심지였던 런던에 보냈다. 마고의 매니저 폴 퐁탈리에가 아들 티보Thibault를 공식 아시아 브랜드 대사로 홍콩으로 보내기 수세기 전이었다.

17세기 후반에서 19세기까지 런던의 미식 취향은 유럽 최고로 인정받았다. 차와 초콜릿, 토마토 등 식민지에서 공수되는 새로운 식품들이 속속 런던에 도착했다. 영국인들은 더욱 새로운 맛을 찾았고 그들의 취향에 맞는 식품을 요구했다. 요즈음 중국 시장을 중요하게 여기는 것처럼, 보르도 사람들은 런던 시장에서 원하는 와인을 기꺼이 만들어 공급했다.

퐁탁 헤드

1666년, 페스트가 창궐하여 런던 인구의 1/5을 죽음으로 몰아넣고 지나간 막바지에, 프랑수아 오귀스트François-Auguste 드 퐁탁은 요리사 한 명과 함께 영국의 수도 런던으로 향했다. 그는 아마 지옥에 발을 디딘 것이 아닌가 하고 두려워했을 것이다. 전염병 직후에는 대화재가 발생하여 옛 런던의 풍경은 영원히 찾아볼 수 없게 되었다. 화재는 오히려 두 가지 면에서 프랑수아에게 도움이 되었다. 우선 전염병이 더 이상 퍼지지 못하게 되어 런던이 살기에 안전한 곳이 되었고, 또 하나는 앱처치 레인Abchurch Lane에 있던 유명한 대중 술집 화이트 베어White Bear가 불타버렸기 때문이었다.

오른쪽 _ 1746년 런던 지도. 왕립학회 본부와 퐁탁 헤드는 원 안에 있다
런던 길드홀 도서관 소장

THROGMORTON STREET
THREAD NEEDLE STREET
The Royal Exchange
The Bank
CORNHILL
LEADEN HALL
BISHOPSGATE
LOMBARD STREET
GRACE CHURCH STREET
FENCHURCH
CANNON STREET
GREAT EASTCHEAP
LITTLE EASTCHEAP
FISH STREET HILL
THAMES STREET
TOWER STREET
MINCING LANE
LONDON BRIDGE
St. Magnus
St. Dunstan
Billingsgate Dock
Billingsgate Stairs
Old Swan Stairs
Cole Harbour Stairs
Bear Key Stairs
Custom House Stairs
Green Market
Mansion House
I
V
E
R

화재로 도시의 60퍼센트가 불탔지만 대부분 벽돌로 지은 건물이라 재건은 순조롭게 진행되었다. 퐁탁은 오브리옹을 선전하는 창구로 앱처치 레인에 새 상점을 열었다. 퐁탁 헤드라는 간판을 걸고 입구에 할아버지의 초상화를 걸었다. 고급 프랑스 와인과 프랑스 요리사로 무장한 술집은 곧 런던의 최고급 레스토랑 중 하나로 자리잡았다. 오브리옹 와인은 최고가인 7실링으로 책정했고 다른 와인은 2실링을 받았다. 각계 요인들이 출입하기 시작하며 남겨 놓은 기록들이 다행히도 역사가들에게는 귀중한 자료로 도움을 주게 되었다. 존 드라이든 John Dryden, 존 로크John Locke, 크리스토퍼 렌Christopher Wren, 조나단 스위프트Jonathan Swift, 다니엘 디포Daniel Defoe, 사무엘 피프스Samuel Pepys, 생 에브르몽Saint Évremond(프랑스인으로 영국 궁중과 문화계 인사들이 선호했던 런던 사교계 인사. 웨스트민스터 사원의 시인 묘역에 안장되었다) 등, 고객들의 명단은 마치 17세기 런던 상류 사회의 유명 인사들을 줄줄이 거명하는 것 같았다.

당시 대부분 와인은 일 년이 지나면 맛이 변했지만, 특정 외국 시장에 바로 대량 수출할 수 있었기 때문에 계속 생산하는데 대한 거부감은 별로 없었다. 와인의 품질을 개선하고 새로운 기술을 도입하려고 결정한 샤토는 오브리옹뿐이었다. 어느 나라 시장이 특히 중요한가는 시대에 따라 여러 전쟁을 거치면서 늘 변해 왔다. 18세기에는 네덜란드가 영국과 함께 보르도 와인의 주된 시장으로 부상했다. 그러나 런던은 언제나 최고가의 뉴 프렌치 클라렛이 가장 잘 팔리는 곳으로 네덜란드 시장보다 매출량이 거의 두 배가 넘었다.

보르도 우안 지역들, 즉 부르그Bourg나 블라이Blaye, 또는 대부분 생테밀리옹Saint-Émilion 와인들은 리부른Libourne에서 선적되어 도르돈뉴 강을 따라 쉽게 북부 프랑스와 네덜란드로 수송될 수 있었다. 1822년까지는 가론 강을 건너 보르도로 들어오는 다리가 없었기 때문에, 샤트롱의 상인들은 보르도 우안의 와인은 접할 길이 없었다. 좌안의 메독과 그라브 와인만 샤트롱 항을 통해 영국으로 수출되었고, 와인의 품질도 영국인의 기호에 각별히 주의를 기울였다.

보르도와 영국의 관계는 역사적으로 늘 껄끄러웠다. 축구나 럭비 경기, 또는 경제 신문을 보더라도 프랑스와 영국이 얼마나 자주 충돌했는지는 누구나 알 수 있다. 와인 무역도 무기 생산자들이나 공급자들만큼이나 정치적 영향을 받는다.

12세기에서 18세기까지 영국은 두세 달에 한 번씩 보르도에 배를 보내 와인을 가득 싣고 목마른 영국의 항구에 풀었다. 그러나 1700년 초의 세금 폭탄(프랑스 상품들에 대한 금수 조치)으로 영국의 중산층은 더 이상 고급 와인을 마실 수 없었다. 그들은 수년간 평범한 클라렛만 마시며 지냈으며 18세기 1703년 메수엔 조약 Metheun Treaty 이후에는 대부분 포트로 돌아섰다. 포르투갈 와인의 세금이 큰 폭으로 줄어들었기 때문이다. 영국 시장에서는 일반 클라렛이 점차 줄고 있었으며(스코틀랜드 시장은 여전했다), 고급 클라렛(뉴 프렌치 클라렛)은 발판을 마련하기 시작했다.

왼쪽 _ 17세기 샤토 오브리옹을 방문한 존 로크 초상화. 배경은 룩셈부르크 로버트 왕자

1688년 명예혁명으로 왕위에 오른 영국의 윌리엄 3세는 당시 루이 14세 치하의 유럽 최강국이던 프랑스를 견제하기 위해 프랑스산 와인에 고율의 관세를 부과했다. 사실상 와인 수입을 막은 것이었다. 영국인들은 프랑스 와인의 대체품으로 스페인의 셰리, 포르투갈의 포트 와인, 마데이라 등을 대량 수입했다. 포트는 영국인이 개발했으며 영국에서 가장 많이 소비하는 강화 와인이다. 포트 중 85~90퍼센트가 영국으로 수출되며 포트 메이커도 대부분 영국 출신이다.
메수엔 조약Metheuen Treaty은 영국과 포르투갈이 1703년에 체결한 조약이며 일명 포트 와인 조약Port WineTreaty이라고도 불린다. 이 협정으로 영국이 수입하는 포르투갈 와인의 관세는 프랑스의 2/3 이하로 결정되었다. 당시 프랑스 와인의 관세는 배럴당 거의 20파운드에 육박했고 포르투갈 와인은 7파운드까지 떨어졌다. 1717년 영국에 수입된 포르투갈 와인은 전 와인 수입량의 66퍼센트에 달했고 프랑스는 4퍼센트에 불과했다.

메수엔 조약 이후 얼마 되지 않아 의외로 최고급 보르도 와인이 영국에 도착하게 되었다. 영국 해협을 순찰하는 영국 선박이 프랑스 선박을 '나포'하여 영국으로 향했기 때문이다. 〈런던 가제트〉에는 1705년에 영국 해협에서 프랑스 선박에서 노획한 듯한 퐁탁과 오브리옹, 마고 등 와인 통들의 판매가 여러 번 있었다는 기사가 났다. 같은 신문의 1707년 5월 22일 자에는 "노획된 프랑스 새 클라렛 전 상품, 찌꺼기가 가라앉아 있는 상태로 방금 도착한 라피트Lafitt와 마구즈Margouze, 라투르Latour"의 판매를 알렸다. 나흘 뒤에는 "선박 리버티 호에서 노획한 새 프랑스 오브리앙 클라렛French Obriend Clarets 2백 통"이 판매되었다는 기사가 실렸다. 배에 실었던 와인은 전혀 손상되지 않은 채로 세인트 제임스 거리의 술집이나 커피 하우스(18세기 후반 크리스티나 소더비가 생기기 전 경매가 정기적으로 이루어졌던 곳)에서 바로 판매할 수 있는 상태로 모습을 드러냈다.

이런 사건은 수년에 걸쳐 일어났고, 와인의 양도 샤토의 전 생산량에 버금가는 규모였다. 이는 '나포'가 소유주가 완전히 알고 있는 상태에서 일어났으며, 영국 시장에 판매할 수 있는 최상의 방법으로 택해졌을 가능성이 있음을 시사했다. 따라서 판매 수익의 상당한 액수가 보르도로 되돌아갔을 것이다.

가격은 일단 제쳐놓고 영국인이 무엇을 마시느냐는 문제는 포르투갈이나 프랑스의 정치적인 상황과 밀접한 관계가 있었다. 영국의 상류층들은 루이 14세의 궁정 생활을 흠모했고, 프랑스적 문화생활이 유행의 첨단을 걸었다. 앤 여왕은 부군인 덴마크의 조지 왕자와 함께 프랑스 와인에 푹 빠져 있었다. 그녀는 매년 대략 40통, 약 1만 병에 이르는 양의 오브리옹, 마고, 그라브 와인을 구입했다.

A
CATALOGUE
OF THE GENUINE
Houfhold Furniture,
Jewels, Plate, Fire-Arms, China, &c. And a large Quantity of Maderia and high Flavour'd Claret.
Late the Property of
A Noble PERSONAGE,
(DECEAS'D,)
The Furniture Confifts of Rich Silk Damafk, mix'd Stuff ditto, Cotton and Morine in Drapery Beds, Window-Curtains, French Elbow and back Stool Chairs, a large Sopha with an Elegant Canopy over ditto, Variety of Cabinet Work in Mahogany Rofewood, Japan, Tortoifhell, inlaid with Brafs, &c. Large Pier Glaffes, a curious Needle-work Carpet 4 Yards by 5, Turkey and Wilton ditto, fome valuable Jewels, and Plate, &c. Ufeful and ornamental Chelfea, Drefden and Oriental China,, a Mufical Spring Clock and Eight-day ditto, fome fine Bronzes, Models, Pictures, &c. &c.
Which will be Sold by Auction
By Mr. CHRISTIE,
At the Auction Room, in PALLMALL, on Fryday next, and the Four following Days.
The whole to be view'd on Wednefday next, and 'till the Time of Sale, which will begin each Day at Twelve o' Clock.
Catalogues to be had at the Great Room as above, and at *Mr. Chriftie's, Caftle-Street, Oxford-Road.*

초기 크리스티 경매 카탈로그

초기 경매장, 크리스티 문서 보관소

1720년에서 1727년 사이에는 한 상인이 763통의 와인을 왕실에 배달했으며, 그중 라피트와 라투르, 퐁탁과 다른 고급 클라렛이 전체의 3/4에 달했다고 한다. 일반적으로 휘그(사업가, 관료 등 진보파)는 포트를 마시고 토리(지주, 귀족 등 보수파)는 클라렛을 마셨다. 브리스톨 백작이나 로버트 월폴 경 같은 상류층 휘그 또한 최고급 클라렛을 마셨다.

사업 수완이 뛰어난 보르도의 생산자들은 곧 싼 와인으로는 가혹한 세금을 감당할 수 없고 이익도 남지 않는다는 것을 알았다. 오브리옹의 아르노 퐁탁 3세는 새로운 스타일의 와인을 원하는 고객이 있다는 확신을 가지고 있었다. 그는 보르도 의회와 정치적인 교류도 활발했고, 또 영국 상인들과도 자주 만났기 때문에 시류를 잘 읽고 있었다. 수년 후 마고와 오브리옹 두 거대 가문의 결혼과 통합(1694년)으로 인해 마고도 라피트와 라투르에 이어 런던 무대에 오르게 되었다. 1705년 퐁탁의 뉴 클라렛 큰 통은 60파운드를 호가했으며 일반 클라렛은 18파운드였다. 뉴 클라렛은 이미 3배 이상 비싼 값으로 거래되었다.

고급 클라렛은 시장에 나오자마자 더 세련되고 요구가 많은 소비자 층을 만들어내었다. 와인 리스트에는 일반적인 클라렛보다는 뉴 프렌치 클라렛New French Claret이라는 이름이 더 자주 언급되었다. 가격도 오르게 되었고, 와인도 외관과 맛으로 표현되기 시작했다. 1711년 〈런던 가제트〉에는 "노획된 고품질의 뉴 프렌치 클라렛은 깊고 밝은 색이며 신선하고 깔끔하다."는 기사도 나왔다. 따라서 현대적인 와인 애호가들의 시대는 보르도 1등급의 출현과 함께 18세기 영국에서 태동하여 형성되었다고 볼 수 있다.

2003년 컬럼비아 대학의 한 졸업 논문이 이를 잘 요약한다. "스페인과 포르투갈의 값싼 와인이나, 커피, 티, 코코아 등 새로운 음료들이 넘쳐나는 시장에서 고급 클라렛은 눈에 띄게 잘 팔리는 상품이었다. 고급 프랑스 클라렛은 혁명 후의 영국에는 완벽하게 맞아떨어졌다. 왕과 여왕, 세련되고 나이든, 예의 바른 휘그 신사들에게는 안성맞춤인 와인이었다."

런던 왕립학회

오브리옹의 런던 출시는 와인 시장을 형성하기도 했을 뿐만 아니라, 당시 영향력 있는 인사들에게 1등급에 대한 개념을 각인시키기도 했다. 앱처치 레인에 있는 퐁탁 헤드는 대성황이었으며, 왕립학회Royal Society가 정기적으로 만나는 다른 두 레스토랑, 조스Joe's(Exchange Square 20번지)와 가라웨이즈Garaways(Exchange Alley 4번지)와도 가까운 거리에 있었다. 왕립학회는 새로 생긴 퐁탁 헤드에서 1670년대부터 1746년까지 연례 만찬을 열었기 때문에 오브리옹은 당대 유명 인사들의 관심을 끌게 되었다.

왕립학회는 1660년 11월 28일 수요일에 창립되었으며, 같은 해에 오브리옹이 왕에게 진상되기도 했다. 왕립학회는 과학과 지식 증진을 위해 상류층 인사들이 매주 모이는 클럽이었다. 퐁탁 헤드는 목요 클럽(왕실 철학회)의 모임 장소는 아니었지만, 창립 기념일인 11월 세인트 앤드류스 데이에 열리는 화려한 연례 만찬장으로 제공되었다. 영국 작가이며 원예가인 존 이블린John Evelyn은 1696년 11월 30일 연례 모임 후 "우리는 늘 하듯이 모두 퐁탁에서 만찬을 했다." 그리고 1683년 7월 13일에는 "퐁탁 씨와 얘기를 나누었다. 이 신사는 우수한 보르도 와인의 생산자이며 퐁탁과 오브리엔O Brien의 소유주이다."라고 일기에 적었다.

1687년 왕립학회의 회계 장부에는 만찬 초과분으로 19실링 6펜스를 지불했다는 기록이 있다. 다음해 11월 30일에도 1실링 46펜스의 추가 지불이 있었다.

왕립학회 만찬은 프랑스 혁명 전 1등급 샤토 주인들이 베풀던 호화로운 만찬과 별로 다르지 않았다. 1748년의 한 문서에는 메뉴가 "워터 크래스, 어린 거위, 구즈베리 파이, 콜리플라워, 채소, 소 엉덩이 살, 사슴고기 파이"라고 기록되어 있다. 만찬장은 달라졌지만 회원을 위해 클라렛으로 건배하는 오랜 전통은 그대로 남아있었다. 왕립학회의 문서에는 필립 요크 의원이 1741년에 회원으로 선출되었고, 1746년 7월에 클럽 만찬장을 방문하였으나 "클라렛으로 즐기지는 못했다."는 기록이 남아있다.

왕립학회의 정식 명칭은 '자연과학 진흥을 위한 런던 왕립학회'이다. 청교도 혁명 당시 옥스퍼드 철학회로 시작하여 1662년 왕실의 허가를 받아 왕립학회로 출발하였다. 창립 당시는 현미경 발명으로 유명한 로버트 훅을 비롯한 과학자와 철학자, 수학자 등이 참여했고, 아인슈타인, 뉴턴, 벤저민 프랭클린, 찰스 다윈, 제임스 와트 등 세상을 바꿔놓은 과학자들이 왕립학회 회원이었다. 이 학회는 국제적으로 문호가 개방되어 있으며, 자연과학에 대한 유용한 지식의 개선과 수집, 이를 기초로 한 합리적인 철학 체계의 구축을 목표로 삼았다.

충직한 고객, 충직한 상인

영국의 와인 소비 전성기는 18세기와 19세기 초였지만 영국인의 1등급 사랑은 오늘날까지 계속되고 있다. 1977년에는 엘리자베스 여왕 어머니가 라피트와 무통에서 이틀간 머문 적도 있다. 그러나 지금은 고객으로보다 역사적으로 오랫동안 거래해온 충직한 상인으로, 제일 많은 1등급 와인을 할당받아 세계 곳곳의 부유한 고객들에게 팔고 있다. 현재 1등급이 거래되는 나라는 세계적으로 150개 국이 넘는다. 누구나 지갑만 두둑하다면 어디서나 한 병쯤은 구입할 수 있다.

영국의 중개상 베리 브로스 & 러드Berry Bros. & Rudd의 회계 장부를 보면 고객의 변화를 추적해 볼 수 있다. 베리 브로스는 런던 세인트 제임스 궁에서 얼마 떨어지지 않은 세인트 제임스 가에 있으며, 상점 뒷방에 보관되어 있는 장부에는 1만7천 명 이상의 고객 이름이 적혀 있고 1765년부터 기록이 남아있다.

베리는 1698년에 커피숍이 인기를 누릴 때 차와 커피를 파는 일반 상점으로 시작했다. 주인인 과부 본Bourne은 특별히 큰 커피 저울을 한 쌍 구입했다. 이 저울로 고객이 요청하면 체중도 달아주며 런던 사교계의 인기를 끌었다.(당시에는 체중에 대한 개념이 없었다.) 과부의 딸 엘리자베스는 야심이 있는 윌리엄 피커링William Pickering과 결혼했다. 그는 특수 숙련공으로 '화공예'의 도제였으며, 상류 계급이 모여 있는 세인트 제임스의 상점에서 문장 또는 실내 소품 등을 장식하거나 도금하는 장인이었다.

피커링은 자신의 직업과 아내의 사업을 병행했다. 화공예 일이 점점 줄어들자 아들들은 향신료와 차, 커피, 담배 등에 집중했다. 그리고 파트너로 존 클라크John Clarke를 영입했으며 그의 딸이 와인상 존 베리John Berry와 결혼했다. 1810년에 아들 조지 베리가 사업을 이어받았을 때는 와인 사업이 확장되리라는 예견을 했으며, 1850년부터는 와인이 중심 사업이 되었다.

많은 문서가 2차 세계대전 중에 손실되었으나, 고객의 체중을 촘촘히 기록한 노트는 상점 뒤쪽 오크 방에 여전히 보관되어 있다. 18세기의 장부에는 영국의 해군 역사에 남아있는 제독들과 장교들의 이름이 빼곡히 적혀 있다. 같은 고객이 수년 또는 수십 년에 걸쳐 기록되기도 했는데 체중은 거의 경력에 따라 같은 궤도로 상승 곡선을 그렸다. 스코트 씨는 1783년에 9.4스톤(59킬로그램)이었는데, 1816년 해군 소장이 된 후는 2스톤(13킬로그램)이 더 늘었다.

런던 세인트 제임스 가에 있는 베리 브로스 상점 내부

베리 브로스 & 러드Berry Bros. & Rudd는 1698년에 커피 하우스로 문을 열었으며, 3백 년이 넘도록 같은 장소인 런던 세인트 제임스가 3번지에서 주류 상점을 계속하고 있다. 역사가 긴 만큼 이야깃거리도 많다. 1760년에는 조지 3세의 공식 와인 공급자로 선정되었으며 왕자들과 귀족들, 바이런 경, 윌리엄 피트 수상 등 유명 인사들의 방문이 이어졌다. 조지 베리는 루이 나폴레옹(후에 나폴레옹 3세가 됨)과도 친분이 있었으며, 그가 1871년 보불 전쟁에서 패배한 후 런던으로 망명했을 때에는 상점 지하 셀러를 비밀회의 장소로 제공했다.(현재 나폴레옹 셀러) 1912년 4월 15일 타이타닉 호가 침몰한 후 선박 회사 화이트 스타 라인은 베리 브로스의 와인 69박스도 수장되었음을 정중하게 알리는 편지를 보냈다. 1919년부터 1933년까지 미국의 금주 기간에는 오히려 호황을 누렸다. 바하마를 통해 밀매가 성업했으며, 1923년에는 커티 사크Cutty Sark 스코치 위스키 발매로 히트를 쳤다. 1998년에는 창립 3백 주년 기념 축연이 있었고, 엘리자베스 여왕에 이어 찰스 황태자로부터 두 번째 왕실 훈장을 받았다. 1990년대에는 일본과 홍콩에도 지점을 열었다.

미국인 구매자는 1차 세계대전 쯤에 나타났으며 그 이후 꾸준히 상승했다. 미국인이 1등급을 처음 접하게 된 것은 토머스 제퍼슨Thomas Jefferson이 1784년부터 1789년까지 5년간 프랑스 주재 미국 대사를 역임하면서부터였다. 버지니아 주 샬로츠빌에 있는 사저 몬티첼로Monticello는 그의 와인에 대한 열정과, 와인을 얼마나 소중히 생각했는지를 여실히 보여준다. 와인 셀러는 길이 5미터, 폭 4.5미터, 높이 3미터이며 몬티첼로 초기 설계에 포함되어 있었다. 셀러는 겹으로 지어 단단하고, 문은 이중 잠금 장치가 되어 있다. 몬티첼로의 기록에 의하면 대통령 집무실에서 첫 재임 기간(제3대 대통령 1800년~1804년) 동안 와인에 7만5천(현재 12만5천) 달러를 지출했다고 한다.

또한 그는 미국인 친지들에게 그의 취미를 소개하는데 많은 공을 들였다. 재임 기간 동안 꾸준히 오브리옹, 마고, 라피트, 라투르, 디켐을 주문했다. 말년에는 예산이 줄어들어 횟수가 줄어들었다. 또 가끔 몬티첼로에서 존 아담스, 라파이에트 장군 등 당대 명사들과 와인 테이스팅을 하기도 했다. 백악관에 케네디가 입성하기 전까지는 1등급 사랑이 그처럼 대단했던 대통령은 없었다고 한다. 이후 닉슨이 비슷한 수준을 유지했으며 닉슨은 샤토 마고 애호가로 알려졌다. 제퍼슨 이후 19세기 초 보르도 주재 미국 영사였던 윌리엄 리William Lee는 1805년에 라피트와 마고, 오브리옹의 포도 묘목 4천5백 주를 미국으로 보내며 1등급과의 관계가 지속되었다. 펜실베이니아 포도밭 회사에서 새로 조성하는 포도밭을 위해서였다.

20세기 초에는 미국의 금주령으로 하락세가 분명했지만, 1, 2차 세계대전이 끝나면서부터 다시 1등급의 인기가 늘어났다. 보르도 열병은 1982년까지 가속화되며 전 미국을 휩쓸었다. 이러한 현상은 비평가 로버트 파커Robert Parker의 등장과 동시에 일어났다고도 볼 수 있다. 그는 투자자들이 쉽게 믿고 살 수 있도록 와인 100점 평가 제도를 도입했다.

사회적 규제가 완화되면서 와인의 전매가 가능해진 1994년부터는 뉴욕이 빠르게 런던을 제치고 와인 경매의 중심지로 부상했다. 1등급 샤토의 매니저들은 미국 전역을 돌며 와인 애호가들을 위한 만찬 참석에 많은 시간을 할애했다. 당시 미국 디아지오 샤토 & 이스테이트 와인Diageo Chateau & Estates Wines에서는 보르도 고

각 나라별 샤토 마고 안내서

급 와인을 대량 구매했으며, 1980년대에는 해마다 각 1등급 샤토의 와인을 4천 상자씩 구매하여 세계적인 수입상이 되었다.

이런 상황은 20년 후에 아시아에 불어 닥친 현상의 잠재적인 전조로도 볼 수 있다. 홍콩 정부가 와인에 대한 세금과 수입 관세 폐지(6개월 후 마카오가 이를 따른다)를 결정한 거의 같은 시기에 샤토 & 이스테이트는 보르도 시장에서 철수한다는 결정을 발표했다. 두 사건은 2008년과 2009년에 일어났고 이는 곧 세계의 중심이 다시 바뀌었다는 지표가 되었다.

아시아 시장은 1등급에게는 이미 수십 년 전부터 중요한 시장이었다. 1980년대에는 일본이 '경제 기적'을 이루며 미국과 겨루었고, 10년 후 1990년대에는 동아시아가 타이거 이코노믹스(네 마리의 호랑이, 한국, 싱가포르, 대만, 홍콩)라는 경제 기적을 이루고 있었다. 1등급은 어떤 상황에서도 기회를 활용하였다. 새로운 구매자들에게 와인의 오랜 역사를 상기시키며, 1855년 등급의 품질은 변함없이 믿을 수 있다는 확신을 갖게 했다. 1997년에 런던의 한 와인 중개상은 구매자의 40퍼센트가 아시아인이라고 보고했고, 소더비Sotheby는 고객의 1/3이 홍콩, 싱가포르, 태국인이라고 발표했다.

1997년 아시아 경제가 붕괴되었을 때에는 가격이 50퍼센트까지 내려갔지만 곧 회복되어 아시아의 시대로 되돌아갔다. 당시 영국령이었던 홍콩의 중국 반환에 따라 무역 수도로서의 기능을 잃을 것이라는 우려도 있었지만 근거 없는 추측에 불과했다. 와인 시장은 오히려 탄력이 붙었을 뿐만 아니라 정책으로도 채택되었으며, 홍콩은 세계 고급 와인의 중심지가 되었다. 중국인들은 2005년 빈티지를 엄청나게 사들이기 시작했고, 2008년 세계 경제 위기가 왔을 때는 1등급을 대량 사들일 수 있는 가장 중요한 시장이었다. 1986년에 당시 총리였던 리펑Li Peng이 레드 와인으로 건배하며, 전통주인 백주baiju를 대신할 수 있는 건강을 위한 술이라고 말하자 와인 시장 분위기는 더욱 활기를 띠게 되었다. 그는 국민의 건강을 위해서 뿐만 아니라, 중국의 와인 생산자들을 독려하기 위한 토지 정책도 함께 내놓았다. 국민주인 백주를 마시는 습관을 만족시키려면 거의 250억 킬로그램의 곡물이 필요하다. 포도는 비옥하지 않은 땅이나 언덕에서 잘 자란다. 국내 산업을 촉진시키기 위한 그의 정책은 보르도에도 도움이 되었다. 1등급 소유주들은 1980년에 처음 중국을 방문했고, 후진타오Hu Jintao 주석은 2001년 샤토 마고를 방문했다. 지금까지 중국은 5대 샤토의 가장 중요한 고객으로 남아있다.

홍콩 보르도 인덱스Bordeaux Index의 더그 럼샘Doug Rumsam은 그 이유를 분명히 밝힌다. "아시아인들의 1등급 사랑은 대부분은 역사적인 요인들로 인한 것입니다. 그들은 과거에 1등급 와인을 마신 인물들에게 흥미를 느낍니다. 왕족이나 세계적인 지도자들이 보르도에 가면 1등급을 대접받았고 이는 수세기 동안 계속되었습니다. 이미지는 세월이 가며 더 선명해지고 다음 세대에는 전설이 됩니다. 요즈음은 특 2등급도 마케팅이 뛰어나고 아시아로 진출도 빠르게 하고 있지만, 결코 명예의 전당에는 오를 수 없습니다."

베리 브로스Berry Bros.도 이에 동의한다. "1등급은 운영의 묘미를 터득하고 있습니다. 세계 최고의 와인을 찾는 사람들은 와인이 비쌀수록 더 찾게 됩니다."

프랑스의 역할

여기에 프랑스의 역할이 빠질 수가 없다. 1등급의 초기 애호가들은 당연히 본고장의 프랑스인이었다. 18세기 왕실에서는 라피트와 라투르를 즐겨 마셨다. 후에 나폴레옹 1세가 된 나폴레옹 보나파르트의 외무상 탈레랑은 오브리옹의 소유주였으며, '요리사 중 왕이며 왕들의 요리사'라고 불린 마리 앙투안 카렘Marie-Antoine Carême을 12년간 고용했다. 그는 세계의 많은 왕자나 군주, 통치자들에게 카렘의 요리와 오브리옹을 대접했으며, "식탁에서 요리로 외교 정책의 목적을 이룬다."고 말했다.

와인은 1814년 11월 1일 빈 회의에서도 제공되었다. 오브리옹은 2011년 7월 프랑스 외무상(보르도 시장)과 독일 외무상의 회담장에도 등장했다. 두 사람은 오브리옹과 라 미시옹을 방문했으며 16세기 독일 예술가 알브레히트 뒤러Albrecht Dürer의 판화를 감상했다. 오찬에는 독일이 통일된 해인 1990년 산 오브리옹 블랑과, 베를린 장벽이 무너진 1989년 산 오브리옹이 나왔다. 오브리옹은 역사적인 순간에 프랑스 정치의 중요한 부분을 맡고 있었다.

빈 회의Congress of Vienna는 나폴레옹 전쟁 후의 혼란을 수습하고 유럽의 질서를 재편하기 위해 오스트리아 빈에서 1814년 9월 1일에서 1815년 6월 9일까지 열린 국제 회의이다. 이 회의의 목적은 유럽의 정치적 상황을 프랑스 대혁명 이전으로 되돌려 왕정을 부활시키고 유럽 협조 체제를 만들자는 것이었다. 회의는 각국의 이해가 복잡하게 얽혀 있는 상황이라 진행이 더뎠고, 각국의 대표들은 사교를 위해 파티와 춤을 즐겼다. "회의는 춤춘다."라는 유명한 말도 빈 회의를 풍자한 말이다. 회의는 오스트리아와 영국, 프로이센, 러시아가 주도했으며 후에 패전국인 프랑스가 참여하여 외무상 탈레랑이 프랑스의 국익을 지켜냈다. 탈레랑은 1799년 나폴레옹이 쿠테타를 일으켜 통령 정부를 수립하자 이를 지지하고 외무상에 올랐다. 탈레랑은 한때 오브리옹을 소유했던 와인 애호가였으며 탈레랑의 요리사 카렘은 나폴레옹이 몰락한 후 영국으로 가서 황태자 조지 2세의 요리사로 일했으며, 파리로 돌아와서 라피트 로칠드를 매입한 은행가 제임스 마이어 로칠드의 요리사로 일했다.

프랑스 내에서 1등급 와인 수요는 양은 적었지만 최근까지도 지속되었다. 가격 상승으로 의사나 법조인들이 일요일 점심으로 1등급을 쉽게 마시는 습관은 서서히 사라졌지만, 지역 엘리트들의 구매는 꾸준히 계속되었다. "1등급 와인들은 프랑스의 역사 유산 중 하나입니다. 우리는 보르도의 최고 와인들이 에르메스나 에어버스, 구찌처럼 세계인의 선망의 대상이 되는 상품이라는데 당연히 자부심을 가집니다." 2010년 런던 테이스팅에서 라투르의 매니저인 프레데릭 앙제레가 말했다.

5

1855년 파리 박람회와 등급 제정

가론 강이 보이는 다니엘 로통의 샤트롱 사무실은 160년이 되었지만 거의 변함이 없다. 1855년 다니엘의 증조부인 장 에듀아르 로통은 부두에 닻을 내리는 상선들이 분주하게 오가는 선창가를 창밖으로 내려다보았을 것이다. 변덕스러운 가론 강의 조수가 잔잔해지면 배들은 정박이 허용되고, 부두에서 기다리던 상인들은 인부들에게 하역 지시를 했다. 대부분은 설탕, 향료, 커피, 홍차, 염료 등 카리브 해의 섬(생 도맹그 Saint-Domingue나 마르티니크Martinique, 과달루페Guadalupe)에서 오는 수입품들이었다. 프랑스는 밀가루와 가구, 청동 장식품, 옷감, 도자기, 와인 등을 수출했다.

19세기 중반 보르도는 프랑스에서 가장 분주한 항구로 번창하고 있었다. 상선들은 넓은 지롱드 강 어귀에서 메독을 지나 도르돈뉴 강과 가론 강이 합해지는 벡 당베Bec d'Ambès에 도착했다. 남으로 32킬로미터를 항해하면 마침내 보르도 시의 상업 지역인 샤트롱의 석조 창고와 사무실 앞에 정박하게 된다.

와인 중개상인 로통 가족은 항구 도시에서 부를 축적한 엘리트 층에 속했다. 그들은 상선 소유주나 설탕 수입업자, 노예상, 와인 수출상 등과 함께 부유하고 영향력 있는 큰 상업 계급을 형성했으며, 귀족이나 의회 의원들처럼 도시의 중요한 사회 구성원으로 부상했다. 프랑스 혁명 후 수십 년 동안은 어려움을 겪었지만 1800년대 중반에는 기반을 되찾았다.

로통 가족은 자연히 1855년 만국 박람회에 전시될 보르도 와인을 결정하는데 중심 역할을 맡게 되었다. 나폴레옹 3세는 유럽의 위대한 국가로 재탄생한 프랑스를 세계에 선전하기 위해 파리 산업궁Palace of Industry에서 박람회를 개최했다.

1855년 파리 만국 박람회Exposition Universelle는 1855년 5월 15일부터 12월 15일까지 파리 샹젤리제Champs-Elysees에 위치한 전시장에서 열린 박람회로 농산물, 공산물 및 공예품을 전시하였다. 새로이 등극한 나폴레옹 3세는 1851년 영국의 크리스탈 궁에서 개최한 세계 박람회를 능가하는 박람회를 개최하려고 했다. 나폴레옹 3세는 보르도 와인의 우수성을 알리기 위해 보르도 상공회의소에 와인의 출품을 지시했다. 1855년 박람회장 건물은 돌벽 장식에 유리와 철을 넣은 건물로 새로움을 추구했으나 런던의 수정궁만큼 반응이 좋지 않았다. 파리에서 두 번째 열린 1867년 박람회장은 에펠이 등장하여 타원 모양의 유리 건물을 짓는 등 신건축 운동 진영이 건축을 맡았으나 주목을 받지 못했다. 1889년 박람회는 프랑스 대혁명 1백 주년을 기념하여 프랑스의 진보와 성취를 상징하는 세계에서 가장 높은 건물을 세우기로 결정했다. 에펠은 철골을 당당하게 드러내는 거대한 철탑을 세웠으며, 찬반 양론이 비등했으나 이후 에펠탑은 파리의 명물로 사랑을 받게 되었다.

1855년 등급 결정에 대한 정보는 매우 개략적이다. 로통이 일기에 쓴 짧은 글이나 샤토 별채에 보관된 잊혀진 서류 뭉치, 또는 지역 문서 보관소의 옛날 신문 등에 자료가 약간 있을 뿐이었다. 미국의 역사학자인 듀이 마크햄Dewey Markham Jr이 아니었다면 등급 결정의 과정이 그대로 역사 속에 묻힐 수도 있었다.

오른쪽 _ 1855년 등급을 기록한 편지 원본, 그랑 크뤼 클라세 협회, 1855.

Bourse

DE

[BOR]DEAUX.

Bordeaux, le 18 avril 1855

Les Syndic et Adjoints

Des Courtiers de Commerce près la Bourse de Bordeaux,

A Messieurs les Membres de la Cham[bre]
de Commerce de
Bordeaux.

Messieurs,

Nous avons eu l'honneur de recevoir votre lettre, du 5 de ce mois, par la quelle vous nous demandiez la liste complète des vins rouges classés de la Gironde, ainsi que ce[lle] de nos grands vins blancs.

Afin de nous conformer à votre désir, nous n[ous] sommes entourés de tous les renseignements possibles, & no[us] avons l'honneur de vous faire connaître, par le tablea[u] ci-

그는 1993년부터 1997년까지 4년 동안 1차 자료들을 수집하고 종합하여 〈보르도 등급의 역사*A History of the Bordeaux 1855 Classification*〉라는 결정적인 책을 집필하였다. 마크햄은 NYU 미술대학에서 영화학 석사 학위를 받은 뉴욕 토박이로 그의 아버지는 유명한 배우였으며 에드 설리번 쇼의 고정 출연자였다. 보르도와는 한참 동떨어진 배경을 가진 그가 프랑스 등급 제도의 세계적인 전문가가 된 것은 자연스러운 선택처럼 보이지는 않는다. 그러나 바로 완전한 국외자라는 사실이 오히려 샤토를 설득하는데 도움이 되었다. 그들은 모두 정확하게 인용할 수 있는 정보가 별로 없을 것이라 믿고 문서 보관소의 문을 열어 주었다. "그들은 내가 찾아낼 게 없을테니 한번 살펴보도록 해도 나쁘지 않을 것이라 생각했습니다."

그러나 듀이 마크햄은 마치 벌집을 건드린 것처럼 1855년 1등급 자체에 문제의 소지가 많았다는 것을 발견했다. 1972년 필리프 드 로칠드 남작이 등급 상승 캠페인을 펼칠 때 파리 농산청의 피에르 페로마가 했던 말과 비슷한 상황이었다.

보르도 등급

1855년 처음 정해진 등급은 샤토 개개의 자부심이나 가족 간의 경쟁 또는 충돌과는 거리가 멀었다. 등급은 단지 공정한 상거래를 위해서 정해졌으며 공적인 것도 아니었다. 단순히 시장에 나온 보르도 와인의 가격과 수세기 동안 누적된 순위를 종합하여 정해졌으며, 당시에는 앞으로도 계속 바뀔 것이라고 예상했다. 누구도 훗날 이 등급이 와인 애호가들에게 얼마나 중요한 문제가 될런지는 생각하지 못했다.

마크햄은 1815년에 기욤Guillaume 로통(아브라함 로통의 아들)이 만든 등급(1855년의 4개 샤토가 이미 1등급으로 올라 있었다)을 바탕으로 하여, 1600년 중반부터 시작한 대략적인 평가를 찾아냈다. 그중 1787년 토머스 제퍼슨이 미국에 보낸 편지를 가장 흥미를 끄는 부분이라고 생각했다. 제퍼슨도 등급이 정해지기 80여 년 전에 이미 4개의 1등급을 보르도의 최고급 와인으로 거명했다. 물론 그가 처음은 아니었다. 1723년에 아마 신흥 부자인 듯한 영국인 수입상이 "라투르와 라피트, 샤토 마고와 퐁탁은 최상급이며 와인이 특별히 좋다."라고 쓴 기록이 있다.

토머스 제퍼슨은 미국 3대 대통령이며 독립 선언문의 기초자로 미국 건국의 아버지 중 한 명이다. 미국 최초의 '와인 감정가'로 알려졌으며 1784년부터 1789년까지 벤저민 프랭클린의 후임으로 프랑스 주재 대사로 근무했다. 파리의 살롱 문화를 좋아했으며 프랑스어 실력도 뛰어났다. 제퍼슨은 프랑스에 거주하는 동안 보르도와 부르고뉴, 론, 이탈리아의 피에몬테 등 와인 명산지를 방문했고, 와인의 특성을 자세하게 기록하여 남겼다. 미국으로 귀국할 때 그의 짐 속에는 유럽의 유명 와인들이 총망라되어 있었다고 한다. 제퍼슨의 와인 사랑은 대통령 퇴임 후에도 이어졌다. 제퍼슨은 사저가 있는 버지니아 주의 몬티첼로 농장에서 직접 양조용 포도를 재배했으나, 생전에는 성공하지 못했다. 지금도 제퍼슨 기념 포도밭이 있다.

중개상이나 보르도와 런던 상인들의 회계 장부를 보면 4개 샤토는 1855년 이전, 적어도 150년 동안 특급 와인으로 인정받고 있었다. 오브리옹의 경우는 2백 년이 넘었다. 가격은 해마다 수확한 포도의 품질을 측정하는 지표가 되었으며, 먼저 출시하여 보르도 지역에서 형성될 다른 와인 가격을 가늠하는 기준이 되었다. 중개인들은 등급에 따라 기준 가격을 1등급은 3,000프랑, 2등급은 2,500~2,700, 3등급은 2,100~2,400, 4등급은 1,800~2,100, 5등급은 1,400~1,600프랑으로 책정했다.

그러나 자세히 살펴보면 더 다양한 양상이 나타난다. 1855년 경 보르도는 수십 년 동안 경제적인 어려움을 겪어왔다. 1등급들도 마찬가지였다. 1789년 혁명 후 샤토의 소유주들이 바뀌며 포도밭 관리가 제대로 되지 못했으며, 각종 포도나무 병들도 돌고 있었다. 재정적 위기로 가장 타격을 받은 곳은 오브리옹이었을 것이다. 조제프 위젠느 라리외가 소유주였을 때는 수확한 포도를 그대로 셀러에 쌓아 놓고 있었으며, 포도밭에 투자할 자금 충당도 어려웠다고 한다. 오브리옹뿐 아니라 라투르와 마고도 1855년까지 '예약 판매by subscription'로 와인을 팔았다고 로통의 장부에 기록되어 있다.

예약 판매는 샤토의 생산 와인 전체를 대략 10년 단위로 가격을 고정시켜 판매하는 제도이다. 마고는 1844년 산에서 1852년 산까지 1토노 당 2,100프랑으로 네고시앙 연합과 계약했고, 라투르는 1844년 산에서 1853년 산까지 정가 1,750프랑으로 거래했다. 라피트는 예외였지만 1등급의 가격은 지난 수십 년 이래로 가장 불안정했으며, 오브리옹은 다른 샤토들보다 훨씬 더 하락했다. 반면 무통은 가격이 오르고 있었다.

1851년이 좋은 예이다. 빈티지는 우수했고, 1852년 첫 번째 거래에 무통의 소유주는 상인들이 제시한 토

Tous les exemplaires de la présente édition, mise sous la
sauvegarde des lois, sont revêtus de la signature de l'Éditeur
propriétaire de l'ouvrage.
Bordeaux. – Imp. de J. DELMAS, rue Sainte-Catherine, 139.
GRANDS VINS
de
Bordeaux.
BORDEAUX
P. CHAUMAS, LIBRAIRE
Fossés du Chapeau-Rouge, 34.
1853

1853년 등급표

노 당 1천7백 프랑을 거절하고 2천 프랑을 요구했다. 몇 달 후에 그들은 3토노를 토노 당 2천4백 프랑으로 팔아 다른 1등급과의 격차를 줄여갔다. 라피트만 당시 토노 당 3천 프랑으로 최고가를 받았다. "이 경험으로 우리는 조금 기다리면 계속 좋은 가격을 받을 수 있으며 두 번 다시 희생은 말아야 한다는 교훈을 얻었습니다. 나는 브란느 무통Brane-Mouton이 다른 2등급과 차이가 아주 크다는 것을 매일 확인하고 있습니다." 무통의 소유주 퀴레의 가족인 로랑 푸Laurent Fould가 말했다. 그는 등급 상승을 열망하는 주류에 속했다.

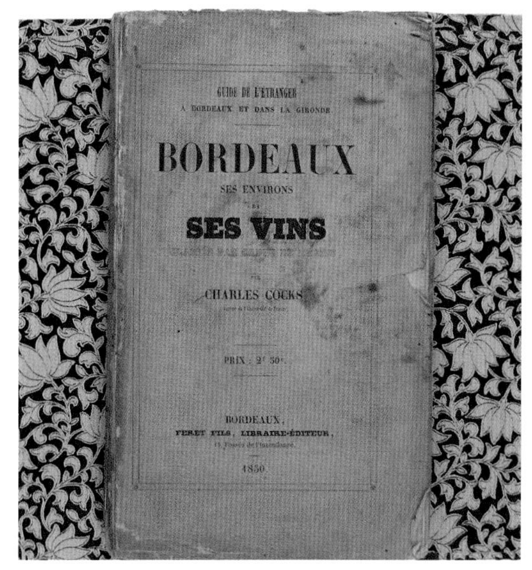

1850년 등급표

1853년에 있었던 1851년 빈티지의 세 번째 거래에서 무통은 토노 당 3천 프랑을 받았다. 라피트와 같은 가격이었고 결국에는 3천8백 프랑을 받을 수 있었다.

1853년에 퀴레는 무통을 나다니엘 드 로칠드Nathaniel de Rothschild 남작에게 매각했다. 1853년 빈티지는 개장 시가로 토노 당 5천 프랑을 받는데 성공했으며, 역시 라피트와 맞먹는 가격이었다.

마크햄은 "2등급이 감히 1등급과 동등한 가격을 받은 것은 처음이었다. 이는 네 개의 1등급이 다섯이 되어야 한다는 논쟁에 확신을 주었다."라고 썼다.

처음에는 등급과 연관된 이런 사건들이 파리 박람회와는 관계가 없었다. 파리에서 온 요청은 단순히 보르도 지역을 대표하는 최고 와인들을 라벨로 구분하지 않고 전시하겠다는 것이었다. 보르도 상공회의소는 이 전시의 기획을 위탁받았고 회의를 개최했다. 상공회의소는 와인 메이커들에게 샘플을 보내달라고 두 번이나 요청했으나 별 관심을 끌지 못했다. 결국 레드 와인 23개와 화이트 와인 10개를 모아 파리로 보낼 수 있었다.

다음은 와인을 전시하는 방법이 문제였다. 당시 보르도 시장은 샤토들의 위치를 표시한 지도를 만들어달라는 부탁을 받았다. 그는 지도를 좀더 흥미롭게 만들기 위해 등급을 분명히 표시하기로 결정했고 1855년 4월 5일에 중개인 협회에 '가능한 한 정확하고 완전한' 모든 등급의 레드 와인 리스트를 제출해 줄 것을 요청했다.

중개인 협회는 보험, 상품 거래 등 각기 다른 업종에 종사하는 6명으로 이사회를 구성했다. 그들 중 와인 중개인은 19세기 초부터 보르도에서 운영해 온 중개회사 대표 메르망Merman 단 한 명뿐이었다. 그는 분명 자신의 장부를 살펴보고 그 전의 등급도 참조했을 것이며, 장 에두아르 로통 같은 동료와도 의견을 교환했을 것이다. 2주일 후 1855년 4월 18일에 결정된 등급이 보르도 상공회의소에 전달되었다.

여기까지는 매우 단순하게 진행되었다. 상공회의소는 이미 파리에 샘플을 보냈고, 이 와인은 등급과는 아무

상관이 없었다. 샤토 방문도 없었고 테이스팅이나 샘플 요청도 없었다. 마크햄이 지적한 것처럼 중개인들은 이미 그들의 일을 잘 알고 있었다. 만족한 메르망은 "일은 아주 잘 끝났습니다."라고 조용히 말했을 것 같다.

그러나 1등급들은 나름대로 계획이 있었다. 전시가 있다는 소식을 접하자 샤토 라피트의 매니저였던 몽플레지르 구달은 상공회의소에 샤토 이름을 표기한 라벨을 붙여 와인을 전시할 수 있는지를 문의했다.

그의 아버지 조제프 구달은 라피트를 1등급 중 최고 가격을 받도록 전력을 다한 장본인이었다. 중개인이기도 했던 그는 라피트의 판로를 네덜란드에서 영국으로 바꾸어 와인을 더 높은 가격으로 팔 수 있었다. 또한 와인이 최고가를 받을 수 있도록 중개인 시스템을 활용했다. 1826년 아들 몽플레지르가 입사했을 때 그는 중개인 사무실과 라피트를 오가며 포도밭을 최상의 상태로 만들고 평판도 최고로 유지되도록 노력했다. 고객을 만나러 여행을 하고 때로는 직접 판매도 했다. 하지만 네고시앙과 장기 계약은 피했다. 1855년 한 작가는 "통상적으로 라피트는 메독 제1의 와인이다. 그리고 지난 10년 간 유일하게 품질 향상에 특별히 공을 들여온 샤토이다. 가격은 곧 품질에 달려있기 때문이다. … "라고 썼다.

구달은 1846년과 1848년 빈티지를 박람회에 출품하려고 했다. 이 빈티지들은 재고가 많았고, 또 보르도 상인들이 제시한 가격이 만족스럽지 않았기 때문이었다. 그는 파리로 보낼 각 빈티지 세 병씩을 상공회의소로 보내겠다고 하며, 라벨에 소유주 사무엘 스코트 경과 매니저 몽플레지르 구달의 이름을 표기할 수 있도록 허가해 주기를 요청했다.

시장을 중심으로 한 담당 실세들은 구달의 제안을 정중하게 거절했지만, 그는 No라는 대답을 받아들일 수 없었다. 그는 이 문제를 윗선으로 가지고 가 나폴레옹 보나파르트의 동생인 파리 만국박람회 제롬 나폴레옹 회장을 방문했다. 그는 구달에게 설득당한 것 같았으며 "생산자는 상인보다 먼저 보상을 받을 권리가 있다. 소유주들은 샘플에 이름을 표기할 권리가 있다."라는 내용의 편지를 보르도로 보냈다.

상공회의소는 이를 받아들일 수밖에 없었다. 하지만 전시의 일관성을 위해 라벨은 자체 내에서 일률적으로 만들겠다고 명시했다. 실망한 구달은 라피트를 공식 전시장에는 출품하지 않기로 결정했으며, 직접 만든 라벨을 붙여 따로 전시하기로 했다. 같은 이유로 오브리옹도 공식 전시장에서 떨어진 곳에 따로 전시했다. 반면 마고와 무통, 라투르는 상공회의소의 지침을 따랐다.

이 전시는 등급에 관해서 끊임없이 회자되는 전설 중 하나가 되었다. 1855년 11월 15일 박람회 폐회식에서 지롱드의 등급 와인들은 줄줄이 수상을 했다. 마고와 라피트, 라투르는 1등 메달을 받았는데, 마고는 20점 중 20, 다른 두 샤토는 19점을 받았다. 따로 전시한 라피트는 1등 메달로 충분히 보상을 받은 셈이었다. 구달은 기획자이자 출품자로서 찬사를 받았으며 그의 고집도 보람이 있었다. 하지만 라피트가 '1등급 중에서 1등'이라는 대대로 내려오는 생각은 맞아 떨어지지 않았다.

오른쪽 _ 필리프 드 로칠드 남작의 벽걸이 세부

오브리옹은 상공회의소에 샘플을 내지 않았기 때문에 샤토 이름이 언급되지는 않았다. 하지만 자체 전시로 우수상을 받았고 1등급으로 계속 이름이 올랐다. 보르도 스위트 와인 지역인 소테른에서도 역시 수상을 했다. 샤토 디켐은 모든 등급 중 최고인 프르미에 그랑 크뤼 클라세 쉬페리외르Premier Grand Cru Classé Supérieur로 당당하게 올랐다.

메독 지역 외의 그랑 크뤼 클라세는 지역에 따라 분류 기준이 다르다. 그라브 지역은 오브리옹을 제외하고 등급 구분 없이 16개이다. 소테른과 바르삭의 스위트 화이트 와인 지역은 특 1등급인 샤토 디켐과 1등급 11개, 2등급 14개이다. 생테밀리옹 지역은 1954년에 등급이 정해졌고 10년마다 재심사를 한다. 메독 지역과는 성격이 다르며 프르미에 그랑 크뤼 클라세 A가 4개, B가 14개를 포함 18개, 그랑 크뤼 클라세 64개이다.

무통의 문제 제기

무통의 문제는 무엇이었을까?

무통이 왜 1973년에야 공식적으로 1등급이 되었느냐는 문제를 새삼 거론하기는 만만한 일이 아니다. 이 사건으로 인한 고조된 감정은 1855년 등급 제정 후 160년이 지나고, 무통이 승급된 후 40여 년이 지난 지금까지도 여전히 수그러들지 않고 있기 때문이다.

1등급으로 분류된 5대 샤토는 분명 모두 복권 당첨의 행운을 거머쥔 것과 같은 호기를 얻었다고 할 수 있다. 그들은 위대한 와인을 만들 뿐만 아니라 값비싸게 팔 수도 있다. 결국 어떤 샤토들에게는 이런 역사적인 기회가 빨리 왔으며, 무통은 맨 마지막으로 합류하게 되어 드디어 야망을 이루게 된 것이다.

1830년에 이 지역에서 발간된 한 잡지는 처음으로 무통이 1등급으로 올라야 한다고 제시했다. 그러나 당시 소유주들은 이를 심각하게 받아들이지 않았다. 그후 1855년에 두 권의 책이 발간되었는데 둘 다 무통의 1등급 승급을 지지했다. 하나는 무통 다르마이약Mouton d'Armailhac의 소유주가 썼고, 하나는 상인이 썼다.

그러나 무통 자체의 정치적 대응은 너무 늦었다. "무통은 2등급 중에서 첫째이며, 이 등급을 유지해야 합니다. 등급은 이미 정해졌습니다. 따라서 라피트가 주어진 가격으로 판매한다면 무통도 주어진 등급에 따른 가격을 받을 것입니다." 1851년 3월에 브란느 무통의 매니저가 1830년에 소유주가 된 파리의 은행가 이작 튀레Isaac Thuret에게 보낸 등급에 대한 안일한 답변이다.

와인상이기도 했던 매니저 레타피Lestapis도 공식적으로 결정된 등급을 따르는데 만족했다. 그러나 다음 해에 훨씬 더 활동적인 테오도르 갈로Théodore Galos가 후임으로 오게 되자, 갑자기 무통의 소유주들이 등급에

도전하려는 야망을 강력히 표명하며 현실적인 방법을 찾기 시작했다. 당시 마고와 라투르가 예약 판매를 하고 있었기 때문에 무통을 찾는 사람들이 늘어났고 가격도 오르고 있었다. 그러나 보르도의 정치를 잘 알고 있는 갈로는 직원들에게 '등급 조정을 상정하려는 의도를 절대 비밀'에 부치도록 지시했다.

박람회 동안에도 갈로는 무통을 1등급으로 승급시킬 기회를 여러 번 노렸다. 그러나 라피트의 구달이 제기한 라벨 문제로 머리가 아픈 상공회의소는 또 다른 매니저에게 시달리고 싶지 않았다.

나다니엘 남작은 무통이 2등급으로 된 결정에 분명 괴로워했다. 그는 "1등급은 될 수 없었고 2등급은 내가 거부한다. 나는 무통일 뿐이다.Premier ne puis, second ne daigne, Mouton suis."라며 심경을 토로했다. 무통은 해가 거듭되면서 여러 박람회에서 인정을 받았다. 1900년 파리 만국박람회에서 대상을 받았고 1905년 리에즈 전시회Liège exhibition에서 최고 영예상을 받았다. 그의 증손자 필리프 남작이 무통에 왔을 때는 '2등급 중의 첫째'로 완전히 자리를 굳힌 상태였다. 가격은 가끔 1등급 정도가 되기도 했지만 대부분은 약간 낮은 편이었다.

1922년 필리프 남작이 보르도에 왔을 때 무통 영지는 수도와 전기도 없이 방치되어 있었다. 아버지와 할아버지는 주로 파리에 머물었으며, 영지 관리는 지역 매니저에게만 맡겨놓은 상태였다.

필리프는 포이약으로 거처를 옮긴 최초의 로칠드였다. 물론 카 레이싱과 보트, 연극, 여행 등에 많은 시간을 보냈지만, 나다니엘 이래로 무통의 진정한 잠재력을 처음으로 인식했던 소유주였다. 그는 오랫동안 신임을 받으며 일해 왔던 직원들을 모아 기술위원회를 만들었다. 이들에게서 포도나무 재배에 대한 조언을 받았고, 셀러에 새로운 장비를 들여놓는데 투자를 시작했다. 그가 계속 영지에 거주하는 것이 처음에는 주민들에게 당혹감을 불러일으켰지만, 곧 그만한 보상은 돌아왔다. 요즈음도 포이약 동네 사람들에게 샤토 로칠드로 가는 방향을 물어보면 그들은 당연히 라피트가 아닌 무통을 가리킨다.

필리프 드 로칠드 남작과 딸 필리핀느 여남작

특히 시장에서는 무통이 거의 매 빈티지마다 라피트나 다른 1등급과 같은 가격으로 책정되고 있었다. 필리프 남작의 영향력은 컸지만, 2등급으로 여전히 남아있는데 대해 큰 불만은 없었다. 그러나 1949년 늦가을 엘리 드 로칠드Elie de Rothschild 남작이 라피트로 왔을 때부터 모든 것이 바뀌기 시작했다.

1853 - 2003

Adjudication

en faveur de Mr le baron

nathaniel de Rothschild

2003

Château

Mouton Rothschild

엘리 남작은 1등급 넷 중 하나인 샤토 라피트 로칠드의 소유주였고, 1949년에 30대의 멋진 전쟁 영웅으로 라피트에 돌아왔다. 그는 프랑스와 독일 국경 전투에 참여했으며 콜디츠 수용소에도 있었다. 사냥과 스포츠에 능했고 성공한 가족 금융업의 지점도 맡고 있었다.

라피트 로칠드와 무통 로칠드 가계

마이어 암셀 로칠드(1743~1812)의 아들 중 셋째 나단과 막내 제임스가 와인 사업을 시작함.

*라피트 : (1) 제임스(1792~1868) (2) 귀스타브 (3) 로베르 (4-1) 엘리, (4-2) 알랭 (5) 에릭

*무통 : (1) 나단(1777~1736) (2) 나다니엘 (3) 제임스 (4) 앙리 (5) 필리프 (6) 필리핀느

상황이 달랐다면 그는 무통의 로칠드 남작과 좋은 친구가 되었을 것이다. 필리프가 열다섯 살 더 많았지만 그 또한 드골의 자유 프랑스 부대에 속했으며 노르망디 상륙 작전 디데이에 참전했던 전쟁 영웅이었다. 또한 자동차 경주와 요트 선수로 스포츠 맨이었다. 하지만 곧 가족 경쟁의 골이 생기기 시작했다.

노르망디 상륙 작전은 연합군이 1944년 6월 6일 프랑스 노르망디 반도에 상륙함으로서 2차 세계대전의 전세를 반전시키고 프랑스 탈환에 성공한 작전이다. 자유 프랑스 부대는 2차 세계대전 중 나치 독일이 프랑스를 침략한 후 본토에 비시 괴뢰 정부가 들어서자, 드골을 비롯한 독립 운동가들이 영국 런던으로 가서 세운 망명 정부이다. 1940년 6월 독일과의 전쟁을 선포하고 1942년부터는 프랑스 내의 레지스탕스들도 드골의 지휘를 받았다. 미영 연합군의 지원을 받으며 1943년에는 노르망디 상륙 작전에 합세했다. 상륙에 성공한 연합군은 독일의 심장부로 진격하여 1945년 5월 8일 독일은 베를린에서 항복했다. 그러나 아시아에서 일본은 3개월이 지난 8월 15일 무조건 항복을 선언했다.

이 자료들은 대부분 필리프 남작의 자서전 〈밀라디 바인*Milady Vine*〉에서 인용했기 때문에 어쩔 수 없이 개인의 기억으로 채색될 수밖에 없다. 그는 1952년 4월, 50회 생일이 얼마 지나지 않아 승급을 위한 적극적인 투쟁을 하기로 결심했다.

1920년에 필리프 남작이 라피트와 라투르, 마고, 오브리옹과 함께 결성한 5인 클럽Club of Five에서 무통이 제외되었다는 사실을 그때 알게 된 것이다. 오랫동안 무통 영지를 관리해온 매니저이자 친구인 에두아르 마르자리Eduard Marjary가 그 소식을 전했다.

"그들끼리 회의를 소집하고 4인 클럽이라고 명칭을 바꿨습니다. 당신은 배제되었어요. 무통은 더 이상 프르미에 크뤼의 자격이 없다고 했습니다." 엘리 남작은 1855년에 인정된 프르미에 크뤼 클라세만으로 4인 클럽을 구성하고 이름을 바꾸었다. 새로 결성된 클럽은 이를 강조하듯 며칠 후 지방 신문에 "4대 1등급, 노블레스 오브리제Les quatres Grands, Noblesse Oblige"라는 광고를 실었다.

필리프 남작은 이 사건을 계기로 1855년 무통에 내려진 잘못된 결정을 바로 잡아야겠다는 강한 열망에 휩싸였으며 이는 점점 집착으로 바뀌었다. 그는 기사를 쓰고, 강연을 하고, 지역 와인업체에서 연설을 했다. 공직자들과 대통령을 설득하는 등 보르도의 '요새'라는 전통적인 인식과 대적하는데 20여 년을 보내고 1973년에야 목적을 달성했다.

무통의 승급 투쟁을 촉진시킨 1등급 4인 클럽 광고

승급을 위한 투쟁

무통의 승급에 대한 이야기는 이미 발표된 자료들을 수집하여 단순히 재구성한 이야기들일 수밖에 없다. 신문 기사나 공문서, 증인들, 콕스 & 페레Cocks & Féret 포도밭 안내서 등에서 추려낸 사실들이지만 이는 또한 한 사람의 집념을 여실히 보여주는 증거가 되기도 한다.

파리 박람회 이래로 등급 수정은 단 한 번밖에 없었다. 박람회가 끝나기 전인 1855년 10월 위원회의 실수로 누락되었던 샤토 캉트메를르Cantemerle가 5등급에 포함되긴 했지만, 그 이후로는 때로 술렁거림이 있기는 했지만 기득권에는 어떤 변화도 일어나지 않았다.

필리프 남작은 등급에 항소할 수 있는 유일한 법인 단체인 크뤼 클라세 협회Syndicat de Crus Classés(현재 1855년 그랑 크뤼 클라세 연합회)를 통해 로비 활동을 벌였다. 그는 위원들에게 1대 1로 접근하여 등급의 재조정을 탄원해 보았지만 그들은 언제나 정중한 무관심으로 일관했다.

그러나 마침내 그는 협회의 모든 위원들을 설득하는데 성공했다. 1959년 말 포이약 시청에서 회의가 열렸으며, 1855년 등급을 갱신하는데 대한 발의가 있었고 투표가 진행되었다. 29명의 소유주가 반대하고 31명이 찬성하여 단 두 표 차이로 통과가 되었다.

다음은 프랑스 와인 아펠라시옹을 담당하는 정부기관 국립 원산지 명칭 위원회INAO(the Institut National des Appellations d'Origine)의 허가가 필요했다. 이 장애물을 넘어 농림부로 올라가 인가를 받으면 법으로 제정된다. 5개월 후 1960년 4월, 필리프 남작은 INAO에 출석하여 그의 주장을 탄원했고 일단은 승리를 얻은 것

왼쪽 _ 샤토 무통 로칠드

같았다. 그러나 5개월 후 INAO는 자체적으로 비밀리에 새 등급을 준비했다. 무통을 1등급으로 승급시키는 동시에 15개의 샤토를 강등시키는 것이었다. 이 기사는 신문에 크게 보도되었고 보르도에 혼란을 일으킬 조짐을 보였다. 타임즈는 1963년 11월 20일 "보르도의 논란"이라는 제목으로 잠재적인 후유증에 대해 자세히 보도했다. 필리프 남작 자신도 "누구나 동맹군이 필요한 거야."라며 그 결정을 비난했다.

필리프 남작은 문제를 해결할 희망이 사라진 것같이 보이자 자신이 직접 한 단계 위인 농림부를 찾아갔다. 그는 다음 회의에 참석이 허용되었고, 프랑스 와인법은 시대에 뒤떨어졌다는 공격적인 견해를 펼쳐 오히려 INAO와 더욱 멀어지는 결과를 낳게 되었다.

수년 동안 논쟁이 계속된 후 마침내 분위기가 필리프 남작에게 호의적으로 기울기 시작했다. 하지만 1855년 1등급들의 반대가 가장 큰 장애물이었다. 라피트는 반대했다. 샤토 마고의 소유주인 베르나르 지네스테Bernard Ginestet는 "맙소사, 그 많은 시간과 생각, 돈, 노력을 순전히 인위적인 권위를 위해 허비하다니!"라고 말했다.

오브리옹의 소유주인 미국인 딜론Dillon 가족은 대체로 수용하는 편이었다. 라투르는 관망적이었지만, 1963년 영국 코드리Cowdray 경이 이끄는 피어슨Pearson 회사가 라투르를 인수했을 때는 잠정적으로 동맹군이 될 조짐이 있었다. 동시에 필리프 남작은 파리 정계의 새 얼굴들을 공략하고 있었다. 그는 피자니Pisani에서 뒤하멜Duhamel, 포레Faure, 코엥타Cointat 마지막으로 시라크Chirac까지 다섯 명의 농림부 장관을 연이어 만나고 있었다.

그는 와인도 1등급에 걸맞는 가격으로 내놓았다. 한 와인 역사가는 "무통의 끈질긴 승급 캠페인으로 1960년대와 1970년대에는 바롱 필립이 라피트의 가격을 앞지르기도 했다. 1970년에는 필리프 남작이 사촌 라피트보다 병당 10달러(당시에는 큰돈이었다)를 더 책정했다."라고 기록했다.

1969년에는 프랑스 새 대통령에 조르쥬 퐁피두Georges Pompidou(한때 로칠드 은행 간부였음)가 취임했으며 농림부 장관에 에드가 포레가 임명되었다. 포레는 INAO의 새 회장인 피에르 페로마와 새 회원이 된 필리프 드 로칠드 남작과 함께 INAO의 개혁을 승인하는 법령에 서명했다. 이 시점이 바로 페로마가 '벌집'이라는 언급을 했던 때였다. 파리 정부는 등급 논쟁에서 손을 떼고 이 문제를 다시 보르도 상공회의소로 돌려보냈다.

"여러분, 이제 우리는 새로운 등급을 만들어내라는 지시를 받았습니다. 어떻게 하면 좋을까요?" 보르도의 반응이 나왔다.

보르도의 저명한 변호사인 피에르 시레Pierre Siré가 해결안을 찾는 중책을 맡았다.

그는 다음과 같은 결론을 상공회의소에 제출했다.

"이 문제를 숙고해 본 결과 … 프랑스 법에 의하면 크뤼 클라세라는 용어는 고급 와인 생산 지역에 있는 개인이나 가족의 사적인 소유지를 뜻합니다. 여기에서 '사적'이라는 단어가 중요합니다."

"그러므로 크뤼 클라세는 사유지를 지칭하며, 사유지에서 만들어진 와인을 의미합니다. … 크뤼 클라세라는 용어는 주인, 소유주 또는 사업주에게 주어지는 호칭입니다. 민주 사회에서는 개인 재산에 대해 누구도 간섭할 수 없으며 개인의 상품도 소유주의 동의 없이는 분류할 수 없습니다."

재분류에 관한 결정도 소유주의 동의가 있어야 하며, 소유주가 자발적으로 제출한 와인으로 경쟁을 통해 시행되어야 한다는 의견이 제시되었다. 위원회는 모든 메독 와인이 한꺼번에 몰리는 혼란을 피하기 위해 등급별로 재검을 시행하기로 했다. 자연스럽게 위 등급에서 아래로 내려오는 순서로 1등급부터 시작했다. 보르도 농업회의소는 1973년 6월 27일에 경연 대회를 개최하며 1973년 9월 2일에 1등급 심사가 있을 것이라고 발표했다. 대회 심사 위원들이 한자리에 모였다. 상공회의소의 루이 네부와 지역 와인 중개인협회 회장, 그리고 다니엘 로통을 비롯한 세 명의 경쟁 회사 중개인들이 모였다. 그들에게 이 마지막 미묘한 춤을 안무할 임무가 떨어졌다. 그러나 실제로는 동등한 발언권을 가진 비공식적인 심사 위원들이 따로 있었다. 바로 1855년에 정해진 1등급 소유주들이다.

1등급 넷은 따로 모여 회의를 했다. 이 심사가 1855년 등급을 재조정하는 것이 아니라, 1973년에 만드는 새로운 등급이라는 점을 분명히 했다. 또한 그들의 세컨드 와인이 낮은 등급 중 하나에 포함될 수 있을 것이라는 희망도 갖고 있었다. 실제로 라투르에서는 세컨드 와인인 레 포르 드 라투르Les Forts de Latour를 등급에 포함시키려는 진지한 논의가 있었다. 심사는 메독 와인에만 국한되었기 때문에 공식적으로 오브리옹과는 관계가 없었다. 그러나 디렉터인 세이무르 웰러Seymour Weller는 모든 모임에 참여했으며 오브리옹은 무통 문제를 해결하는데 도움을 준 것 같다.

세컨드 와인second wine은 주로 퍼스트 와인first wine, 또는 그랑 뱅Grand vin을 만드는 포도의 품질에 못 미치는 포도로 만든다. 대체로 어린 나무에서 수확한 포도로 만들거나, 같이 숙성된 통 중에서도 약간 질이 떨어진다고 판단되는 통의 와인을 병입하여 세컨드 와인 라벨을 붙인다. 서드 와인third wine은 그보다 더 품질이 못한 것으로 대체로 명칭도 지명을 사용한다. 18세기부터 성행했으나 1980년대에는 퍼스트 와인 가격이 고공 행진하면서, 명성 있는 샤토의 와인을 저렴한 가격으로 살 수 있는 방법으로 인기가 더 높아졌다.

당시 라투르의 디렉터였던 장 폴 가데르Jean-Paul Gardère는 현재 93세이며 보르도 교외에서 소박하게 살고 있다. 그는 1972년 9월 후반에 샤토 라투르에서 개최된 회의를 회상하며 미소를 짓고 고개를 끄덕인다. "필리프 남작은 집요했고 우리는 인정할 수밖에 없었습니다. 결국 더 이상은 안 되겠다고 느꼈고, 모든 일이 지나치게 개인적인 불화로 치닫고 있었어요."

마지막으로 1973년 5월에 1등급 소유주들만의 사적인 회의가 열렸다. 마고의 베르나르 지네스테, 라피트의 엘리 드 로칠드 남작, 라투르의 코드리 경, 오브리옹의 더글라스 딜론이 참석했다. 이 회의 며칠 후 라피트에서 보낸 편지가 필리프 남작에게 도착했다. 그들은 더 이상 무통 로칠드가 1등급이 되는 것을 반대하지 않았다.

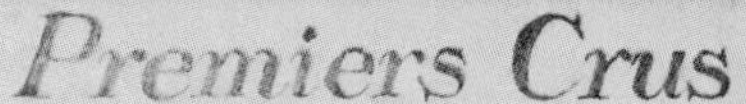

Classement de 1973

MISE A JOUR DU CLASSEMENT DE 1855

par ordre alphabétique
Arrêté du Ministre de l'Agriculture

CHATEAUX

LAFITE ROTHSCHILD

LATOUR

MARGAUX

MOUTON ROTHSCHILD

HAUT BRION *par assimilation*

DEVISE DE MOUTON ROTHSCHILD

1855 Premier ne puis, Second ne daigne,
Mouton suis.

1973 Premier je suis, Second je fus,
Mouton ne change.

비공식 심사 위원들이 합의를 이루자 공식 심사 위원들은 자유롭게 토론을 진행시키며 성공적인 결론을 도출할 수 있었다. 승급을 인허하는 도장이 찍히고 서류는 추인을 위해 파리로 보내졌다. 다섯 명의 공식 심사 위원 중 유일하게 생존한 다니엘 로통은 1972년 9월 2일부터 1973년 6월 21일까지 9개월 동안 활동이 가장 치열했으며 또 오랜 기다림의 시간이었다고 회고한다. "루이 네부는 아주 지적이고 분명한 사람이었고 그는 우리 쪽에서 기세를 몰아가도록 했습니다. 이 문제가 받아들여지기 어려울 것이라고 생각한 때도 분명 있었지만 필리프 남작은 결코 포기하지 않았어요. 그는 많은 일에 열정을 바쳤지만, 무통은 그의 가장 큰 사랑이었습니다."

"마침내 무통의 1등급 승급이 결정되자 1973년 나머지 네 등급의 심사는 조용히 보류되었습니다." 로통이 어깨를 으쓱이며 말한다. "나는 메독을 위해, 보르도를 위해 그렇게 많은 노력을 한 출중한 인물에 대해 경의를 표합니다. 그는 마땅히 보상을 받아야 하며 그의 와인도 그만한 가치가 있어요."

승급을 축하하는 1973년 무통 라벨은 파블로 피카소의 작품이었다.(피카소는 1973년 4월 4일 사망했다.) 라벨에는 "나는 1등급이다. 전에는 2등급이었으나, 무통은 변하지 않는다.Premier je suis, second je fus, Mouton ne change"라는 전설적인 글귀가 표기되었다. 심사 위원 각각에게는 지원에 대한 인사로 매년 크리스마스에 무통 로칠드 한 상자씩이 보내졌다. 1973년 결정에 서명한 자크 시라크 농림부 장관(1995년에 프랑스 대통령이 되었다)의 공도 가족들은 결코 잊지 않았다. 시라크 부인은 승급 후 28년이 지난 2011년 6월 새 셀러 개관식에서 영예의 자리에 앉았다. 포이약의 로칠드 영지 샤토 클레르 밀롱Clerc Milon에서였다.

1855에서 현재까지

"1855년 등급의 우수성은 바로 단순성에 있습니다." 홍콩 크라운 셀러Crown Cellars의 그레그 뎁Greg De'eb이 160년이 된 등급에 축배를 들듯이 레드 와인 잔을 들어 올리며 말한다.

"등급이 지속적으로 오래 받아들여지고 있다는 사실도 그 가치를 또다시 증명해주고 있어요. 파커Parker의 점수처럼 1855년 등급도 단순한 숫

피카소 그림이 들어간 1973년 샤토 무통 로칠드

CHATEAU
LATOUR
1878

자가 안정성과 믿음을 줍니다. 와인 수집가들은 등급이 아직도 유효한지 끊임없이 논하며 와인을 고르며, 보르도에 처음 입성하는 초보자들은 등급의 숫자를 길잡이로 와인을 삽니다. 게다가 오래된 등급 제도는 무엇보다 역사와 전통을 경외하는 문화적인 감성을 유발합니다. 이는 아시아나 유럽의 대부분 지역에서 보편적으로 느끼는 감정입니다."

로버트 파커Robert Parker는 미국의 와인 평론가로 전 세계 와인업계에서 가장 영향력 있는 인물로 꼽힌다. 유럽의 학계나 잡지에서는 와인을 평가할 때 20점 만점으로 와인 점수를 매겼지만, 파커는 알기 쉽게 1백점 만점으로 점수를 발표하여 소비자들이 와인을 쉽게 판별할 수 있게 했다. 1947년생으로 메릴랜드 대학에서 역사를 공부하고 이어서 로스쿨에서 법학을 전공한 변호사였지만, 프랑스 대학에서 공부하던 여자 친구(아내 페트리샤)를 만나러 가서 와인의 매력에 빠지게 되었다. 그는 1970년대 후반부터 와인에 대한 글을 쓰기 시작했으며, 이해관계에 얽매이지 않고 독자적으로 와인을 평가할 수 있는 잡지의 필요성을 절감하고 1978년에 〈와인 애드버킷*The Wine Advocate*〉을 발간했다. 이 잡지는 업체의 영향력을 최소화하기 위해 광고를 일체 받지 않으며, 시음 비용은 자비 부담을 원칙으로 한다. 와인 자체의 평가에만 전념한 덕분에 가장 공정하고 정확한 평가로 존중받고 있다. 그는 71세에 은퇴했으며 한국에서 입양한 딸이 있다.

뎁은 의자에 바로 앉으며 마음속에 담아둔 주제로 돌아간다. 그는 몸집이 작고 말이 빠르다. 무심코 머리카락을 정돈하는 습관은 막 벗겨지려는 이마를 감추는데 별 효과가 없이 보인다. 그의 넘치는 에너지는 방을 가득 채우며, 정확하게 제시간에 제자리에서 일하는 사람이라는 확신을 준다. 크라운 셀러는 고급 와인 저장고이며 1등급 세계를 움직이는 톱니바퀴 중 하나이다. 예전에는 군 시설이었으며 지금은 세계 최고급 와인을 50만 케이스 정도 보관하고 있다.

크라운 셀러 주 건물의 입구는 딥 워터 베이Deep Water Bay에 조심스럽게 숨어 있다. 녹색으로 덮힌 홍콩섬의 남쪽 언덕을 가로지르는 가파른 둑길이다. 경비가 삼엄하다. 정문을 들어서면 클럽 하우스와 레스토랑, 사무실이 있다. 와인 셀러는 언덕 아래 여러 개의 터널을 통하여 들어간다. 모두 6개로 지하 18미터이며 통로가 12미터이다. 밀폐되는 문이 있고, 바닥은 1미터 두께의 콘크리트이며 지붕은 3.5미터 콘크리트이다. 이 터널은 1937년에 건설되었으며 2차 세계대전 중 일본에 저항했던 마지막 보루로 유명하다. 역사적인 장소로 유네스코 세계문화유산으로 지정되었다. 세계에서 두 번째로 비싼 주거 지역에 위치하고 있으며 홍콩 달러로 30억을 호가하는데, 물론 와인 값은 제외한 가격이다.

셀러 디렉터인 뎁은 이미 중국 시장의 팽창을 목격했다. 그가 즐기는 화제 중 하나가 그 과정을 조목조목 설명하는 것이다. 2008년 세금이 폐지된 후 고급 와인의 세계적 중심이 된 홍콩에는 여러 전문가들이 활동하고 있다.

보르도 인덱스Bordeaux Index의 홍콩 출신인 와인 전문가 더그 럼샘Doug Rumsam도 홍콩 시장의 변화를 추적하고 있다. 그는 1855년 등급의 권위를 세계적인 것으로 본다. "중국인들이 단지 오래된 것을 경외하기 때문만은 아닌 것 같습니다. 등급은 수집가나 애호가를 끌어들이는 어떤 매력이 있는 것 같아요. 바로 숫자로 표기되기 때문이죠. 와인 애호가들은 1982년이 1983년보다 더 나은지를 논합니다. 또는 1백 점 제도의 정확성과 유용성을 논하며, 각기 다른 샤토의 빈티지도 점수로 비교하고 의견이 일치하는지 알려고 하겠지요. 모두 숫자로 표기됩니다. 1855년 등급은 완벽한 전형이 되었습니다. 5개 등급에 속한 61개 샤토, 그중 5개 샤토 만이 최우위에 있어요. 얼마나 간결합니까? 이들이 최고라고 기록되어 있으니 최고라고 믿을 수밖에 없습니다."

실제로 1855년 등급은 어느 한 나라에 국한되지 않고 전 세계 고급 와인 시장에 영향을 주었다. 지구상의 모든 와인 중 투자 대상이 되는 와인은 1퍼센트도 되지 않는다. 투자할 수 있는 와인은 처음 산 사람이 다른 사람에게 다시 팔 수 있는 와인을 말하는데, 그중 절반 이상이 파리 박람회에서 선정한 등급에 속하는 와인들이다.

160년 역사의 명성뿐만 아니라 1855년 등급 와인이 투자 대상으로도 가능할 수 있는 이유는 와인이 주로 카베르네 소비뇽으로 만들어졌기 때문이다. 카베르네 소비뇽의 특성을 쉽게 망각하거나 과소평가하기 쉬운데, 이 포도는 산도가 높고 타닌이 강하여 특히 오랜 숙성이 가능한 장점이 있다. 보르도의 대서양 날씨와 잘 맞으며 생명력이 길다. 대개 10년에서 50년 동안 숙성이 지속되기 때문에 와인 애호가들이 서로 매매할 시간이 충분히 있다고 할 수 있다.

"장기 숙성력을 갖춘 와인은 거래 기간이 길어지고, 따라서 거래가 여러 번 거듭될 수 있기 때문에 많은 사람들이 와인을 팔고 사는 일에 참여할 수 있습니다." 구매자들에게 전문적으로 고급 와인을 추천하는 투자 은행가의 말이다.

"1855년 등급은 보르도 좌안의 모든 등급 샤토들을 보호하고 있으며, 점점 그 힘이 강해지고 있습니다." 그가 덧붙인다. "새 소비자들도 수세대에 걸쳐 구매하던 방식 그대로 하고 있어요. 요즘은 와인 시장이 세분화되고 생산국이 더 늘어났기 때문에 오히려 의존도가 더 심한 것 같습니다. 1855년 등급 내 와인들은 가격에 탄력이 붙어 그외 샤토들은 꿈도 꾸기 힘든 환금성을 갖게 되었습니다. 따라서 포도밭과 와이너리에 재투자가 가능하게 되고 품질의 차이는 더욱 커질 수밖에 없어요. 1855년의 모든 등급 샤토는 우상이 되었고 이익을 얻고 있지만, 그중 1등급이 가장 큰 혜택을 받고 있습니다."

보르도는 경매처나 거래처에서는 떨어져 있지만, 아직도 등급의 파급 효과에서 오는 재정적 의존도는 상당하다. 1855년을 기점으로 요리나 꽃꽂이, 언론 매체, 판매 조합 등 전 산업이 성장했다. 수많은 공공단체가 생기게 되었고, 여행사들은 관광객을 이끌고 샤토의 길을 오르내리게 되었다. 샤토는 판매 자료나 와인 라벨, 가격 목록 등에 반드시 등급을 명시한다. "1855년 등급은 또한 기술과 전문성을 대변해 주고 있습니다. 이는 와인뿐만 아니라 와인을 만드는 사람들이나, 그들의 기술이 세계 어느 곳에서나 기준이 된다는 의미입니다. 에펠탑이 파리의 상징인 것처럼 1855년 등급은 보르도의 상징입니다." 보르도 좌안 메독과 그라브, 소테른과 바르삭의 등급 와인을 홍보하는 직원의 말이다.

Rufino Tamayo
1998
toute la récolte a été mise
en bouteilles au Château
Château
PAUILLAC

6

20세기의 1등급 와인

19세기에서 20세기로 들어서서도 1855년 등급 제정 후 와인 가격은 예전과 다름없는 상태가 지속되고 있었다. 당시에는 누구도 포도밭 가격이 지금처럼 엄청나게 오르고, 와인이 몇 달 월급에 달하는 비싼 가격으로 판매될 것이라고는 상상하지 못했다.

1855년 이후 1등급들은 필록세라와 노균병, 흰가루병 등 갖가지 포도나무 병으로 고전하고 있었으며, 20세기에도 숨돌릴 틈 없는 어려운 시기를 겪었다. 50여 년 사이에 두 번의 세계대전이 일어났고, 경제 공황이 세계를 강타했으며, 프랑스에서도 메독 지역의 땅값이 최대로 떨어졌다. 가장 큰 시장인 미국에서는 금주령이 내려졌다. 또한 5개 샤토 중 3개 샤토의 주인이 바뀌었다.

오브리옹의 라리외 가족은 1차 세계대전까지는 견뎠으나, 1922년 마침내 콩파니에 알제리엔느Compagnie Algérienne 은행의 담보권 행사로 압류당했다. 은행도 적자만 내는 샤토 경영을 떠맡으려는 의도는 없었으며, 결국 곧 다른 은행, 랑트르포 드 그르넬르L'Entrepot de Grenelle에 매각했다.

이 은행도 포도밭 경영 업무를 별로 달갑지 않게 생각했다. 하지만 디렉터 중 한 명인 앙드레 지베르André Gibert가 오브리옹에 애착을 가지고 있었다. 그는 은행 측을 설득하여 퇴직금의 일부로 이를 넘겨받아 오브리옹의 소유주가 되었다. 10년 동안 그는 오브리옹 이름을 사용하는 이웃 포도밭 주인들을 상대로 소송을 내는 일로 바빴다. 근처의 라리베 오브리옹Larrivet Haut-Brion과 카르므 오브리옹Carmes Haut-Brion, 라 미시옹 오브리옹La Mission Haut-Brion은 무사했지만 열댓 개의 포도밭 주인들은 급하게 이름을 바꾸었다. 라 미시옹은 1983년에 오브리옹이 사들였다. 70년 후 라피트와 라투르도 이와 비슷한 일을 겪었다.

지베르는 포도나무는 잘 돌보지 못했다. 포도밭도 세기 초의 50헥타르에서 31헥타르로 줄어들었다. 법정에서 너무 많은 시간을 보내기도 했고, 또한 1929년 주식시장의 붕괴도 영향을 주었을 것이다. 당시에는 로칠드 가문이 아니면 누구도 살아남을 수 없었다. 지베르는 심한 자금 고갈로 샤토를 국립 보르도 과학, 인문학 예술원(런던의 왕립학회와 비슷함)에 매각하려고 했지만 그들도 과도한 유지비를 우려하여 거절했다. 절박한 상황이었지만 지베르는 보르도 시가 땅 부족을 이유로 포도밭을 다른 용도로 개간하는 것만은 막으려 애썼다. 하지만 결국 개인적으로 매수인을 찾는 것 외에는 별다른 선택이 없었다.

그때 샤토를 구하기 위해 나타난 한 인물이 오브리옹에 세 번째 황금기를 맞게 했다. 그의 후손들은 지금도 샤토를 운영하고 있다. 이 정도의 정보는 오브리옹의 문서 담당자인 알랭 퓌지니에를 직접 만나지 않아도 알 수 있다. 샤토 내에 가족 문서들이 남아있긴 하지만, 아직도 생생하게 기억하고 있는 몇 명이 생존하고 있기 때문이다. 이들 중 한 명이 바로 다니엘 로통이다. 같은 이름의 아버지 다니엘은 1935년 지베르가 구매자를 찾기 위해 애쓰고 있었을 때 타스테 로통의 책임자였다. 다니엘은 조심스럽게 미국의 금융업자인 클라렌스 딜론Clarence Dillon을 추천했다. 딜론의 조카 세이무르 웰러Seymour Weller가 중개 역할을 했다.

오른쪽 _ 샤토 오브리옹

클라렌스 딜론
조르쥬 델마
세이무르 웰러
샤토 오브리옹, 1938

딜론의 오브리옹 매입

로통은 아버지에게서 이 이야기를 분명히 여러 번 들었으며, 샤트롱 사무실 벽에는 기억을 되살릴 수 있는 색이 바랜 편지와 사진 액자들이 걸려 있다. 딜론은 친불파였다. 하버드 대학을 졸업한 성공한 은행가였지만 노르망디에 집이 있었고 파리와 제네바를 오가며 신혼을 보냈다. 코르동 블뢰Cordon Bleu에서 요리를 공부하기도 했다. 선견지명이 있어 1929년 공황 직전에 은행 예금을 대부분 인출했다. 그때문에 모든 것을 잃은 친구들을 경제적으로 도와줄 수 있는 재력도 있었으며, 오브리옹의 인수 제안을 받았을 때도 바로 결정을 내릴 수 있었다.

대공황Great Depression은 1929년 10월 미국 주식 시장의 폭락으로 시작하여 세계를 강타한 경제 위기로 10년 이상 지속된 대규모 경제 침체 현상을 말한다. 1차 세계대전 후 세계 경제를 이끌던 미국은 호경기를 누렸지만 주가의 급락으로 이후 3년간 미국 시가 총액의 88.88퍼센트가 증발했다. 금융 시장의 대혼란과 대규모 실직이 일어나면서 서구 사회 체제가 흔들리게 되었고, 시장 경제에 대한 회의, 삶의 질의 악화, 인종 차별, 노사 갈등을 비롯한 사회적 갈등이 심화되었다. 대공황의 정확한 원인은 경제, 사회를 보는 이념의 문제로 이해 관계에 따라 다르게 평가될 수밖에 없지만, 정부의 방임주의와 시장 만능주의의 한계로 발생되었다는 설이 유력하다. 대공황으로 인한 경제적 난관은 미국에서는 1932년 F. D 루즈벨트가 대통령에 당선된 후 공공사업과 빈민 구제 등 뉴딜 정책으로 극복했고, 독일에서는 히틀러가 1933년 집권하여 경제적 안정을 도모하려고 했다. 나치 정권은 아우토반 건설 등 막대한 정부 사업을 벌였지만 1930년대 후반 정부의 재정이 바닥나면서 2차 세계대전의 길로 나아가게 되었다.

딜론은 마고나 오존, 슈발 블랑 중에서 하나를 택할 생각도 있었지만, 짙은 안개로 생테밀리옹 지역으로 갈 수 없었기 때문에 보르도 시에서 가장 가까운 오브리옹을 샀다고 하는 소문도 있다.

"그건 사실입니다." 로통이 천천히 미소를 지으며 말한다 "1930년대 중반에는 보르도에 매물로 나온 포도밭이 많았어요. 대공황이 고급 와인 시장의 심층까지 침투했습니다. 아버지는 그에게 여러 샤토를 소개했을 것입니다. 하지만 그는 처음부터 한 곳에 마음을 두고 있었어요."

"그는 오브리옹을 둘러본 후 사고 싶어 했습니다. 슈발 블랑은 일 년 후에 매물로 나왔는데, 그때 사려고 고려한 것은 사실이지만 처음부터 둘 중 하나를 택하려고 한 것은 아니었어요."

당시 그가 지불한 돈은 2백35만 프랑(약 10만 파운드)이었다. 딜론은 샤토를 복원하고 포도밭과 와이너리에 투자했으며 오브리옹은 곧 주목받기 시작했다. 파리에 살며 보르도를 정기적으로 방문하고 있었던 조카 세이무르 웰러를 디렉터로 영입했고 그는 회장으로 1983년까지 자리를 지켰다. 전쟁 후 1953년에는 클라렌스의 아들 더글라스Douglas가 파리 주재 미국 대사로 부임했다. 더글라스는 1957년 아이젠하워 정부의 경제차관으로 임명되었고 후에 케네디 대통령의 재무장관이 되었다.

더글라스가 미국으로 돌아갈 때 그의 딸 조안은 가족과 함께 미국으로 돌아가지 않고 프랑스에 남았으며 오브리옹과 관계를 이어갔다. 웰러가 은퇴하고 조안이 샤토를 맡았을 때는 조안은 부르봉 가의 룩셈부르크 샤를 왕자와 결혼하여 공주가 되어 있었다. 남편 샤를 왕자가 일찍 사망하자 조안은 무시Mouchy 공작과 재혼하여 공작 부인이 된다. 딜론이 바꾸지 않았던 하나는 양조 팀이었다. 그때 이미 장 필리프 델마의 할아버지인 조르쥬George 델마가 양조 팀을 이끌어가고 있었으며, 1961년 아들 장 베르나르가 어어받을 때까지 매니저로 일했다. 2003년에는 손자인 장 필리프가 맡았다.

"아버지께서 은퇴하신 후 첫날인 2004년 1월 1일, 내가 이제 책임을 맡았다는 것을 알려야겠다는 생각을 했습니다." 장 필리프가 말한다. 그는 아버지의 오래된 사무실로 거처를 옮겼다. 3일까지는 아버지가 오지 않았다. 이틀 후에 옛 사무실 문을 열고 들어온 아버지는 아들이 그의 책상에 앉아 있는 것을 보자 "아, 그렇구나."라며 돌아서서 나갔다.

"물론 나는 아버지의 표정을 보고 어느 정도는 후회가 되었어요. 은퇴 사실을 그런 식으로 실감하게 하는 것은 아들로서 무심한 행동이었습니다. 하지만 나는 소극적으로 대처할 수는 없었으며 내가 맡은 막중한 책무를 다해 나가야 했습니다."

이야기는 이제 오늘날의 소유주인 룩셈부르크 샤를 왕자의 아들인 로버트Robert에게로 넘어간다. 그는 2008년 어머니 조안에게서 도멘 클라렌스 딜론Domaine Clarence Dillon의 회장직을 물려받았다. 큰 키와 우아한 풍모를 지닌 그는 어떤 질문에도 성실하게 답변한다. 하지만 구체적인 사실들은 드러내지 않으며 부드럽게 말하는 화술의 달인이다.

그의 영어 악센트도 역시 규정하기가 어렵다. 룩셈부르크와 영국, 프랑스, 미국을 오가며 유년기를 보냈기 때문이다. 로버트 왕자는 남다른 길을 돌아 이 자리에 도달했다. "나는 가족 사업을 해야 한다는 운명적인 확신은 없었습니다. 수줍음 많은 십대를 보냈고, 나에게 마땅히 주어진 일인 와인 테이스팅이나 샤토에 관한 이야기를 할 때는 무척 힘들었습니다." 그는 워싱턴의 조지타운 대학에 진학했으며 미국인 줄리Julie와 결혼했다. 로스앤젤레스에 정착하여 헐리우드 영화 대본을 쓰면서 신혼 시절을 보냈다.

"그 시절 나의 삶은 당연히 오브리옹과는 거리가 멀었습니다. 하지만 가족 사업이었고 책임을 다해야 한다는 마음은 있었어요. 처음에는 작가로서 나의 경험이 이곳에 대한 인간적인 흥미를 일으켰고, 오브리옹 와인의 역사적 의미와 역할에 공감하는 정도였습니다. 하지만 지금은 내가 다른 곳에서 살 수 있다는 생각조차도 할 수가 없어요. 결국 와인은 인간성의 최선을 끌어내는 긍정적인 힘이 됩니다. 그리스나 이집트, 로마 또는 프랑스, 영국, 오늘날 중국에서도 그렇습니다. 나는 오브리옹이 그 중 한 부분을 차지하며 프랑스뿐 아니라 세계적으로 귀중한 자산이라는 사실에 무한한 자부심을 느낍니다."

두 전쟁 사이의 마고

20세기 초 마고는 은행가인 프레데릭 피예 윌Frédéric Pillet-Will이 소유하고 있었다. 그는 필록세라 위기 후 미국 대목에 포도나무를 접붙이는 중요한 일을 했다. 1911년 사망 후에는 사위 트레모이유Trémoille 공작이 소유주가 되었다. 그는 1904년 이래 마고 시장으로 재직하며 보르도 와인 지역을 지키는데 많은 노력을 기울여왔기 때문에 적합한 승계자로 보였다. 하지만 자신의 포도밭에는 별 관심을 기울이지 않았으며, 1920년에는 남프랑스 투자자들에게 마고를 매각했다.

투자자들 그룹 중 한 명은 트레모이유를 잘 아는 피에르 모로Pierre Moreau라는 와인 중개상이었다. 그는 1890년대부터 마고 와인을 효율적으로 판매해왔으며, 1907년에는 보르도 상인 그룹과 고정 계약을 체결하여 해마다 마고를 같은 가격(토노 당 1,650프랑)으로 판매할 수 있게 했다. 그는 몽펠리에 외곽 세테 항의 선박 소유주들과 함께 샤토 마고 포도 재배 협회를 결성하여 서서히 변화를 추진했다. 이 그룹은 셀러 책임자로 마르셀뤼 그랑즈루Marcellus Grangerou를 영입했다. 그랑즈루의 아들과 손자는 셀러 일에 국한되었지만, 20세기의 오브리옹의 델마 가족처럼 대를 이어 일을 했다.

협회는 임기 동안 여러 개혁을 단행했다. 특히 샤토 무통 로칠드와 함께 샤토 병입을 추진했을 뿐 아니라, 포도밭도 확장하여 생산을 극대화하며 대공황의 영향에서 벗어나기 위해 노력했다. 또한 세컨드 와인을 없애고 생산되는 와인 전부를 샤토 마고로 합병했다. 그러나 어느 것도 제대로 되지 않았고 1930년에는 오브리옹처럼 다시 소유주가 바뀌게 되었다.

페르낭 지네스테Fernand Ginestet는 현재 소유주인 멘체로푸로스Mentzelopoulos 가족 전의 마지막 소유주였다. 1등급 소유주 중 엑토르 드 브란느를 제외하면 지네스테만큼 편파적으로 비방을 받은 인물은 없었을 것이다. 아마 와인상들의 기억 속에 가족 경영의 수치스런 결말이 아직도 생생히 살아있기 때문인지도 모른다.

초기에는 지역 와인상 지네스테는 보르도의 전설이었다. 프랑스와 해외 식민지에 새 와인 시장을 열었고, 와인 생산자들과도 서로 도움이 되는 밀접한 관계를 유지했다. 그는 와인 사업 외에도 보르도에 여러 개의 큰 포도밭을 소유하고 있었으며, 세계적인 와인 판매망을 확보하고 있었다. 지네스테는 자금이 넉넉하지는 않았지만 필요할 때는 고객 중 한 명인 보이 란드리Boy Landry에게 언제든지 도움을 청할 수 있었다.

보이 란드리는 당시 프랑스령 인도차이나 사이공의 시장이었으며, 사이공 보이 란드리 회사의 소유주였다. 그는 지네스테 와인 수입업자이기도 했다. 그가 지네스테의 투자 제안을 바로 수락하며 간단하게 보낸 전보 문구가 유명하다. "얼마면 되나요?" 당시 프랑스령 인도차이나는 싼 보르도 와인이 유행이었다. 대부분은 지네스테와 같은 와인상이 보이 란드리 같은 유통업체에 수출했으며, 둘 사이는 분명 깊은 신뢰가 있었다. 보이 란드리는 프랑스 남부 피레네 오리앙탈Pyrénées-Orientales 출신으로 베트남과 캄보디아, 라오스 전 지역에 와인을 판매했으며 현금이 넘쳐났다. 그가 투자한 후, 지네스테와 아들 피에르 지네스테는 마고의 소액 주주였지

GRAND VIN
CHATEAU MARGAUX
2009

만, 샤토를 운영하는 모든 책임을 맡게 되었다.

지네스테는 빠르게 일에 착수했다. 품질을 높이기 위해 포도밭의 면적을 줄이고 토지 교환을 시작했다. 20세기 초에 확장했던 포도밭을 1855년의 고급 포도밭 수준으로 다시 축소시켰으며, 와인의 품질 향상을 재시도하고 샤토의 명성을 회복하기 위해 지치지 않고 일했다. 1950년 보이 란드리가 사망하자 부인과 자녀들은 그들의 마고 지분을 지네스테에게 매각했다. 나머지 소액 주주들도 모두 매각에 동의했다. 소액 주주에는 보르도의 영향력 있는 뤼르통Lurton 가족도 있었다. 그의 후손인 피에르 뤼르통은 현재 샤토 디켐과 슈발 블랑의 디렉터로 일하고 있다. 마고는 마침내 페르낭과 피에르 지네스테, 다음에는 피에르의 아들 베르나르가 유일한 소유주가 되었다.

그들은 수년간 경제적으로 불가능했던 샤토 병입을 재개하고 샤토 건물의 재건축도 착수했다. 하지만 그후 10년간 적자가 반복되며 어려움이 계속되었다. 1960년대에는 피에르 지네스테가 품질이 좋은 1964년, 1966년 빈티지와 좋지 않은 1965년 빈티지를 섞어 라벨에 표기하지 않고 샤토 마고로 판매했다. 고급 와인의 규칙을 어긴 배신 행위는 지네스테의 평판을 하락시켰다. 더 심각한 문제는 포도밭 관리도 제대로 되지 않았으며, 마고 외 지네스테 상표의 판매도 점점 심해지는 국제적 경쟁을 이겨내야 했다.

동시에 가족들도 개인적인 여러 문제에 봉착했다. 가장 심한 상처는 샤토 마고의 유일한 상속자였던 피에르의 장남이 스스로 목숨을 끊은 것이다. 그는 세금을 피하기 위해 복잡한 신탁 방식으로 상속자가 되었으나, 그의 죽음으로 가족에게는 어마어마한 상속세가 남겨졌다. 1973년 오일 쇼크와 세계 경제 붕괴로 1970년대 초기의 와인 붐도 갑작스럽게 끝나게 되었다. 고급 와인 시장이 바닥을 치며 지네스테를 움직여 왔던 현금 유통도 고갈되기 시작했다. 1975년에는 가족에게 남아있던 가장 값진 재산인 마고를 매각할 수밖에 없었다.

미국의 거대 주류 기업인 내셔널 디스틸러National Distillers가 마고의 매입을 시도했으나 프랑스 정부는 국보를 보호한다는 취지로 이를 막았다. 몇 달간의 공황 상태가 지난 후 프랑스 식품 체인인 펠릭스 포텡Félix Potin이 구원 투수로 나섰다. 실제로 펠릭스 포텡의 최대 주주는 프랑스인이 아닌 그리스인으로, 현재 소유주인 코린느 멘체로푸로스의 아버지 앙드레 멘체로푸로스André Mentzelopoulos였다. 앙드레는 1915년 펠로폰네소스 반도의 파트라스에서 태어났으며 아버지는 호텔을 경영했다. 그는 자녀들이 외국에서 사업에 성공할 수 있도록 외국어 교육을 최우선시했다.

앙드레는 아버지의 기대에 부응하여, 18세에 그리스를 떠나 프랑스 그르노블Grenoble에서 문학을 공부한 후 아시아로 떠났다. 그는 버마와 중국, 인도, 파키스탄에서 곡물 수입과 수출 사업을 하며 재산을 모았다. 그 후 유럽으로 돌아와 프랑스 여자와 결혼했으며 1958년에는 펠릭스 포텡을 매입했다. 1844년에 설립된 이 회사는 프랑스에 80개의 식품 상점을 소유하고 있었다. 앙드레는 이 회사를 1천6백 개의 슈퍼마켓을 가진 현대식 대규모 유통업체로 키우고 파리 최고의 부동산 자산가가 되었다. 그는 프랑스 최고 명예 훈장인 레지옹 도뇌르Légion d'Honneur를 받았으며, 마고를 인수하는데 적합한 인물로 환영받았다.

'레지옹 도뇌르'는 나폴레옹 1세가 1802년에 만든 훈장으로 원래 루이 14세가 만든 생 루이Saint Louis 훈장을 수정한 것이다. 프랑스의 정치, 경제, 문화 등에 공적이 있는 사람에게 수여하는 프랑스 훈장 중 가장 명예로운 훈장이다. 나폴레옹이 황제에 오른 후 '그랑 크루아Grand Croix(대십자)'라는 최고 등급을 새로 추가했다.

1977년에 7천2백만 프랑(7백만 파운드)에 마고를 매입한 불과 몇 년 후 그가 갑작스레 사망했다. 친지들은 딸이 유업을 계승할 수 있을지 의문을 품었다. 당시 코린느는 27세에 불과했고 파리의 유명한 사이언스 포 대학을 갓 졸업한 재원이었다. 따뜻하고 호감이 가는 그녀는 급진적인 변화보다는 '신중'과 '존중'을 성공의 비결이라고 믿으며, 아버지와 버금가는 열정도 있다. 2003년에는 1991년부터 파트너였던 피아트 가족의 통제 지분을 매입하여 1백 퍼센트 주주가 되었으며 현재 파리에 거주하고 있다.

라투르의 변화

메독 위쪽의 라투르는 1962년까지 세귀르 가문의 후손들로만 계승되고 있었다. 현재는 보몽Beaumonts(니콜라 알랙상드르 드 세귀르 외손자 가계)으로 불린다. 그들은 대공황과 2차 세계대전도 견뎌냈지만 1960년대에는 샤토를 유지하는데 어려움을 겪었다. 샤토 라투르 조합(가족 포함)의 53.5퍼센트 지분이 영국의 코드레이Cowdray 자작 소유의 금융 그룹인 피어슨Pearson에 매각되었다. 그외 25.5퍼센트를 하비스 브리스톨Harvey's of Bristol이 매수하여 영국의 자금은 합하여 90만 파운드가 되었고, 보몽 가족은 소액의 지분만 보유하게 되었다.

코드레이 자작이 라투르를 매입했을 때는, 전쟁 후 메독 지역이 모두 그랬던 것처럼 포도밭이 수년간 방치되어 있었다. 그가 제일 먼저 해야 했던 일은 포도밭을 정상으로 되돌리는 일이었다. 보몽 가문 중 위베르Hubert 백작과 필리프Philippe 백작 2명이 이사직에 남았다. 코드레이 외 5명이 이사가 되었고, 당시 하비스의 매수인이었던 헨리 보Henry Waugh는 디렉터 중 한 명이 되었다.

이사회는 1962년에 지역 중개인 장 폴 가데르Jean Paul Gardère에게 재고 목록을 만들어달라는 요청을 했다. 일 년이 채 되지 않아 가데르는 31년간 일했던 전임자를 이어받아 라투르의 디렉터가 되었다. 그는 포도밭 재건에 적어도 20년이 소요될 것이라는 예측을 했으며 개선에 주력했다. 당시 새 소유주가 쓴 노트에는 "포도밭은 '저주받은' 상태이며, 다른 샤토들보다 더 나은 와인을 만들 수도 없고 가격 경쟁력도 없다."라고 기록되어 있다.

라투르는 모든 1등급 중에서 가장 완벽하게 기록물을 보관하고 있다. 가데르는 라투르에서 일하던 기간 동안 기록한 자세한 노트들을 큰 종이 상자에 넣어 작은 아파트에 보관해왔다. 그의 세심한 디테일에 대한 집착이 라투르의 분위기에도 영향을 미친 것 같다. 그는 모든 회의와 수정 사항, 토론, 결정 등을 수기하고, 재고 내역, 판매, 재배 기록, 수확 상태 등을 타자로 덧붙였다. 유명 샤토의 디렉터가 매일매일 겪는 압박감을 이해할 수 있는 흥미 있는 기록이다. 그는 자신의 해설까지 달아가며 손에는 항상 담배를 들고 재미있게 글을 써 나갔다. "나는 늘 담배를 피웁니다. 많이 피우지는 않아요. 한 번에 한 개비씩이죠."

가데르에게는 라투르가 특별히 보람 있는 직장이었다. "나는 마고와 포이약에서 지역 중개인으로 일했습니다. 보르도 시는 아니었어요. 또 집안에서 최초로 와인 사업에 종사하게 된 세대입니다." 그의 아버지는 소나무에서 송진을 채취하는 일을 했다. 당시 대서양 해변에 자라고 있던 많은 소나무들은 거친 바닷바람을 막아 농사에 도움을 주었다. 또 송진은 페인트에서 비누까지 여러 가지 상품을 만드는 원료로 사용되었다. 송진 채취는 중세 아키텐 시대부터 있었던 직업이지만 힘든 일이라 하급 노동으로 여겨졌다. 보르도를 지배하던 귀족들과는 거리가 먼 사업이었다.

왼쪽에서 다섯 번째 다니엘 로통 시니어
여섯 번째 위베르 보몽 백작
샤토 라투르, 1951

1912
GRAND VIN 
DE
CHATEAU LATOUR
PREMIER GRAND CRU CLASSÉ
APPELLATION PAUILLAC CONTROLÉE
PAUILLAC-MÉDOC
1945
MIS EN BOUTEILLES AU CHATEAU
SOCIÉTÉ CIVILE DU VIGNOBLE DE CHATEAU LATOUR
PROPRIÉTAIRE A PAUILLAC GIRONDE

“내가 처음 와인 사업을 시작했을 때는 자리에 앉기도 전에 다른 중개인들이 가족에 대한 질문을 제일 먼저 했습니다. 나는 살아남기 위해 가끔 허세를 좀 부리며 말했어요. ‘나 자신이 바로 할아버지죠. 누구의 자손으로 물려받은 일이 아닙니다. 내가 올라가는 것입니다.’” 그가 라투르에서 일하게 되었을 때는 험담이 무성했다. “하지만 나에게는 오히려 일에 집중하는데 도움이 되었습니다. 나는 라투르를 사랑했고 최선을 다해 열심히 일하며 일생을 보냈습니다.”

가데르는 25년간 라투르에서 일했으며 1973년에는 오일 쇼크를 수습했다. 1989년에는 앨라이드 리옹Allied Lyons(현재 하비스의 소유주)이 피어슨을 매입하여 소유권이 바뀌었으며 93퍼센트 주주가 되었다. 보몽 가족은 7퍼센트만 보유하게 되었다.

1987년에 가데르는 존 콜라자John Kolasa를 후임으로 채용했다. “가데르는 포도나무에 대해서는 천재적이었어요. 대대적으로 재식을 했으며 배수관을 설치했고, 세컨드 와인2nd wine 포르 드 라투르Forts de Latour와 서드 와인3rd wine 포이약Pauillac을 출시했습니다. 그는 라투르의 토양, 즉 테루아에 대한 믿음이 있었습니다. 그 무엇과도 바꿀 수 없는 마력을 지닌 포도밭이라는 것을 의심치 않았어요. 그가 포도밭을 맡기 시작한 1962년에는 라투르는 버려진 상태였으며, 모든 포도나무를 다시 심어야만 했습니다. 25년 후 내가 후임으로 왔을 때에는 포도나무가 다시 말하기 시작했지요.” 콜라자는 포도밭 재건은 가데르의 지대한 업적이었다고 내세운다.

라투르는 1993년에 다시 매물로 나왔다. “피어슨이 라투르를 앨라이드에게 팔기로 결정했을 때는 놀랐습니다.” 콜라자가 기억한다. “그러나 앨라이드가 팔았을 때는 놀라지 않았어요. 당시 회장은 사업에는 성공적이었지만, 포도밭 관리에는 서툴렀고 빈티지도 계속 나빴어요.”

결국 앨라이드가 인수한 지 4년 후인 1993년에 라투르는 다시 프랑스인의 손으로 넘어갔다. 샤토를 매각할 것이라는 소문이 수년 동안 돌았고 처음에는 AXA 밀레짐 그룹, 다음에는 명품 샤넬하우스의 베르테메르Wertheimer 형제가 매수인으로 알려졌다.

그해 4월에 투자 은행에서 매수 희망자 몇 명을 데리고 왔다. “우리는 깃대에 미국기가 높이 달리고 영어를 할 줄 알았는데 베르테메르였습니다. 세 형제가 도착해서 종일 테이스팅을 하고 샤토의 역사에 대해 이야기하며 긴 오찬을 했어요. 그들은 사려고 했으나 결정이 지연되고 있었습니다.”

베르테메르가 샤토에 대한 서류를 준비하며 바삐 움직이고 있는 동안 1등급이 매물로 나왔다는 기밀이 누설되었다.

왼쪽 _ 라투르의 오래된 빈티지 컬렉션

뒤쪽 _ 스테인리스 스틸 발효조, 샤토 라투르

1993년 7월 프랑스 굴지의 기업가 중 한 명인 프랑수아 피노François Pinault가 헬리콥터에 가족과 회사 간부를 태우고 라투르에 도착했다. 피노는 여러 명품 브랜드를 소유하며 재산을 모은 재력가이다. 그 자리에서 8천6백만 파운드에 그의 회사 아르테미스Artémis SA로 서명했다.

당시 존경받는 와인 작가이며 라투르와도 관계가 있던 휴 존슨Hugh Johnson은 샤토 구입 직후 파리에서 피노를 만났다. 그는 자서전 〈라이프 언코크드*A Life Uncorked*〉에서 그와의 만남을 회고한다.

"왜 라투르를 샀습니까?"라는 질문은 그렇게 독창적인 질문 같지는 않다. "살 수 있었기 때문입니다." 그의 대답이었다. "1등급 샤토가 매물로 나왔고 자산을 운용하기 위해서였어요. 깊이 생각할 필요가 없었습니다. 또한 와인은 나의 취미이며 라투르는 내가 가장 좋아하는 보르도 와인입니다."

"피노가 라투르로 온 후에는 모든 것이 변했습니다." 콜라자가 말했다. 그는 다음해 3월에 사임하고 베르테메르 소유인 샤토 로장 세글라Rauzan-Ségla에서 일을 시작했다. "피노는 프레데릭 앙제레Frédéric Engerer를 매니저로 채용했고 라투르의 문화는 다시 바뀌었습니다. 수년이 지나지 않아 앙제레는 유명해졌고 칭송을 받게 되었지요."

로칠드의 세기

무통과 라피트는 20세기에 소유주들이 바뀌지 않은 샤토였기 때문에 다른 1등급보다는 훨씬 평온해 보였다. 전쟁 기간을 제외하면 로칠드 가족은 20세기 초에는 1868년 라피트를 매입한 제임스 마이어 드 로칠드의 손자들인 에두아르Édouard 남작과 로베르Robert, 제임스James, 모리스Maurice 남작이 라피트를 이끌어갔다. 세기 말에는 로베르의 손자인 에릭Éric 남작이 이어받았다. 무통은 1900년에는 앙리Henri 남작이, 다음은 필리프 남작, 1999년에는 필리핀느Philippine 여남작이 이어받았다.

라피트의 문서 보관소에는 20세기 2대 샤토의 성장을 추적해 볼 수 있는 방대한 양의 문서가 모두 보관되어 있다. 샤토의 화려한 응접실 뒤편으로 닳은 돌계단으로 올라가면 비좁고 먼지 덮인 방에 종이 박스가 바닥에서 천정까지 쌓여 있다.

수세기 동안의 넘치는 자료들은 2001년 워데스던Waddesdon(영국의 로칠드 가족 저택)의 문서 담당 팀이 체계화하기 전까지는 지금처럼 정리된 상태가 아니었다. 워데스던의 문서 담당인 엘레인 펜Elaine Penn은 로칠드 문서 보관소를 설립하는데 중요한 역할을 했다. 놀랄 만큼 자료가 풍부한 문서 보관소는 워데스던에 기반을 두고 있지만 세계 각지의 연구 센터와도 교류가 가능하다. 펜은 라피트에서 몇 주를 지내면서 기록을 자세히 조사했으며 자료를 정리하여 항목별 목록을 만들고, 각기 다른 목록을 1에서 89까지 번호를 붙인 상자에 분류했다.

20세기 와인계의 위대한 인물 필리프 드 로칠드

워데스던 매너Weddesdon Manor는 영국 남동부 버킹험셔 워데스던에 있는 페르디난드 드 로칠드Ferdinand de Rothschild(1839~1898) 남작 소유의 별장이었다. 로칠드 가의 영국계인 그는 1874년 처칠 가의 말보로 공작에게서 대지를 매입하고 프랑스 샤토 스타일의 신 르네상스식 건물을 지었다. 저택은 그가 수집한 예술품 전시와 주말의 대연회를 위해 사용되었다. 그는 뛰어난 예술품 수집가였으며 영국 의회 의원(1885~1898)을 지냈다. 마지막 소유주는 제임스 드 로칠드로 1957년에 저택과 전시품들을 영국 내셔널 트러스트에 기증했다. 워데스던 문서 보관소는 방대한 가족 문서와 예술, 사회, 원예, 와인 등에 대한 기록을 보관하고 있다. 와인 셀러에는 1만5천 병의 귀한 와인이 저장되어 있다고 한다.

상자 두 개에 가장 민감한 부분이 보관되어 있다. 2차 세계대전 중 샤토가 또다시 외부 세력에 점령되어 독일 군대가 샤토에 주둔했던 시기의 자세한 기록이다. 유대인 소유로 손꼽히는 두 샤토는 나치가 프랑스를 점령한 초기부터 표적이 되어왔다. 무통과 라피트 두 가문은 프랑스 국적을 박탈당했다. 필리프 남작은 1940년 비시Vichy정부에 의해 투옥되었으며 1941년 석방된 후 피레네 산맥을 넘어 피신했다. 1942년에는 영국에 있는 자유 프랑스 부대에 입대하여 결국에는 노르망디 상륙 작전에 참가했다. 라피트의 엘리 드 로칠드 남작은 전쟁 초기에 기병 연대의 장교로 복무하다 나치에 체포되어 수용소에 갇혔다가 1945년 5월에 석방되었다.

2차 세계대전은 1939년 9월 1일 나치 독일의 폴란드 침공에 따라 영국과 프랑스가 독일에 선전 포고를 함으로써 시작되었다. 독일은 다음해에 노르웨이, 덴마크에 이어 프랑스를 공격하여 6월 22일 파리를 함락시켰다. 보르도로 피난 갔던 프랑스 정부는 항복 문서에 서명했다. 프랑스는 1차 세계대전의 영웅이었던 필리프 페탱이 프랑스 정부의 수반으로 독일과의 협상 끝에 루아르 강 남쪽의 휴양 도시인 비시Vichy를 수도로 한 새 프랑스 정부를 세웠다. 비시 정부는 공식적으로는 중립을 내세우고 나치 독일과 독립적인 외교 관계를 구축하였지만, 사실상은 나치 독일의 괴뢰 정부나 다름없었다. 1942년 나치 독일이 영국 및 아프리카 전쟁을 위해 프랑스 남부까지 점령하면서 비시 프랑스는 실질적인 통치 능력을 상실했다. 이후 비시 프랑스는 명목상으로 2년을 더 존속했지만, 1944년 6월 연합군의 노르망디 상륙과 파리 점령 후 8월 25일 소멸했다.

보르도에서는 무통과 라피트가 둘 다 독일 군대의 대공 수비대에 점령당하여 공공 행정기관으로 이관되었다. 점령 4년 동안 라피트와 무통에서는 와인 10만 병과 125토노가 넘는 와인을 빼앗겼다. 하지만 그보다 훨씬 더 나쁜 일이 다가오고 있었다. 필리프 남작은 살아남았지만 부인 샹뷔르Chambure 여백작은 1945년 포로수용소에서 사망했다. 프랑스인이며 독실한 가톨릭 신자인 그녀는 안전할 것이라 믿었지만, 전쟁이 끝나기 불과 몇 달 전 어린 딸 필리핀느 여남작Baroness Philippine 앞에서 끌려갔다. 그녀는 어린 시절에 일어났던 일에 대해 결코 말하지 않는다. 전쟁이 끝난 후 로칠드 사촌들은 샤토를 다시 찾았다. 필리프 남작은 1945년 무통으로 돌아오고 엘리는 1946년부터 라피트를 운영했다.

오른쪽 _ 샤토 무통 로칠드의 예술품

오브리옹은 2차 세계대전 초기에는 군 병원으로 사용되었으며, 그후 독일 공군의 임시 숙소로 징발되었다. 매니저 조르쥬 델마의 부인은 텃밭을 가꾸었는데, 어린 아들을 위해 심은 신선한 과일과 야채를 군인들이 마구 먹는다고 지휘관에게 불평을 했다. 그는 좀도둑질을 못하게 하겠다고 약속했지만 계속되었고, 그녀는 포기하지 않고 샤토로 찾아가 지휘관의 권위에 이의를 제기했다. 장교는 곧 텃밭 주위에 경비병을 세웠다고 한다. 가족들은 그 얘기를 반복했고 또 하나의 재미있는 전쟁 일화가 되었다. 셀러 입구는 쓰레기 더미로 안전하게 덮어 놓았기 때문에 그들이 와인은 결코 찾아낼 수 없었다.

샤토 라투르와 샤토 마고는 점령은 피했지만, 두 곳 모두 심한 궁핍에 시달렸다. 일꾼들은 흩어졌고 유리병도 코르크도 찾아보기 힘들었다. 소출을 기록하는 종이조차도 점점 더 부족해졌다. 전쟁 후 1등급을 포함한 많은 샤토들은 등급을 해제했다. 대중들은 명성에 대해 지불할 돈이 없었고, 뱅 드 타블Vin de Table(가족 식사용)이라는 라벨이 더 친밀하게 다가왔기 때문이다.

1947년 다니엘 로통의 아버지는 "나는 1891년부터 이 사업을 해왔지만 이런 위기는 처음이다."라고 일기에 적었다. 1947년 빈티지는 분명 뛰어난 품질이었다. "그러나 아직 언제 어떻게 거래가 되살아날지 전혀 조짐이 보이지 않는다. 프리뫼르 거래는 완전히 죽었다. 옛날 고객들은 사라졌고, 샤토들은 거대한 창고가 되어 버렸다."

메독의 현재

전후 시기에는 모두가 어려웠지만, 다행히도 하늘의 도움으로 1945년, 1947년, 1949년 빈티지는 훌륭했다. 특히 전후 경제가 살아나기 시작한 1950년부터는 드디어 샤토 셀러에서 와인이 출고되었다. 일시적인 하락도 있었다. 1956년에는 20세기에서 가장 심한 서리 피해가 있었지만 1960년대는 메독이 제2 황금기를 맞게 되었다. 미국인들이 보르도 와인에 진지한 관심을 보였으며 가격도 오르기 시작했기 때문이다.

1960년대의 기술적 도약은 분명히 이러한 경제적인 안정에 기인했다. 뉴 프렌치 클라렛의 역사를 만든 오브리옹은 보르도에서 최초로 양조용 스테인리스 스틸 탱크를 도입했고, 또한 최초로 샤토 내에 양조 실험실을 갖추었다. 라투르도 몇 년 후인 1964년에 스테인리스 스틸 탱크 19개를 설치했다. 장 폴 가데르는 이웃들이 "도대체 무슨 통이야. 석유통?"이라고 물었다고 회상한다. 샤토 마고의 코린느는 아버지가 그렇게 반대하던 스테인리스 탱크 12개를 1983년에 설치하게 했다. 무통과 라피트도 셀러를 혁신했다. 무통은 이미 1926년에 무대 디자이너인 샤를 시클리Charles Siclis가 메독 최초로 극적인 투광 조명 셀러를 설치했다. 라피트는 1970년

앞쪽 _ 오크 통 셀러, 샤토 무통 로칠드

대 중반에 카탈로니아 건축가 리카르도 보필Ricardo Bofill의 환상적인 원형 셀러를 선보였다. 무통의 필리프 남작은 그의 와인에 아낌없는 사랑과 정성을 기울였다. 그가 1988년 세상을 떠났을 때에는 66번째 빈티지 와인을 만들었으며, 이는 메독의 최고 기록으로 남게 되었다.

1973년의 오일 쇼크로 가격은 다시 폭락했지만, 이를 회복하면서 실제로 1등급이 현재의 형태로 자리잡게 되었다. 현대화의 결정적 단계는 1980년대부터 시작했으며 와인 시장은 안정적으로 폭넓게 확산되고 있었다. 현대적 기술로 탱크 온도 조절이 가능하게 되었고, 포도 재배와 양조에 정확하고 과학적인 방법이 도입되었다. "나는 몇 년 전에 앙제레가 정말 운이 좋다고 축하했습니다." 가데르가 따뜻하고 열린 태도로 말한다. "그는 1990년 후반부터 라투르에서 일했는데 이후 계속하여 자연은 그에게 훌륭한 빈티지만 내려주었습니다. 와인은 특별했고 출시되면 좋은 가격으로 구입할 고객들이 줄을 서서 기다리고 있었지요. 나는 1860년 이래로 1등급의 행운이 이처럼 계속되는 것을 믿을 수가 없었습니다."

원형 셀러, 샤토 라피트 로칠드

M+
11

7

세계 최고의 와인 만들기

현재 5대 샤토는 모두 와인계의 거물들이 안정적으로 소유하고 있으며 수익도 충분히 거두고 있다. 그러나 그들 간의 관계는 정치적으로나 또는 결혼 등으로 서로 밀접하게 연결되면서 어쩔 수 없이 변해 왔다. 이를 마고의 폴 퐁탈리에가 간결하게 요약한다.

"정확히 말하면 우리는 서로 우호적인 상대는 아닙니다. 우리들은 선의의 경쟁을 해왔으며, 최고를 추구하는 접근 방식은 놀랍게도 너무나 비슷합니다. 위대한 와인의 생산을 위해서는 포도밭에서 진지하게 일하는 것 외에는 별다른 방법이 없어요. 서로 다른 점이 있다면 테루아terroir일 뿐입니다. 과거에는 방법이 다를 수도 있었지만, 현재는 테루아만이 다를 뿐입니다."

그들은 19세기 후반까지는 서로 아무 격의 없이 협조하며 일을 해나갔다. 1820년 샤토 라투르의 매니저 피에르 라모트Pierre Lamothe가 라피트의 와인 양조 책임자에게 보낸 편지를 보면 얼마나 개방적이었는지 알 수 있다. "친애하는 에이메릭Eymeric 씨, 오늘 우리는 라투르에서 수확을 시작했는데 화학 요법에 대해서 한수 배우고 싶습니다. 경험으로 알고 계신 방법에 대해 자세한 설명을 듣고 싶습니다. 또한 구매자들이 와인이 충분히 강하지 못하다고 생각하는 것 같아 강화하는 실험을 하려는데요. 자세한 내용은 ……"

라피트 문서 보관소에는 무통과 라피트가 포도밭을 서로 교환했다는 기록이 있다. 필리프 남작이 인수한 지 얼마 되지 않아, 1927년 7월 4일 파리에서 합의한 내용이다. "라피트의 로베르 드 로칠드 남작이 포이약 지역 레 마세레Les Massères 구획의 포도나무 다섯 이랑 403상티아레(1상티아레는 약 1제곱미터)를 무통과 바꾸기로 했다. 무통의 앙리 드 로칠드 남작(필리프의 아버지)은 포이약의 레 포메리Les Pommeries의 포도나무 일곱 이랑, 441상티아레를 내놓았다. 라피트는 38상티아레를 더 받았으나 무통이 교환을 요청했다." 18세기와 19세기에 마고와 오브리옹의 소유주들 사이에도 비슷한 교환이 있었다. 이 경우에는 서로의 영지에 속해 있는 상대방의 땅을 돌려주며 교환했기 때문에 더 합리적이었다.

로칠드 영지에서 합작 프로젝트가 이루어진 것은 처음이 아니었다. 1880년대에는 라피트의 알퐁스Alphonse와 귀스타브Gustave, 에드몽Edmond 드 로칠드와 무통의 에두아르Édouard 드 로칠드가 함께 직원과 지역 주민들을 위한 무료 초등학교를 무셋Mousset 마을에 설립했다. 1886년 콕스 & 페레Cocks & Féret 포도밭 안내서 편집장은 "이같이 관대하며 지적인 일을 하고 있는 샤토들을 언급하지 않을 수 없다."라고 했으며, 1898년 판에는 이 지역 최고의 학교 중 하나라고 썼다. 이 학교는 지금도 164명의 지역 학생들을 가르치고 있으며 아카데미 드 보르도Académie de Bordeaux가 관장하고 있다.

물론 현재 디렉터들이 일하기 전이었지만, 1970년대까지는 1등급들이 모여 친밀하게 점심식사를 하며 최근 빈티지의 가격을 논의하는 것은 일상적인 일이었다.(요즘 같으면 공정거래위원회에 고발당할 일이다.) 하지만 지난 30여 년 동안은 1등급들이 함께 시음회를 주최한 적도 몇 번 없었다. 2010년 10월 런던에서 한 번, 1980년과 2011년에 뉴욕에서 두 번이 전부이다.

샤토 병입 혁명

역사적으로 5대 샤토들이 협력한 최초의 예는, 1922년 10월 막 20세가 된 필리프 드 로칠드 남작이 무통의 책임을 맡게 된 직후였다. 그는 와인을 예전의 높은 수준으로 만들기로 결심하고 병입 과정을 직접 통제하기로 했다. 이는 실제로 무통 로칠드가 1등급으로 오르는데 중요한 계기가 되었다. 필리프 남작은 자서전 〈밀라디 바인*Milady Vine*〉에서 이에 대한 설명을 하고 있다. 샤토에서 직접 소비하는 와인은 무통의 셀러에서 최소 3년간 숙성시킨다. "그런데 왜 … 판매하는 와인은 가장 중요한 시점에 내다 팔아야 하나? 와인상의 창고에서 어떤 일이 일어날지 아무도 알 수 없다. 소중한 포도 주스를 책임지고 잘 돌봐야 할 바로 그 시기에 낯선 환경에서 3년 동안을 방치하는 것은 잘못된 일이다."

그는 계획을 행동으로 옮기기 전에 먼저 이웃 오브리옹과 마고, 라투르, 라피트와 분명히 합의를 해야겠다고 생각했다. 이 문제를 논의하며 필리프 남작은 타고난 자가 홍보 기질을 발휘했다. 그러나 실제로는 무통이 샤토 병입의 첫 번째 사례는 아니었다. 샤토에서 와인의 일부를 자체 병입한 것은 오래전부터 있어온 관례였다. 로통의 장부를 보면 1800년대부터 규칙적으로 샤토에서 병을 사들인 기록이 있다. 물론 대부분이 네고시앙에게서 사들인 중고 병이었다.

병입에 대한 논의는 이보다 더 빠른 시기에도 있었다. 1783년 12월 27일 오브리옹의 소유주인 조제프 드 퓌멜 백작이 파리에 거주하는 보르도 시 대표에게 보낸 편지에 '유리병, 나무 박스, 코르크, 왁스, 판권'을 포함하여 와인을 병당 55솔sols(구리 동전)에 판다는 내용이 들어 있다. 250병의 위탁 판매 외에, 파리 상인들이 병을 따기 전에 와인을 안정시키는 방법을 몰라 야기되는 품질 문제에 대한 내용도 있다. "그들이 종종 와인을 버려놓습니다. 샤토 주인에게는 큰 골칫거리입니다."

보르도에서 유리병을 처음 만든 공방은 시내 공원 근처 플라스 미셸Place Mitchell에 있었다. 유리 공방은 1723년에 문을 열었으며, 아직도 뒤쪽 길 이름이 유리 길Rue de la Verrerie이다. 당시 와인상들이 모여 사는 샤트롱과 가까이 있었기 때문에 유리 공방의 위치로는 적합한 곳이었다. 물론 대부분의 와인은 통으로 선적되었지만, 최초의 병입은 이곳에서 시작되었다.

플라스 미셸은 아일랜드에서 건너온 또 다른 인물의 이름을 따서 붙여진 이름이다. 1687년에 더블린에서 태어난 피에르 미첼Pierre Mitchell은 네고시앙이었으며 선박 소유주였다. 그의 아버지는 1600년대 중반 영국 내

병입 라인, 샤토 라투르

왼쪽 _ 샤토 병입이 표기된 초기 라벨, 샤토 오브리옹

전 중 스튜어트 왕조를 위해 싸운 왕당파였다. 프랑스로 망명한 자코바이트Jacobite(제임스 2세 지지자)였기 때문에, 아들도 분명히 영국보다는 프랑스에서 더 환영을 받을 것이라 생각했다.

자코바이트는 제임스의 라틴어 발음이다. 제임스 2세가 속한 스튜어트 왕조는 본래 스코틀랜드 왕가였다. 잉글랜드의 엘리자베스 1세가 후계자 없이 사망하자 혈통으로 헨리 7세의 외증손이 되는 스코틀랜드 왕 제임스 6세(재위 1603~1625)가 잉글랜드 국왕 제임스 1세로 즉위하게 되었다. 그후 찰스 1세(재위 1625~1649)가 왕위를 계승했으나 청교도 혁명으로 처형되었다. 올리버 크롬웰의 사후 왕정복고가 이루어졌고 찰스 2세(재위 1661~1685)가 즉위했다. 찰스 2세 사후 동생인 제임스 2세(재위 1685-1688)가 왕위를 계승했고, 종교개혁 후 탄압받던 로마 가톨릭 교회 회복에 주력하며 왕권을 강화했다. 이는 종교개혁을 강조하는 개신교 신도들이 대부분을 차지하는 의회와의 대립을 심화시켰다. 의회는 1688년 명예혁명을 일으켜 제임스 2세를 폐위시켰고 제임스 2세의 딸 메리와 결혼한 네덜란드 총독 윌리엄 3세William of Orange(재위 1689~1702, 신교도)를 불러들여 왕위를 잇게 했다. 폐위된 제임스 2세는 어린 왕자와 함께 프랑스로 도피하여 루이 14세의 보호를 받았다. 후원자 루이 14세가 사망하자 망명 생활중 생을 마쳤다.

피에르 미첼이 보르도에서 처음 시작한 사업은 와인 통 제작이었다. 그후 최초로 에이지네Eysines 외곽에 유리 공방을 세웠고, 1723년부터 플라스 미셸로 옮겼다. 그의 특허증은 1723년 10월과 11월로 발급되었으며 보르도 시 기록 보관소에서 찾아볼 수 있다. 그는 상품의 독점권을 허락받았지만, 상공회의소는 수년 후 부르그에 있는 경쟁자가 사업을 접도록 해달라는 그의 요구를 관철시키지는 못했다. 15년 후인 1738년에는 프랑스 왕실로부터 특허증을 받았고 그후부터 '왕실 보르도 유리 공방'으로 불리어지게 되었다.

미첼의 유리 병 생산 방법은 영국과 아일랜드에서 이미 생산하고 있던 방법과 유사했다. 대형 용량 여로보암jeroboam 병(3L)을 새로 만들었고, 현재 샤토 오브리옹 병과 유사한 전통적인 보르도 병도 만들었다. 그때까지도 병 모양은 각기 달랐고 거의 규격화가 되지 않았던 것 같다.

미첼은 성공하면서 사업을 확장했다. 1724년에는 다르삭d'Arsac 영지 일부를 매입했고 또 마고 지역의 포도밭들도 사들였다. 1736년에는 1855년 5등급이 된 샤토 듀 테트르Château du Tertre를 설립했다. 미첼은 보르도의 선구자 중 한 명으로 아마 1730년대에 이미 이 샤토에서 병입을 시도했을 것이다.

1등급들은 분명 퓌멜의 편지에서처럼 상황을 유심히 지켜보며 변화를 모색하고 있었을 것이다.

초기의 시도

퓌멜의 병입에 대한 관심에 이어 1850년부터는 오브리옹이 라벨에 샤토 병입mis en bouteille au château을 명시하였다. 반면 라피트의 경우, 1890년 샤토에서 작은 소동이 있었다. 샤토에서 병입한 와인을 런던에 있는

MARGAUX
GRAND VIN
2000
GRAND CRU CLASSÉ
APPELLATION MARGAUX CONTRÔLÉE
MARGAUX PROPRIÉTAIRE A MARGAUX - FRANCE

와인상과 직접 거래한 사건이었다. 이에 반발한 보르도 상인들은 라피트와 거래를 중단하고, 영국 시장에 와인을 보내는 것도 중단하려는 조짐을 보였다.

라피트 문서 보관소에는 로칠드 남작을 대신하여 매니저가 한 보르도 상인에게 보낸 1906년 수확의 샤토 병입에 대한 서신이 남아있다. 해마다 최소 50퍼센트의 와인을 샤토 내에서 병입하고 빈티지가 좋은 해에는 1백 퍼센트를 하겠다는 내용이다. 그리고 샤토 병입 와인에 대해서는 상인이 토노 당 150파운드를 더 지불하며, 상인이 병입을 하더라도 매년 적어도 수확의 절반은 그 가격을 지불할 것을 요구했다. 이에 따른 거래 양상은 샤토와 상인들의 관계가 어떻게 역전되었는지를 보여주는 흥미로운 점이다.

상인들은 그들의 요구가 단지 라피트의 명성을 높이려는 것이라 보고 기본적으로는 거절했다. 그리고 빈티지가 좋지 않은 해의 병입 와인 양과 가격을 조절해 줄 것을 요구했다. "고객의 대부분은 병입한 라피트를 사는 습관에 익숙하지 않습니다. 우리는 이들을 재교육시켜야 하며, 또한 병입 와인에 대한 세금도 훨씬 높습니다." 따라서 상인들은 병입 와인은 수확의 1/3만 구매하기로 하고 5년 계약을 보장해 달라고 요구했다. 샤토와 상인 간의 솔직하고 긴 대화 후, 그들은 공식 서류를 갖추어 중개인을 라피트로 보내 사인을 받았다.

라피트가 샤토 병입을 시도한 이유 중 하나는 1900년 대에 평판이 하락했기 때문이기도 하다. 특히 러시아에서 상인들이 아무 레드나 병에 넣어 가짜 라피트 라벨을 붙여 팔았기 때문에 라피트는 한 동안 일반 와인으로 알려졌으며 가격도 내려갔다.

1910년대 상인들의 영향력은 컸고 1890년대는 라피트에서 병입한 와인의 부패도 문제가 되었다. 마지못해 라피트의 에두아르 남작은 무통의 필리프 남작이 1920년에 제출한 샤토 병입 제안에 동의할 수밖에 없었다.

마침내 5개 샤토 모두 샤토 병입에 찬성했다. 필리프 남작은 중도적 입장에서 이를 확정시키기 위해 모임을 주선하고 보르도의 르 샤퐁 팽Le Chapon Fin 레스토랑에 '5인 클럽'으로 만찬을 예약했다.

첫 5인 클럽 모임에 대해 필리프 남작이 자서전에 남긴 내용이다. "홍보에 대해 이야기했더니 그들이 움찔했다. 그래서 다시 '글래머glamour'라고 멋지게 말을 바꾸었더니 받아들여졌다. 우리는 그날의 주제인 샤토 병입에 대해 얘기했고, 놀랍게도 모두 긍정적이었다. 라피트까지도. 나는 샤토 병입에 동의하는 서류에 사인을 제안했다. 기술적, 상업적, 모든 면에서 서로 연합하여 돕기로 하고 5인 클럽을 결성했다."

모임은 매달 르 샤퐁 팽에서 개최했다. 첫 공식 만찬은 1929년에 샤토 라피트에서 열렸다. 로베르 남작이 파리에서 내려왔으며 세계의 언론이 주목했다. 그날 마셨던 와인 중 라피트 1811년이 있었다. 특별히 좋았던 빈티지로 나폴레옹 아들의 출생을 알리는 혜성이 나타났다는 해이다. 그날 저녁 샤토 디켐Château d'Yquem의 소유주 베르트랑Bertrand 백작도 5인 클럽에 참석했다. 디켐은 1855년에 최고의 등급을 받았고 스위트 와인 지역인 소테른에 있다.

샤토 디켐d'Yquem은 그라브 지역의 우측에 위치한 소테른Sauternes 지역 와인이다. 1855년 화이트 와인 등급에서 메독보다 더 높은 특1등급Premier cru supérieur을 받았다. 소테른 마을은 가론 강과 시론 강에 둘러싸여 있어 오전에는 안개가 끼고 오후에는 기온이 상승하여 귀부병noble rot이 발생하기 쉬운 곳이다. 이 지역에서는 곰팡이 낀 포도를 선별하여 주로 귀부 와인을 생산하고 있으며, 샤토 디켐은 스위트 와인의 왕으로 세계에서 가장 고귀한 디저트 와인이다. 독특한 벌꿀 향과 신선한 산미를 자랑하는 이 와인은 포도나무 한 그루에서 한 잔 정도를 생산할 수 있다고 한다. 세미용이 80퍼센트를 차지하며 나머지가 소비뇽 블랑이다. 생산량은 1천 상자에서 1만 상자까지 해마다 크게 달라진다. 전혀 만들지 못하는 해도 10년에 한두 번쯤 있다. 50년 이상 장기 숙성이 가능하다. 2011년 영국에서는 1811년 샤토 디켐이 무려 7만5천 유로(당시 약 1억3천만 원)에 팔려 기네스북 최고 기록을 갱신했다.

샤토 병입은 와인 산업에 여러 가지 영향을 미쳤다. 한 예로 1920년대부터는 중개인의 회계 장부에 상인들의 이름이 훨씬 많이 등장하기 시작했다. 그 이유는 와인을 통보다는 훨씬 작은 병으로 나누어 여러 명에게 팔 수 있게 되었기 때문이다. 또한 전통적으로 영국 상인들이 판매하던 보르도 와인의 총량은 오히려 줄어들었다. 영국인들은 수세기 동안 와인을 통으로 사서 상인이 병입하여 라벨을 붙여 팔았다. 브리티시 레일과 사보이 호텔에서는 1950년까지도 통으로 구입하여 자체 병입을 했다. 대부분의 상인들은 처음에는 거세게 항의했으나 샤토가 예견한 것보다는 빨리 동조했다.

샤토 병입은 당연히 어려움이 따를 수밖에 없었다. 1930년대 경제 위기 때에는 모든 1등급 샤토가 병입을 중지했지만 오래가지는 않았다. 선적과 저장의 어려움 때문에 생기는 와인 병의 손실도 기술적인 문제점으로 제기되었다. 이를 해결하는 방안으로 1950년대까지는 토노 당 1,152병(96케이스)으로 배송 계약을 했다. 요즈음 1,200병에 비하면 4퍼센트 적은 양이다. 양쪽이 모두 파손되는 병의 숫자가 많다는 것을 인정했기 때문이다.

전쟁중에는 어쩔 수 없이 5인 클럽이 중단되었지만, 1950년에는 무통을 배제하는 결정으로 5인 클럽이 깨질 수밖에 없었다. 1980년대에 다시 부활하여 9인 클럽으로 확장되었다.

9인 클럽

요즈음 9인 클럽 모임은 각 회원의 샤토에서 돌아가며 열린다. 샤토 디켐은 1920년대와 1930년대처럼 5대 1등급과 함께 앉아 있으며, 보르도 우안의 3대 선두 주자인 샤토 슈발 블랑, 샤토 오존, 샤토 페트뤼스가 참석한다.

이들은 1855년에 정해진 '1등급'은 아니지만 모든 면에서 1등급과 같은 지위를 누리고 있다. 3개월 한 번 모이며 주로 와인 양조나 포도 재배에 대한 기술적인 문제를 논의한다.

샤토 페트뤼스Petrus는 1등급들이 모여 있는 보르도 좌안이 아닌, 보르도 우안의 포므롤Pomerol 지역에 있다. 보르도에서 가장 비싼 와인으로 이름나 있기 때문에 비공식적으로 메독의 1등급 위에 있다고 할 수 있다. 1차 세계대전이 끝나고 1950년대 보르도 네고시앙 장 피에르 무엑스Jean-Pierre Moueix가 소유하고 나서부터 더욱 이름이 알려지기 시작했다. 장 클로드 베루에Jean-Claude Berrouet는 1964년부터 44년간 와인을 만들었으며 페트뤼스를 세계 최고의 반열에 올려놓았다. 2008년에 아들에게 자리를 넘겨주고 은퇴했다. 연간 4천여 상자밖에 생산하지 않기 때문에 가장 구하기 힘든 와인으로 소문이 나 있다. 포도밭은 메를로 95퍼센트, 카베르네 프랑 5퍼센트이지만 지금은 1백 퍼센트 메를로로 만든다.

샤토 오존Ausone은 보르도 우안 생테밀리옹 지역의 1등급 A카테고리에 속한다. 샤토 앙젤뤼스Ange'lus, 샤토 슈발 블랑Cheval Blanc, 샤토 파비Pavie가 같은 A급이지만 그중 기장 뛰어난 와인을 생산하고 있다. 샤토 이름은 보르도의 시인이자 정치가였던 오조니우스Ausonius(AD 310-395)에서 유래했으며 옛날 그의 포도밭과 빌라가 있었다고 알려져 있다. 카베르네 프랑과 메를로를 50퍼센트씩 재배하며, 항상 카베르네 프랑을 더 많이 블렌딩한다. 규모가 작은 포도밭으로 연 2천 상자 정도밖에 생산하지 않기 때문에 구하기 어려운 와인이다. 2002년부터 미셸 롤랑이 컨설턴트로 위임되었다. 세컨드 와인으로 샤펠 오존Chapelle d'Ausone이 있다.

샤토 슈발 블랑Cheval Blanc(White Horse)은 샤토 피작Figeac과 포므롤의 샤토 페트뤼스와도 인접한 지역에 있는 유서 깊은 샤토이다. 1862년과 1867년 런던과 파리 국제 박람회에서 받은 메달을 아직도 라벨에 분명히 새겨 넣고 있다. 1998년에 LVMH 루이 비통 그룹의 회장인 베르나르 아르노Bernard Arnault가 매입했으며, 피에르 뤼르통Pierre Lurton이 매니저이다. 포도밭은 카베르네 프랑이 57퍼센트로 주를 이루며 메를로 40퍼센트, 나머지는 말벡과 카베르네 소비뇽이다. 세컨드 와인으로는 르 프티 슈발Le Petit Cheval이 있다. 영화 〈사이드웨이*Sideways*〉, 디즈니의 〈라타투이*Ratatouille*〉, 〈보틀 쇼크*Bottle Shock*〉 등에 언급되면서 슈발 블랑의 전설을 더해가고 있다.

처음에는 샤토 소유주들 간의 협조를 위해 시작되었으나 후에는 디렉터도 포함하게 되었으며, 더 중요한 것은 토론을 주도하는 기술 직원들의 참여이다. 이들은 단지 이론적인 협의에 그치지 않고 보르도 양조협회와 다른 연구 센터와도 교류하며, 대학의 박사 과정을 지원하고 직면한 주요 문제들에 대한 연구를 진행한다.

모든 회원은 9시에 정해진 샤토에 도착한다. 회의는 프랑스에서는 빠질 수 없는 진한 블랙 커피 한 잔으로 시작된다. 박사 과정 학생 한 명이 최근 연구에 대한 발표를 하고 토론이 진행된다. 종종 다른 문제에 대한 토론도 추가된다.

예를 들어 9월이면 수확의 진행이 어떻게 되고 있는지, 수확 일이나 품질 등에 대한 안건 등이다. 회의는 항상 테이스팅으로 끝난다. 기술적인 실험 결과, 또는 각 샤토의 같은 빈티지 테이스팅도 한다. 최근 회의에서는 라투르의 한 구획에 심은 여러 다른 대목으로 만든 와인을 시음했고, 또 각 샤토의 세컨드 와인 두 빈티지를 시음했다. 샤토 디켐은 스위트 와인과 드라이 화이트만 생산하기 때문에 제외되었다. 회의는 오찬으로 끝나고 오후에는 각기 샤토로 돌아가 일한다.

무통의 디렉터인 필리프 달뤼엥Philippe Dhalluin이 모임의 성과를 소개한다. "가끔씩 신속하고 효율적으로 처리해야 할 중요한 일들이 생깁니다. 물론 연구는 우리가 주관하지만 결과는 과학 저널에도 실리고 넓게는

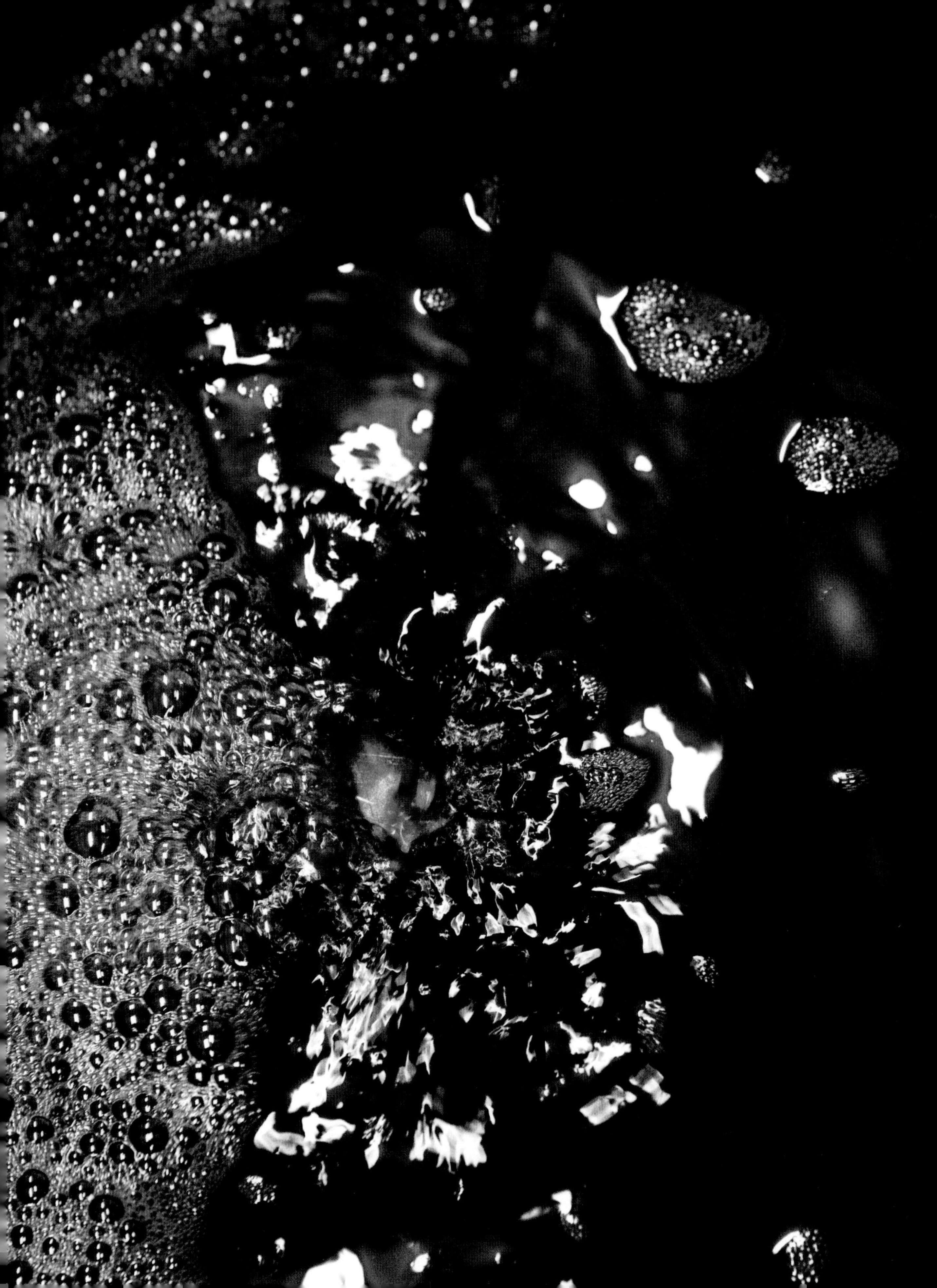

보르도 양조 관행으로 채택되기도 합니다." 효모에 관한 최근 연구는 2004년 보르도 와인 사무국과 공동 출자했으며, 전 지역에서 기본적인 참고 연구 사례가 되었다. 셀러의 위생 상태를 향상시키는 방법을 소개하고, 또 양조중 특정 이스트가 유발하는 '헛간' 냄새를 피하기 위한 방법도 제시되었다.

그들만을 위한 연구 사례도 있다. 박사 과정의 올리비에 트레고Olivier Trégoat는 1999년부터 2003년까지 테루아의 비밀을 밝히기 위한 연구를 맡았다. 퍼스트 와인과 세컨드 와인이 생산되는 밭의 토양 차이를 알아내기 위해서였다. 로칠드 매니저 샤를 슈발리에는 연구 결과에 대해 과학적으로 설명된 대부분은 그들이 직감적으로 이미 알고 있던 사실이라고 말한다. "나중에 결과물들을 정리해 보았는데, 같은 내용을 1920년대와 30년대 라피트의 오래된 문서에서도 찾아낼 수 있었습니다. 당시에도 어떤 구획의 포도가 특별히 품질이 좋다는 것은 알았지만 이유를 몰랐습니다. 요즘은 이유가 밝혀졌기 때문에 정확하게 조정할 수 있지만, 우리는 직감적으로 이미 알고 있었어요."

보르도 양조학 연구소의 디렉터이며 9인 클럽의 중요 인물인 드니 뒤부르디웨Denis Dubourdieu는 이 일의 중요성을 분명 인식하고 있다. "와인 양조는 예술이라고 할 수 있습니다. 하지만 예술적 목표가 실현되기 위해서는 과학적 지식도 필요합니다. 이 때문에 연구가 필요하지요. 1등급은 실험을 하는 곳은 아니며, 신중한 연구를 거친 후에 시행을 하는 곳입니다. 우리는 어떤 결론이 도출되더라도 실행에 옮길 때까지 수년을 기다리며 지켜봅니다."

지금은 무농약 포도밭 관리에 성공하는 방법과, 또 와인의 산화 위험에 대한 대비 등에 연구의 초점을 맞추고 있다. 프로젝트는 계속되며 1등급이 연구의 중심 역할을 맡아 지속적으로 운영해 나갈 것이 확실하다. "우리는 함께 연구할 논제에 대한 의견들을 먼저 제출합니다." 샤토 슈발 블랑의 와인 컨설턴트이기도한 반 리우웬van Leeuwen이 말한다. 그는 1630년대 메독의 습지를 바꾼 네덜란드의 수력 엔지니어 얀 리그워터의 후예답게 전문 지식을 계속 제공하고 있다. 반 리우웬은 마른 체구이며 마라톤을 즐기는 게 당연해 보인다. 그는 요점을 정확하게 전하는 열정적인 언변가이기도 하다.

얀 리그워터Jan Leeghwater(1575-1650)는 네덜란드의 건축가이며 수력 기사였다. 네덜란드 저지대 침수 지역 정비 등 국가적인 사업을 주도했다. 1627년에는 무통 로칠드의 소유주였던 장 루이 드 노가레Jean Louis de Nogaret 공작을 만나 메독의 습지를 메우는 프로젝트를 맡게 되었다. 현재의 메독 포도밭은 배수 사업 이후 번창하게 되었다.

"사실상 클럽의 공적인 예산은 없습니다. 대부분의 경우 각 샤토가 프로젝트와 실험 비용을 분담합니다." 다른 시설을 사용하는 경우도 있다. 소규모 양조 연구는 보르도 북쪽 블랑크포르Blanquefort에 있는 농림부 연구실에서 하기도 한다. 양조학과 박사 과정 학생에게 연구비 지원도 하여, 각 주제 별로 5만 파운드에서 10만 파운드 정도를 9개 샤토가 나누어 담당한다. 대개 한 번에 2개 프로젝트를 운용하며 합하면 매년 15만에서 20

만 파운드 가량된다. "대단한 결과를 기대할 수 있는 큰돈은 아닙니다."

"우리는 서로 관심을 가진 주제에 대해 의논합니다. 그 분야에서 연구된 것을 찾든지, 아니면 연구자를 찾아 의뢰하고, 미개척 분야라면 박사 학위를 통해 연구를 할 수 있는 적당한 학생을 찾습니다. 대학 양조학부 교수를 통해서 연구자를 추천받고 관심 분야와 전문 지식을 조율한 후 연구를 진행합니다. 연구비와 시설 사용비는 각 샤토가 분담합니다."

정규 직원은 없으며 지금은 두 명의 연구원이 장기 계약을 맺고 있다. 하나는 토양 속의 선충이 포도나무를 뽑고 난 후 휴면하는 땅에 얼마 동안 살아있는가에 대해서이며, 또 하나는 특히 양조 과정 후에 발생하는 와인의 미생물학에 관한 것이다. 정규직 연구원 채용도 고려하고 있지만 현재는 회원들이 돌아가며 담당하고 있다. 반 리우웬은 1990년대에서 2000년대 초까지 수년을 일했다. 지금은 라투르의 페네로프 고드프로이 Pénélope Godefroy가 맡고 있다.

"모임은 모두에게 공통적인 주제에 대한 연구 개발이 중심이 되지만, 또한 각각 특별히 관심을 갖는 주제도 있어 때로는 개인적으로 프로젝트를 운영하기도 합니다."

이 모임에서는 다양한 직접적인 결과가 도출된다. 토양 지도 또는 적합한 클론이나 대목, 포도 질병 퇴치 방법 등이 나왔으며, 포도밭의 운영같은 더 미묘한 문제들도 서로 아이디어를 주고받으며 의논한다.

"이 정도 수준의 연구는 9개 샤토의 품질에 지대한 영향을 미친다고 생각합니다. 따라서 다른 생산자들과의 품질 차이가 더 벌어질 수밖에 없습니다." 반 리우웬이 견해를 밝힌다. "그들은 서로 경쟁자라고 생각하지도 않고 또 경쟁해서도 안 됩니다. 포도밭도 다르고 와인도 다르며, 9개 샤토는 모두 생산량보다 수요가 훨씬 많습니다. 한 샤토의 품질만 나아져도 그들은 한 그룹으로 인식되기 때문에 모두 덕을 보게 됩니다."

테루아의 이해

9인 클럽은 각 샤토의 기술 팀과 지역에서 명망 있는 과학자들을 한데 모아 연구를 진행해 왔다. 그들의 업적은 1등급을 국제적으로 인정받게 한 정치와 부의 힘만큼 두드러진다. 그러나 명성을 유지하는데 무엇보다 중요한 것은 좋은 테루아, 즉 좋은 포도를 생산할 수 있는 포도밭의 환경이다.

포도밭을 알기 위해서는 겨울 포도밭을 거닐어 보아야 한다. 여름에는 길가에 늘어선 무성한 잎들, 완벽히 정돈된 포도나무들, 완만한 구릉지에 펼쳐지는 포도밭의 아름다움에 매료당하게 된다. 하지만 나뭇잎이 떨어진 겨울의 헐벗은 땅은 테루아의 차이를 분명히 드러낸다.

"내가 겨울 포도밭을 그렇게 좋아하는 이유가 있습니다." 지난 10년 동안 9인 클럽의 테루아를 연구한 올리비에 트레고가 회상한다. "포도가 성장하는 계절에는 직원들과 같이 포도나무의 물 부족이나 감응 메커니즘

등 포도의 반응을 관찰합니다. 겨울에는 주로 혼자서 포도밭을 돌아다니며 일합니다. 토양 지도를 만들거나 땅을 조사하지요. 토양 샘플을 채취하여 화학적인 성분 비교를 하고 지형을 연구합니다. 겨울이 와야 포도밭을 진정으로 파악할 수 있고, 특별한 테루아가 어떤 마술을 부리는지 이해할 수 있습니다."

트레고는 30대 중반이다. 그의 거친 피부와 굵은 팔뚝이 많은 시간을 바깥에서 보낸다는 것을 말해준다. 그는 요트와 윈드 서핑도 즐기는 스포츠 맨이다. 노르망디에서 자랐으며 가족은 사과 와인cider과 배 와인perry을 만들었다. 루아르의 농기계 학교에 다니다가 1997년에 와인 양조를 배우러 보르도로 전학을 왔다. "당시에는 토양을 깊이 연구하는 사람이 드물었습니다. 반 리우웬 교수를 만나 관심 분야에 관해 말했더니 바로 수락을 했어요." 반 리우웬을 멘토로 삼아 트레고는 처음에는 생테밀리옹의 샤토 벨레르Belair에서, 다음에는 샤토 슈발 블랑Cheval Blanc에서 포도밭 지도 만들기에 착수했다. 1999년 박사 학위 주제를 정할 때도 반 리우웬 교수는 1등급 클럽의 모든 포도밭으로 연구 영역을 넓힐 것을 조언했다.

트레고는 반 리우웬의 지도하에 각 포도밭 책임자와 함께 일을 시작했다. 지형 측정도 연구의 한 부분이었지만, 주목적은 퍼스트 와인을 만드는 구획과 세컨드 와인을 만드는 구획을 비교하는 것이었다. 다음은 포도나무의 생장 주기를 두 부분으로 나누어 연구했는데, 겨울 몇 달 동안은 토양과 하층토를 연구하고, 6월에서 9월 수확 때까지는 포도나무의 성장을 자세히 살폈다.

"타이밍이 특히 좋았어요." 트레고가 말한다. "2000년 빈티지는 전 성장 시기가 한결같이 건조했고 전 지역이 균일했던 해였습니다. 샤토마다 자연적인 토양과 위치 외에는 다른 변수가 없었어요. 평균 기본 수치를 구할 수 있었고 변화가 많은 빈티지들과 비교도 할 수 있어 큰 진전이 있었습니다."

"3년 동안의 연구는 그 후로도 나에게 꾸준히 도움이 되었습니다. 무엇보다 그랑 크뤼의 진정한 의미를 알게 되었어요. 물론 그들은 역사도 깊고 전문적이며 자연 경관도 뛰어납니다. 하지만 테루아를 잘 관리하지 못하면 원하는 와인을 만들어내지 못합니다. 재배자는 포도나무의 품종이나 밀도, 또는 가지치기 방법 등이 적합한 균형을 이루는 시점을 찾아야 합니다. 그 후에야 포도밭의 잠재적 능력이 완벽하게 표출될 수 있어요. 토양의 구성 분자들이 스스로 좋은 와인과 훌륭한 와인, 특별한 와인의 차이를 만들게 됩니다."

"결국에는 물이 중요한 역할을 합니다. 토양이 물을 흡수하고 조절하는 능력이지요. 5대 1등급은 토양이 모두 다릅니다. 그러나 공통적인 것은 일 년 동안 공급받는 수분의 양을 토양이 조절할 수 있다는 것입니다. 세계적으로도 어느 정도의 수분 부족은 위대한 와인을 만드는데 기여합니다. 연구는 주로 수분이 어떤 구획에서 어떻게 흡수되는가를 알아내는 일입니다."

"보르도에는 특이한 테루아 유형이 몇 개 있습니다. 자갈과 진흙 토양은 둘 다 적당히 수분이 부족한 상태에서 좋은 와인을 생산할 수 있어요. 물이 너무 많아도 너무 적어도 안 됩니다. 잎이 마르게 되면 수분이 심하게 고갈된 상태이지만, 포도나무의 반응을 촉진시키기 위해서는 약간은 힘들게 해야 합니다."

그는 놀랄만한 업적을 몇 개 남겼다. 그중 하나가 샤토 라투르의 담장이 둘러쳐진 랑클로L'Enclos 구획에 대

한 연구이다. 이 구획은 지난 세기 동안 지속적으로 최고의 와인이 생산된 곳으로 유명하다. "진흙이 많이 포함된 토양인데, 자갈 토양이 50~80센티미터 깊이이며 그 아래에 제3기 신생대의 진흙 토양이 나타나 샤토도 놀랐습니다. 포므롤의 샤토 페트뤼스에서도 발견된 아르질 공플랑트Argile gonflante(수분을 스폰지처럼 머금고 있기 때문에 뿌리가 수분을 서서히 흡수할 수 있다)라는 매우 드문 진흙 토양입니다. 부풀어 오르는 끈적한 진흙이지요. 이런 진흙 토양은 포이약의 모든 1등급에 약간씩 산재해 있습니다." 트레고가 말한다.

신생대는 지질 시대의 구분 중 가장 최근의 시대이며, 모든 공룡이 멸종한 백악기 말부터 현재까지를 의미한다. 1, 2기는 없으며 제3기가 6천4백만 년을 차지하고 제4기는 빙하기라고도 하며 180만년 전이다. 제3기에는 기후가 대체로 온난했고 알프스와 히말라야 등의 큰 산맥이 이루어지는 조산 운동이 활발했다. 바다에서는 대서양과 인도양이 넓어지고 태평양이 좁아져 대륙 배치가 오늘날과 비슷해졌다. 인류의 조상인 포유 동물이 번성한 시기이며 제3기 마지막 시기에 인류의 첫 조상이 출현했다.

"특히 랑클로에 더 널리 퍼져 있습니다. 전통적으로 진흙 토양에는 카베르네 소비뇽을 심지 않지만 이런 타입의 토양에서는 재배가 가능합니다. 보르도가 피할 수 없는 변화무쌍한 날씨를 가장 잘 도와주는 신비한 토양이지요. 폭풍우가 쏟아져도 물이 진흙에 스며들기만 하고 뿌리로 내려가지 않기 때문에 열매가 부풀지 않아요." 트레고가 웃음을 띠며 말한다. "물론 땅이 질척거리게 될 수 있지만, 라투르는 표층이 자갈로 덮여 있기 때문에 정말 운이 좋다고 할 수 있어요."

라피트는 포이약 지역에서 가장 높은 곳에 위치하며, 한 구획은 북쪽 생테스테프 지역에 속한다. 대부분은 자갈층이 2~3미터이지만 27미터에 달하는 부분도 있다. 자갈들은 거의 전부 70만 년 전에 피레네 산맥에서 쓸려온 것이다. 훨씬 아래쪽의 마고는 자갈이 회색과 우유색을 띠며 마시프 상트랄Massif Central과 리무쟁Limousin, 페리고르Périgord에서 내려왔다. 포이약의 자갈들은 단단하며 부싯돌처럼 검은 회색돌이 주를 이루고 크기와 질감도 다양하다. 자갈과 토양의 차이가 왜 포이약 와인이 우아하면서 힘과 깊이를 지닌, 장기 숙성이 가능한 와인이 되는지를 설명해준다.

"두 샤토의 차이도 설명이 가능합니다. 메독 지역은 대부분 강변이며, 특히 마고는 도르돈뉴 강과 가론 강이 합류하는 곳 가까이에 있습니다." 반 리우웬이 덧붙인다. "도르돈뉴 강은 프랑스 중남부의 산악 지대에서 흘러들어오고, 가론 강은 피레네 산맥에서 바로 내려옵니다. 두 강이 만나는 장소가 마고 지역이라 메독 중에서 토양이 가장 광범위합니다."

"다섯 샤토 중에서 오브리옹의 테루아가 가장 다양성이 있어요." 트레고가 지적한다. "따라서 뛰어난 화이트 와인과 레드 와인이 모두 생산될 수 있으며 여러 가지 포도 품종의 재배도 가능하지요. 토양은 석회암과 자갈, 진흙에 걸쳐 있으며, 셋이 다양하게 혼합된 토양도 있습니다. 이런 토양은 좋은 테루아가 왜 특별한 와인을 만드는지를 여실히 보여주는 완벽한 표본이 됩니다. 오브리옹은 포도밭이 도시와 가깝기 때문에 밤과 낮의 기온 차이가 덜 합니다. 일반적으로 일교차가 클수록 타닌이 부드럽게 되고 아로마도 복합적으로 향상됩니다. 하지만 오브리옹의 테루아는 열에 대처하는 구조를 가지고 있어 와인이 영향을 받지 않습니다."

포도밭 지도 만들기

토양 지도는 관련자들 모두에게 소중한 자료가 된다. 토양에 맞는 품종을 고르는데 도움이 되며, 포도나무의 수분 흡수량을 조절하기 위해서도 중요하다. 5대 샤토는 모두 이에 필요한 장비를 사들이는데 투자했다. 무통의 포도밭이 좋은 예가 된다. 일부 포도밭은 1900년부터 꾸준히 주의를 기울여왔다. 매니저 달뤼엥은 무통 종묘원에서 자체 번식시킨 포도나무 클론을 트레고의 토양 분석에 따라 각기 다른 테루아에 조심스레 재배해본다고 설명했다.

"우리는 포도를 수령별, 품종별로 재배하지만 구획별로도 관리합니다. 같은 구획에서도 여러 가지 변수가 나타나지요. 요즈음은 위성 사진이나 실험을 통해 이런 구획을 분리합니다. 일단 포도가 들어오면 양조 시작부터 1월 말까지 이틀마다 각 통을 계속 시음해봅니다."

마고에서는 이미 알고 있는 테루아의 영향 외에 과학적 연구에도 집중한다. "흔히 퍼스트 와인과 세컨드 와인을 만드는 포도나무는 언제나 같은 경우가 많습니다." 마고의 퐁탈리에가 말한다. "어떤 구획은 빈티지에 따라 달라지기도 하는데, 이렇게 변수가 있는 구획들에 대한 연구가 흥미를 일으킵니다. 우리는 이들을 각기 작은 통에 넣어 양조 과정 동안 세밀하게 추적합니다."

샤토는 이런 구획들을 더 잘 파악하기 위해 최근 2천5백 리터의 작은 스테인리스 탱크를 설치했다. 각 통에 와인 1천 리터(0.6에이커, 또는 포도나무 18줄에 해당)씩을 따로 발효시키며 관찰한다. "우리는 구획 연구에 최소 10년을 투자합니다. 소량을 발효시킨 후 바로 시음해보고, 숙성되는 대로 또 시음해봅니다. 레드 와인이나 화이트 와인이나 모두 아주 면밀하게 살펴볼 수 있습니다."

현재 트레고는 프랑스 최남단의 베지에르Béziers에 살며 토양 전문가로 독립하여 일하고 있다. 그는 1등급을 위한 프로젝트도 계속 돕고 있으며 라피트가 최근 중국 포도밭에 심는 포도나무에 대해서도 조언을 하고 있다. "나는 연구가 끝난 후 2~3년이 지나서야 이 연구가 얼마나 중요했는지 알게 되었습니다. 다른 자료들도 많이 가지고 있었으며, 박사 논문을 끝낸 후 3~4년 동안은 계속 출판이 되었어요."

"하지만 우리가 온갖 설명을 한다고 해도 테루아의 신비는 모두 풀리지 않습니다. 아마 70퍼센트 정도는 설명이 가능하지만, 전혀 설명되지 않는 부분이 항상 남아있습니다. 모든 1등급들은 테루아에 대해 절대적인 믿음을 갖고 있어요. 그들은 같은 방법을 사용하지는 않지만, 그들이 하는 일에 대한 믿음은 흔들림이 없습니다."

보르도에는 올리버 트레고 외에도 토양을 상세히 잘 아는 인물이 있다. 와인 컨설턴트인 자크 브와스노 Jacques Boissenot는 지난 40여 년 동안 세계적인 명품 와인들을 조용히 생산해왔다. 그는 아버지가 군대 생활을 한 베이루트에서 태어났지만, 그의 DNA는 메독에 있으며 메독 해안을 거의 떠나지 않는다. 1등급들은 브와스노 가족에게 오브리옹의 델마나 마고의 퐁탈리에처럼 몇 세대에 걸쳐 양조에 대한 자문을 구했다.

브와스노의 아버지는 와인 사업과는 관련이 없었다. 그의 부모는 값싼 와인을 마셨고 자크도 10대 후반까지는 코르크가 있는 와인을 접해 본 적이 없었다. 현재는 아들 에릭Éric이 아버지의 일을 물려받았으며, 둘이 함께 메독 북쪽 라마르크Lamarque 마을의 조촐한 사무실에서 일하고 있다. 아버지는 늘 코르덴 바지를 입고 아들은 진을 입고 있다. 둘은 극도로 신중하게 주어진 일을 해나가는 것 같다.

이런 점이 와인과도 완벽하게 어울린다. 와인이 스타이며 그들은 뒤에서 일하는 사람들이다. 그들의 양조 비법 역시 수세기 동안 와인이 지니고 있는 개성을 충실히 지키는 것이다. “모든 와인은 테루아가 우선이지만 또한 그 배후에는 철학이 있습니다.” 브와스노가 말한다. “유명 포도밭의 컨설턴트가 되기 위해서는 그 철학을 알아야 하며 심리학도 알아야 합니다. 명품 와인에는 자유가 많지는 않습니다. 있는 그대로를 존중해야 하고, 그들 특유의 방식을 벗어나지 않으면서 품질을 향상시켜야 하기 때문이죠.”

자크 브와스노의 스승이자 멘토는 전설적인 에밀 페이노Émile Peynaud 교수였다. 그는 양조학과를 졸업한 후 페이노가 지롱드 지역에 양조학 센터를 설립하는 일을 도왔다. 지금은 와인 생산 지역에서 이런 실험실을 흔히 볼 수 있지만 당시에는 최초였다. 예전에는 약사들이 즉석에서 와인을 검사해 주었다, 새 실험실은 앙트르 뒤 메르Entre-Deux-Mers와 그라브Graves, 그리고 우안에 한 곳, 메독에 두 곳 등 다섯 곳이었으며 포도밭과 가까운 위치였다. 브와스노는 경치가 좋은 포이약을 택했다.

그는 이 지역에 대한 애착을 아들 에릭에게 고스란히 넘겨주었다. “전혀 의식적인 결정은 아니었습니다. 나는 여기에서 태어나서 살았고 나의 고객들도 모두 이곳에 삽니다. 당연하지요. 나는 메독의 카베르네 소비뇽을 좋아하고, 와인에서 풍기는 신선한 향을 사랑합니다. 마술적이죠.”

페이노가 은퇴하자 브와스노는 그의 고객 몇 명과 연결되었다. 라피트에서는 1976년부터 일했고, 마고는 1987년부터, 라투르에서는 2000년, 마지막으로 무통에서는 2005년에 불렀다. 외부 컨설턴트를 채용하지 않는 오브리옹만 제외되었다. 5대 샤토는 모두 규모도 크고 경험 있는 기술 팀이 있지만, 브와스노의 역할은 균형을 맞추는 일이다. 이웃 샤토에서 일한 경험들이 유용한 기준이 되기 때문이다.

“유명 샤토들과 일하는 것은 나에게는 큰 기쁨입니다.” 자크가 엄숙하게 말한다. 63세이지만 노인처럼 천천히, 조용히, 침착하게 권위를 갖춘 태도이다. “핵심적인 것은 땅에 대한 감각입니다. 그들의 뛰어난 와인에 대해 알고 싶다면, 이 샤토들이 어떤 땅에 자리잡고 있는지를 먼저 이해해야 합니다.”

오른쪽 _ 자크 브와스노와 아들 에릭

자크는 주로 셀러에서 양조를 돕고 조언하며 에릭은 밭에서 더 많이 일한다. 최근에는 둘이 함께 마고에서 25년된 메를로를 제거했다. 샤토 마고의 세컨드 와인인 파비용 루즈Pavillon Rouge를 만들던 밭이었는데, 테루아 연구 결과 이 구획에서 퍼스트 와인인 샤토 마고를 만들 수 있다는 확신을 얻었기 때문이다.

"지금은 포도밭 구획 경계선을 다시 긋고 있습니다." 퐁탈리에가 말한다. "그리고 포도나무의 방향과 재식 밀도를 수정하려고 합니다. 메를로와 카베르네 소비뇽, 카베르네 프랑을 조합해서 심으면서요."

브와스노와 퐁탈리에는 둘 다 현대적 기술 도입에 있어 역사의 효용성을 강조한다. "1980년대에는 아주 큰 기술적 도약이 있었습니다. 와인이 잘 팔렸고 투자할 돈이 있었기 때문이죠." 퐁탈리에가 말한다. "처음에는 단일화를 추구했습니다. 트랙터와 다른 기계도 쉽게 사용할 수 있도록 구획을 사각형으로 규격화했어요. 그러나 점점 훨씬 더 다양한 모양이었던 19세기 방식으로 돌아가게 되었습니다. 우리는 19세기에서 얻을 수 있는 지혜를 살펴보며 계획을 세웠어요. 그렇다고 작은 구획들의 포도를 한꺼번에 모아 발효시키지는 않습니다. 각 구획의 포도들이 변해가는 과정을 연구하기 위해서입니다."

오브리옹은 정기적으로 방문하는 외부 컨설턴트를 초빙하지 않는다. 디렉터인 델마와 상임 양조학자인 장 필리프 마스클레Jean-Philippe Masclef가 보르도 양조학 연구소와 밀접하게 연계하여 일한다. 현장에는 큰 실험실이 있다. 보르도의 많은 샤토들은 수확 전 포도의 성숙도를 조사하기 위해 '표준 구획'을 따로 정한다. 그러나 오브리옹은 각 구획의 포도를 모두 체계적으로 검사한다.

"포도의 성숙도를 판단하기 위해서는 갖가지 선택 기준이 있습니다." 델마가 침착하게 말한다. "또한 대부분의 선택이 주관적이며 틀릴 수도 있다는 것도 받아들여야 합니다. 하지만 우리는 철저하게 조사하기 위해 최선을 다합니다. 수확기 두 달 동안은 여섯 명의 직원이 상주하며 포도의 성숙도를 조사합니다. 수확 전 최소 서너 번은 완전히 다른 포도밭처럼 구획을 구분하여 검사를 하지요. 대목이나 가지치기, 수형 만들기 등도 구획에 따라 달라집니다. 테루아가 같은 포도밭이라도 지층에 따라, 그리고 자갈과 모래, 흙 등의 깊이에 따라 다르기 때문에 그 점도 반영해야 합니다."

오브리옹은 여러 가지 자갈들로 표층이 구성되어 있다. 적포도 품종은 무통처럼 샤토 내 묘목장에서 재배한 클론을 사용한다. "우리는 수십 년 동안 적합한 클론을 찾기 위해 노력하고 있습니다. 물론 모두 심은 것은 아니지만요." 델마가 말한다. 오브리옹은 1970년부터 보르도에서 처음 개인 소유의 클론을 선택하기 시작했다. 요즘은 구획 당 12종류의 클론을 사용하여 적포도의 복합성을 얻는다.

클론Clone은 동일한 품종에서 변이가 되어 생긴, 유전적 조상이 동일한 자손을 뜻한다. 수세기 동안 어떤 곳에서 재배된 특정 품종은 자연 돌연변이에 의해서 클론이라는 것으로 또다시 분류된다. 접목이나 조직 배양에 의해서도 생기나 돌연변이에 의한 부분적인 변이가 발생하여 축적된 것이 많다. 같은 품종이라도 클론에 따라 생장 속도, 병충해에 대한 저항, 생산량 등이 다르며 포도 알의 크기, 색깔, 타닌 함량 등이 다르기 때문에 생산자는 클론의 선택에 주의를 기울인다.

샤토 마고

뒤쪽 _ 샤토 오브리옹 묘목장

Canaril

Carmenère
de T.T.

라피트에는 툴루즈 출신의 농업 기사 에릭 콜레Éric Kohler가 와인 양조와 포도나무 재배 양쪽의 품질 관리를 모두 맡고 있다. 그는 각 공정 단계를 살피며 강점과 취약점을 확인하는데 5년을 보냈다. 콜레는 로칠드 가족이 소유한 소테른의 샤토 리외섹Rieussec에서 슈발리에와 일하다 라피트로 오게 되었다. “콜레는 처리 과정이나 수정 제안의 경제적 부담은 전혀 고려하지 않습니다. 그건 내가 하는 일이지요.” 매니저인 슈발리에가 웃으며 말한다. “그는 현재 상황을 관찰하고 개선할 점을 찾는 데만 주력합니다.” 콜레는 현재 중국의 새 라피트 포도밭에서 일하고 있다.

“올리비에 트레고와 에릭 콜레의 연구에 힘입어, 라피트에서는 포도밭을 더욱 엄밀하게 선택하기 시작했습니다. 토양과 하층토를 더 명확하게 알게 되었지요.” 슈발리에가 말한다. “그 결과 양조 과정과 미생물을 약간 바꾸었으며, 각 공정마다 전문적인 엄격성을 더하고 절대 청결을 유지합니다. 우리는 결코 혁명을 하지는 않아요, 보완을 해나갑니다. 오랜 경험을 통해 가장 좋은 구획의 포도에는 아직도 나무 통을 사용하고 있어요. 최근에는 구획별 소량 양조를 늘이고, 특히 어린 메를로 양조를 위해 40헥토리터(1헥토리터는 1백 리터)에서 120헥토리터의 시멘트 탱크도 들여놓았습니다.” 라피트에서는 무통이나 마고와는 달리 포도밭 위성 사진을 거의 사용하지 않는다. 오히려 각 구획에 직접 나가서 살펴보고 맛을 본다.

샤토 라투르 밭갈이 말

"젊은 동료들은 과학적 방법을 선호하지만, 나는 과학을 애용하지는 않습니다. 과학이 우리를 지배하는 것은 원하지 않아요. 나를 에워싸고 있는 격동을 잠재우고, 현명한 노인처럼 침착하게 심사숙고하며 결정을 내리는 역할을 하고 싶습니다."

자크 브와스노와 에릭 외에 농학자이며 샤토의 연구원인 페넬로프 고드프로아Pénélope Godefroy가 라투르의 포도밭과 연구 개발을 맡고 있다. 그녀는 디렉터 앙제레의 곁에서 일한다. 앙제레는 매일 포도밭을 걸으며 하루를 시작하고 중요한 때에는 모든 구획을 발로 직접 밟으며 시간을 보낸다. 포도밭 직원들은 자전거를 타고 다닌다. 무거운 차는 땅을 손상시키지만, 자전거는 넓은 구획의 포도밭을 천천히 돌아보며 자세히 살필 수 있는 장점이 있다. 최근 랑클로는 생물 기능 농법과 유기 농법으로 방향을 바꾸었다. "직원들이 더 힘들어하지요. 일이 생기면 새벽 4시에도 일어나야 합니다." 앙제레가 말한다. "결과가 좋아 힘이 나긴 하지만, 장기적 결정을 내리기 전에 분석과 토론을 위한 기간이 3~4년 더 필요하다고 생각합니다."

와인은 말한다

"좋은 와인을 만드는 과정은 복잡하지는 않습니다." 브와스노가 말한다. "보통의 상식만 있으면 됩니다. 나는 과장이 없는 와인이 좋아요. 복합성이 있고 균형이 갖추어지면 좋은 와인입니다. 기술이 없어도 비교적 쉽게 만들 수 있습니다. 그리고 와인의 개성이 나타나도록 하면 됩니다. 그게 중요한 점입니다. 포도가 과숙하면 테루아의 성격을 가리게 됩니다. 과숙시키기는 것은 쉽지만 나는 별로 관심이 없어요. 포도가 익는 과정을 잘 지켜보며 적합한 때에 수확하여 과숙을 피해야 합니다."

아버지 자크는 이 문제에 대해 열정적으로 설명한다. "양조학과 포도 재배학은 많은 발전을 했습니다. 하지만 건강한 포도가 문제를 만들기도 합니다. 좋은 건강 상태를 끝까지 유지시키고 싶은 유혹이 너무 커서 억누르지 못할 때가 있어요. 인간은 과장하기를 좋아합니다. 과숙시키고, 과잉 추출하고, 과도한 타닌 등을 원하지요. 그러나 그건 우리가 추구하는 바가 아닙니다. 1등급은 당연히 피하는 일이죠. 그들은 와인이 스스로 말하기를 바랍니다. 큰소리로 외치지 않아도 됩니다."

뒤쪽 _ 샤토 라투르의 유기 농법과 생물 기능 농법 포도밭

BIO

BD

LES FORTS
DE LATOUR
ÉCHANTILLON
CHATEAU LATOUR
ÉCHANTILLON

8

보르도의 축제 앙 프리뫼르

브와스노를 비롯한 포도밭 전문가들에게는 일 년에 두 번 일이 한꺼번에 밀려 정신없이 바빠질 때가 온다. 가장 중요한 시기는 포도의 성숙도를 정확하게 측정해야 하는 가을 수확기이다. 다음은 봄인데 와인의 생명 주기에서 상업적인 면이 부각되는 시기이다. 잠깐의 실수도 용납되지 않는 때이다.

전통적인 보르도 달력에서 엉 프리뫼르En Primeur(선물 거래) 주간은 말할 나위 없이 중요한 기간이다. 엉 프리뫼르는 새로운 빈티지를 선보이는 주간으로 보르도 전 지역에서 개최되는 큰 행사이다. 보르도 그랑 크뤼 협회에서 주관하며, 전 세계에서 매년 봄 5천여 명의 기자와 구매자들이 모여든다.

시음은 3월 중순에 시작한다. 보르도 지역 네고시앙이 제일 먼저 참가하며, 그해 와인을 평가하고 마케팅 전략을 세운다. 다음은 일찍 도착한 기자들과 구매자들이 모인다. 그다음 일반 애호가들이 샤토를 방문하며 시음과 오찬, 저녁 식사 등을 한다. 차가 사방으로 질주하며 광란의 한 주가 지나간다.

1등급들은 군중들에게서 좀 떨어져 위엄 있게 거리를 유지한다. 다른 면에서도 그렇지만 그들의 방식은 일반 샤토와는 다르다. 일단 시음을 원하는 사람은 개인적으로 예약을 받으며, 일반인에게는 시음 와인을 내놓지 않는다. 1855년 등급 와인 공식 진열장에도 마찬가지이다.

엉 프리뫼르En Primeur는 선물先物 거래라는 뜻이며, 샤토에서 와인을 병입하기 전 오크 통에 있는 상태로 일부를 매매하는 방식이다. 수확한 다음 해 봄에 테이스팅을 하며 거래를 하기 때문에, 숙성과 병입을 거쳐 시장에 정식으로 출하하기 12~18개월 전에 거래가 이루어진다. 선물 거래는 시장 가격이 정해지기 전에 와인을 오크 통째로 매입하기 때문에 가격이 현저히 낮지만, 숙성 기간 동안 품질이 달라지기도 하여 손해를 볼 수도 있다. 또는 병입 후 가격이 급상승하여 몇 배의 이익을 볼 수도 있다. 주로 보르도에서 시행하는 관행인데 생산자가 안전하게 와인을 팔 수 있고, 또 현금을 미리 확보할 수 있는 이점이 있어 수세기 동안 지속되고 있다.

마고의 새 빈티지

2011년 4월 마고의 폴 퐁탈리에 아들 티보Thibault는 그의 임무를 수행하기 위해 홍콩에서 보르도로 날아왔다. 시음 사흘째 되는 날이다. 고급스러운 스카프를 두른 그는 목감기에 걸렸으나 전혀 개의치 않고 말을 시작한다. 방안의 청중들은 한마디 한마디 주의 깊게 듣는다.

"우리는 이 와인이 일상 와인이 아니라는 것을 압니다." 그는 호감이 가는 미소를 띠며 말한다. "마고를 시음할 때는 항상 침묵의 순간이 있습니다. 단순한 와인 시음이 아닌 어떤 감정적인 전율을 느끼는 거죠." 그는 2010년 샤토 마고의 오크 통에서 따른 와인 잔을 돌리며 열을 올리고, 구매자들과 기자들은 이에 전적으로 동

오른쪽 _ 테이스팅, 샤토 라투르

(왼쪽부터) 티보 퐁탈리에, 알렉상드르 멘체로푸로스, 오레리앙 발랑스, 샤토 마고

의한다. "좋은 와인은 맛으로 알 수 있지만 위대한 와인은 느낌으로 압니다."

티보는 이미 열 번도 넘게 같은 말을 능숙하게 되풀이하고 있다. 그는 이 주가 끝날 때까지 열두 번도 더 같은 말을 할 것이다. 설명은 구체적이어야 한다. "타닌의 수치는 작년과 같지만 산도는 더 높습니다." 그리고 손님을 환대하는 느낌을 주어야 한다. "마고에 처음 오신 분 계십니까?" 흥분과 극적인 장면도 연출한다. "우리는 2010년이 고전적classic 빈티지라고 말하지만, 이 정도의 힘과 밀도, 신선함은 고전적이라고 할 수 없어요. 그렇다면 좋겠지요." 그의 아버지 폴은 잠깐 옆에서 지켜보다가 티보가 청중을 잘 관리하고 있다는 것을 확인하며 조용히 물러간다.

네 명의 동료들이 샤토의 다른 곳에서 같은 연출을 하고 있다. 포도밭 디렉터 필리프 바스콜Philippe Bascaules과 연구개발 주임, 셀러 주임, 그리고 영업 주임 오레리앙 발랑스Aurélien Valance가 맡고 있다. 몇몇 운 좋은 손님들은 소유주 코린느 멘츠로푸로스와 폴 퐁탈리에와 함께 시간을 보내고 있다. 한 주 동안 2천5백 명 이상의 와인 관계자들이 이 문을 통과할 것이다. 중국 본토와 홍콩에서도 3백여 명이 온다. 테이스팅은 오크 통 제조실, 큰 통 저장실, 셀러 숙성실 두 곳, 미술관에서 각각 나누어 한다.

매일 5백여 명이 다섯 곳의 시음장에 나뉘어서 시음을 하며 일은 바삐 돌아간다. 첫 시음은 9시에 시작하며 개인별로 30분이 허용된다. 마지막 입장은 5시이며 6시까지 연장도 된다. 방문객들은 클라렛 색깔의 와이너리 문을 거쳐 중앙의 환영 테이블로 안내된다. 안내원들이 명단을 손에 들고 미소를 띠며 그들을 맞는다. 테이블에는 영어, 불어, 중국어로 된 빈티지 보고서가 가지런히 쌓여 있다. 편안하고 차분한 분위기이다. 사람들이 중앙 테이블에 모여들면 곧 시음장으로 안내된다. 햇빛이 내리쬐는 30도에 가까운 더운 날씨지만 모두 이 자리에 오게 되어 행복한 표정이다.

오브리옹의 춤

오브리옹에서는 우아하고 전문적인 춤이 공연되고 있다. 준비된 네 개의 시음 장소 중 둘은 샤토 내에 있고, 둘은 길 건너편에 있는 자매 회사 라 미시옹 오브리옹La Mission Haut-Brion에 자리 잡고 있다.

정규 직원들을 돕기 위해 여자 안내원 몇 그룹이 일 주일 간 채용된다. 모두 푸른색 제복을 입고 목에 스카프를 둘렀다. 각각 시음 장소를 표시하는 노란색, 오렌지색, 초록색, 파란색 종이를 들고 있다. 서로 통화할 수 있는 무전기를 갖고 있으며, 방문객의 이름을 대조하고 자리를 확인하며 늦게 온 방문객 안내 등을 한다. 안내원들은 정해진 장소에 배치되어 있지만, 디렉터 장 필리프 델마와 소유주인 룩셈부르크 로버트 왕자는 최대한 많은 방문객들을 만나기 위해 이곳저곳으로 옮겨 다닌다.

다른 1등급에서도 마찬가지이지만 방문객들에게는 이런 행사가 분명히 특별한 사건이다. 그들은 와인 시

PRÉSENTATION DU MILLÉSI
CHÂTEAU
HAUT-BRION BL

TASTING NOTES

음뿐 아니라 델마와 로버트 왕자와 함께 샤토에 대한 대화를 나누고 싶어 하며, 둘은 방문객들을 위해 최선을 다한다. 로버트 왕자는 갈색 스웨드 구두를 신었고, 회색 바지에 푸른 벨벳 재킷을 입었다. 반면 델마는 더 격식을 차린 검은색 정장을 입었다.

그들은 천천히 방을 돌며 모든 방문객들과 인사를 한다. 라 미시옹의 기자 시음회에서는 중요한 미국 기자인 엘린 맥코이Elin McCoy와 정원을 거닐며, 이번 빈티지의 미세한 특징에 대해 얘기를 나누었다. "우리는 올해 퍼스트 와인에 40여 종의 다른 조합을 시도했습니다." 델마가 맥코이에게 말한다. "쉬운 일은 아니었습니다. 포도는 모두 품질이 아주 좋았고 각 구획마다는 미묘한 차이가 났어요. 블렌딩은 단순히 비율로 하는 것이 아니라 느낌으로 하게 됩니다."

로버트 왕자Prince Robert of Luxembourg는 현재 룩셈부르크 왕인 앙리 대공과 사촌간이며, 그의 아버지 샤를 왕자는 앙리 대공의 삼촌이다. 어머니 조안 더글라스는 1935년에 오브리옹을 매입한 미국의 은행가 클라렌스 딜론의 손녀이며, 조안의 아버지 클라렌스 더글라스 딜론은 주불 대사를 역임했고 케네디 정부의 재무장관을 지냈다. 로버트는 11세까지 룩셈부르크의 왕궁에서 할머니인 샤를로트 여왕과 가족과 함께 살았다. 1977년 아버지 샤를 왕자가 49세에 이탈리아 여행 중 심장마비로 사망한 후 영국에서 유학했다. 서섹스의 가톨릭 기숙학교를 거쳐 옥스퍼드 대학에서 문학과 철학을 전공했으며, 미국 조지타운 대학에서도 학업을 이어갔다. 그는 룩셈부르크어를 비롯하여 불어와 독일어, 영어에 능통하다. 어머니 조안은 1975년에 오브리옹의 회장으로 취임했으며 1980년 무쉬Mouchy 공작과 재혼했다. 무쉬 공작은 곧 오브리옹의 디렉터를 맡았고 그들은 함께 오브리옹을 발전시켰으며 라 미시옹 오브리옹la Mission Haut-Brion을 사들였다. 로버트는 1994년에 하버드 대학 교수이자 의사의 딸인 미국인 줄리 옹가로Julie Ongaro와 결혼하여 1남 2녀를 두었다. 1997년에 오브리옹으로 돌아왔으며 2002년에는 디렉터를 맡았고 2008년에 어머니의 뒤를 이어 회장으로 취임했다. 현재 스위스의 제네바에 거주하고 있으며, 무쉬 공작 부인은 파리와 룩셈부르크를 오가며 지내고 있다. 2005년에는 클라랑델르Clarendelle를 출시했고, 생테밀리옹의 샤토 퀸타스Quintus도 매입했다.

시음장으로 유리 벽의 오렌지 온실도 있고 라 미시옹 1층에는 나무 패널로 된 '성당' 방도 있다. 시음 노트에는 블렌딩 비율만 표시되어 있으며 기술적인 세부 사항은 없다. 대신 직원들이 시음 와인을 소개하며 필요한 정보를 제공한다. 방문객들은 샤토 오브리옹과 라 미시옹, 그리고 세컨드 와인인 클라랑스 드 오브리옹, 라 샤펠르 드 라 미시옹, 그리고 화이트 와인인 샤토 오브리옹 블랑과 라 미시옹 오브리옹 블랑에 대한 시음 노트를 열심히 써내려 간다. 시음은 레드부터 시작하여 화이트로 진행된다. 방문객들이 바뀌면 직원들은 조심스럽게 유리잔을 새로 바꾸고 시음 와인들을 갖고 온다.

준비는 힘들지만 즐거운 의식이다. 대부분 방문객들은 지난해 시음 이래로 처음 만나 반갑게 얘기를 나눈다. 새로운 얼굴들은 따뜻한 환영을 받고 은근히 평가도 받는다. 몇 명은 더 많은 할당을 받기 위해 열심이지

왼쪽 _ 룩셈부르크 왕자 로버트와 장 필리프 델마, 샤토 오브리옹

만 이런 행동을 드러내고 하는 것은 좋아 보이지는 않는다. 최근에는 1등급들이 물량을 더욱 단단히 통제하고 있기 때문에 상인들은 더 적극적이다. 날씨는 덥지만 모두 정장을 차려입고 있다.

오브리옹의 세컨드 와인은 2000년대 초에 이름이 바뀌었다.
Red : Le Clarence de Haut-Brion(2006년까지 Bahans Haut-Brion)
La Chapelle de La Mission Haut-Brion(2005년까지 La Tour Haut-Brion)
White : La Clarte de Haut-Brion(2008년까지 Laville Haut-Brion)

멋진 무통, 세련된 라투르

엉 프리뫼르는 9, 10월 수확해서 만든 새 빈티지 와인을 영향력 있는 상인들에게 먼저 소개하고 이에 대한 평가를 받는 것이다. 물론 판매를 촉진시키고 가격을 상승시켜 이윤을 극대화하려는 것이 주목적이다. 하지만 이에 따르는 경비는 엄청나다.

무통에서는 시음 한 주 동안만 최소 3백 병, 즉 와인 한 통이 소비된다. 전 행사 기간 동안은 와인 세 통이 소모된다. 대략 9백 병 정도이며 병당 4백 유로로 계산하면 36만 유로가 넘는 액수이다. 2011년 4월에는 1천 8백 명이 넘는 방문객이 왔으며 모두 샤토에서 개별적으로 접대를 받았다. 무통은 다른 1등급과 비교하면 보다 느긋한 분위기이나 명성에 걸맞는 멋스러움도 베어 있다.

입구를 지키는 직원이 명단을 들고 서서 방문객을 일일이 체크한다. 일단 들어서면 멋진 제복을 입은 미소 띤 여직원이 골프 카트로 안내한다. 흰 운동복 차림의 건장한 젊은이 여섯 명이 한 주간 채용되어 골프 카트를 운전한다. 그들은 주로 양조학과 학생이거나 졸업생이다. 마치 고급 골프 클럽에 나들이 온 것 같이 자갈길을 따라 올라간다. 샤토에는 주 시음장이 하나 있고 작은 개인 시음장이 옆쪽에 있다. 몇몇 방문객들은 시음 후 선물 가게에 들러 디켄터나 유명 와인 라벨, 포스터 등 기념품을 산다.

시음장에는 디렉터 필리프 달뤼엥과 소유주 필리핀느 남작 부인, 그리고 중요 인물들이 방문객들과 인사를 나누며 방을 돌고 있지만 전혀 권위적이지는 않다. 빈티지 보고서는 영어, 불어, 중국어로 되어 있다. 방문객들은 방 한쪽에 있는 긴 테이블로 가서 슈피겔라우 잔으로 프티 무통Petit Mouton, 샤토 다르마이약 d'Armailhac, 샤토 클레르 밀롱Clerc Milon, 샤토 무통 로칠드를 천천히 음미한다. 도서관처럼 차분하고 평온한 분위기이다. 가끔 필리핀느 남작 부인과 아들 필리프와 줄리엥의 따뜻한 인사말들이 간간이 들린다.

라투르는 일의 진행이 더 세련되고 전문적이다. 방문객은 정시에 도착해야 하며 늦으면 환영받지 못한다. 직원은 방문객 이름을 대조하느라 바쁘다. 명단에 없으면 마지막 순간에도 방문객에 포함될 수 없다. 샤토는

2010년 방문객을 9백 명으로 한정했는데, 누구도 당시에는 그들이 역사의 한 장면에 포함되었다는 사실은 몰랐다. 다음해 라투르는 엉 프리뫼르 시장에서 탈퇴를 선언했기 때문이다. 마고처럼 현장에서 처음 만나는 그룹과는 달리, 라투르는 모든 그룹을 분리하여 함께 예약한 사람들끼리만 시음하도록 한다. 시음은 CEO인 프레데릭 앙제레Frédéric Engerer나 마케팅 디렉터인 장 가랑도Jean Garandeau와 함께 한다.

샤토에는 시음장이 둘 있는데 그룹의 크기에 따라 어디에서 할지 정해진다. 건물 앞쪽에 있는 주 시음장은 두 면에 큰 유리창이 있어 포도밭을 내다볼 수 있다. 좁은 흰 테이블 위에 깔끔한 스핏툰이 놓여있고 전등이 낮게 내려져 있다. 두 번째 방은 사무실 뒤쪽에 있다. 조금 작고 덜 환하지만 가론 강을 향한 샤토 뒷편 내리받이 포도나무가 보인다. 빈티지 기록은 1등급 중에 가장 상세하다. 시음할 세 가지 와인, 포이약Pauillac, 레 포르 드 라투르Les Forts de Latour, 샤토 라투르Château Latour에 대한 정보들이 수분 공급 도표를 비롯하여 알코올 함량, pH, 총 산도 등이 촘촘하게 기록되어 있다.

방문객이 더 제한되고, 개인당 80밀리리터의 와인이 제공된다. 일 주일 동안 퍼스트 와인 한 통 반, 약 450병 정도로 충당이 되며, 병당 4백 유로씩 계산하면 18만 유로쯤된다. 라피트는 1천5백 명 정도가 포이약 샤토에서 시음을 할 수 있는데, 이들은 지원자 3천여 명 중에서 선택된 운 좋은 사람들이다.

블렌딩 준비

엉 프리뫼르 준비는 크리스마스 때부터 시작하여 다음해 3월까지 계속된다. 디렉터들은 와인의 품질에 촉각을 세우지만, 사무 직원들은 그 주간에 오는 수천 명의 방문객들을 맞이 할 계획을 세우고 시음과 오찬, 만찬, 회의 등을 준비하기에 바쁘다. 첫 예약은 1월부터 접수가 시작된다. 이에 따라 빈티지의 품질과 시장의 수용 능력을 처음으로 가늠할 수 있다. 3월 중 어느 때가 되면 직원들은 일반 고객들의 방문을 중단시키고 구체적으로 프리뫼르 계획을 세운다.

그러나 이 모든 일에 앞서 해야 할 일이 있다. 와인이 첫 공식 나들이를 하기 전에 와인을 상품으로 만들어 내는 일이다. 가장 중요한 결정 중 하나는 다양한 포도를 어떻게 블렌딩 하느냐이다. 보르도에서는 항상 포도 품종들을 혼합하기 때문에 매년 포도의 상태에 따라 혼합 비율이 달라진다.

무통은 대체로 가장 먼저 블렌딩을 한다. 수확 후 12월 말경에 시작하여 프리뫼르 행사 3개월 전에 블렌딩을 끝낸다. "물론 정해진 규칙은 없지만 우리는 오크 통 숙성을 하기 전에 먼저 혼합을 합니다." 필리프 달뤼엥이 말한다. "와인을 먼저 통 숙성시킨 후 다음해 숙성 말기에 혼합할 수도 있습니다. 그러나 통에서는 오크 향 등 항상 어떤 물질이 추출되어 와인이 원만하고 부드럽게 변하게 됩니다. 테루아의 특징이 줄어들기 때문에 우리는 원료인 포도 자체 맛으로만 평가하여 블렌딩을 하려는 것이지요."

DOMAINES
LAFITE
BARONS DE ROTHSCHILD
CHÂTEAU
LAFITE ROTHSCHILD
ECHANTILLON

오브리옹도 그렇게 늦지는 않으며 12월 후반이나 1월 초에 마지막 결정을 한다. 라투르는 1월 중순부터 매일 기술 팀들이 회의를 한다. 마고와 라피트는 약간 더 늦게 2월과 3월에 걸쳐 블렌딩을 결정한다. 5대 샤토는 모두 퍼스트 와인부터 블렌딩을 먼저하고 차례로 내려간다. "아주 간단한 시스템인데요. 가장 어려운 부분은 어느 구획의 포도로 퍼스트와 세컨드, 그리고 지금은 제3와인, 제4와인까지 블렌딩을 하느냐입니다. 선택 과정은 한 달 정도 걸리며 그동안 우리는 모든 샘플을 계속하여 테이스팅합니다." 퐁탈리에가 시음이 시작되기 몇 주 전에 말한다.

테이스팅은 보통 몇 명으로 팀을 구성한다. 마고는 3~4명의 직원과 에릭이나 자크 브와스노가 참여하고, 오브리옹은 3명, 라피트는 7명이 함께 일한다. "시음 과정 동안에는 평정심을 잃기 쉽기 때문에 그룹으로 일합니다." 퐁탈리에가 말한다. "또 다른 사람의 의견을 듣는 것도 항상 도움이 됩니다. 우리는 의견이 일치되어 결정이 내려질 때까지 2월 한 달 내내 시음을 되풀이합니다. 품질 단계는 위에서 아래로 내려가기 때문에, 먼저 확실하게 샤토 마고를 만들 수 있는 최고 구획부터 확정하고 다음으로 내려갑니다."

퐁탈리에가 처음 일을 시작했을 때는 거의 75퍼센트를 퍼스트 와인으로 병입했고 25퍼센트를 세컨드 와인으로 병입했다. 2010 빈티지는 세컨드 와인의 생산이 10~15퍼센트로 더 줄어들었다. 세컨드 와인도 병당 2백 유로를 호가하기 때문에 품질이 뛰어나야 한다. 품질 체계를 완벽하게 하기 위해 세컨드 와인의 품질에 못 미치는 와인을 따로 서드 와인으로 만들어 곧 출시할 예정이다. 전체적으로 이번 빈티지는 마고 1만 상자와 파비용 루즈 1만2천 상자, 서드 와인 1천 상자 정도이다.

라피트에서는 수확 때부터 테이스팅이 시작되며, 포도 껍질을 주스 속에 얼마 동안 침용시킬 것인가를 정한다. "그 기간이 풍미나 색깔, 타닌의 양에 영향을 주기 때문에 한 해의 가장 중요한, 결정적인 순간이 됩니다." 슈발리에가 말한다. 이론적으로 블렌딩은 2월에 하지만 실제로는 방문객들이 오기 몇 주 전인 2월 말이나 3월까지도 블렌딩이 끝나지 않을 때가 있다.

"블렌딩을 할 때는 시음 테이블에 7~8명이 참석합니다. 시음 마지막에 우리는 퍼스트 와인과 세컨드 와인을 만들 품질을 선택합니다. 올해 2월 초에는 3~4개가 가능성이 있다고 보았어요. 마지막 선택을 하기 위해서는 모두 블라인드 테이스팅을 하고 결정합니다. 시음이 끝나면 조수가 봉투를 전달합니다. 선택한 블렌딩으로 몇 병을 생산할 수 있는가도 들어 있습니다. 나는 미리 알고 있었던 적이 없었고, 에릭 남작도 그 결정을 한 번도 바꾼 적이 없었어요. 완전히 품질에만 의존한 결정입니다." 그는 비밀스런 웃음을 짓는다. "물론 라피트의 매출액이 늘어나면 우리는 이익이 많아집니다. 해마다 투자를 더 할 수 있고, 품질의 수준도 높일 수 있으니까요. 하지만 우리는 역사상 어려운 시대가 있었다는 것을 잘 알고 있으며, 결코 가격 상승을 당연한 일로 여기지는 않습니다."

가격, 할당, 판매

"엉 프리뫼르 주간 후 3개월 내내 보르도는 커피없이는 돌아가지 않습니다." 한 네고시앙이 말한다. 시음이 끝난 후 1~2주 동안은 쥐죽은 듯 고요하다. 시음은 공식적으로는 한 주간이지만 실제로는 14~21일간으로 늘어난다. 몇몇 기자들은 3월 마지막 주에 시음을 하고, 또 큰 상인들은 사람들이 몰리는 주를 피하여 느긋하게 샤토 소유주와 만나려 한다. 소유주와 직접 만나 대화하는 시간에 중요한 할당이 신속하게 성사되는 만큼 개인적인 만남을 가지려고 노력한다.

샤토의 일상은 계속된다. 2011년 엉 프리뫼르 주간 후 샤토 마고의 디렉터인 필리프 바스콜이 나파 잉글눅 이스테이트Inglenook estate의 소유주인 프란시스 포드 코폴라와 합류하기 위해 떠난다는 소식이 있었다. 필리프는 마고에서 폴 퐁탈리에와 함께 11년을 일했다.(2017년부터 마고를 다시 맡았다.) 몇 달 후 무통의 디렉터 에르베 베르랑은 2012년 봄 은퇴를 알렸다. 1등급에서 상급직이 바뀌는 일은 거의 없기 때문에 이 탐나는 두 자리를 누가 인계받을 것인가로 와인업계는 부산스러워졌다. 새해의 포도나무가 뜨거운 햇볕 아래 잎을 내민다. 4월 후반부터 5월 초 포도밭 일이 잘되어 갈 것이라는 징조다. 디렉터들은 몇 달 동안 블렌딩과 시음, 손님 접대 등에 집중한 후, 4월과 5월에는 여행을 시작한다. 세계 시장을 돌아보고 엉 프리뫼르 출시로 흥분을 조성하며, 어떤 가격 수준이 적합할는지 가늠해보는 여행이다.

잉글눅 와이너리Inglenook Winery는 나파 벨리의 가장 아름다운 와이너리 중 하나로 1879년에 조성되었다. 미국 최초의 보르도 스타일 와이너리이며 1975년에 코폴라 감독이 〈대부〉의 흥행 수입으로 매입하여 1978년 첫 빈티지를 출시했다. 2006년까지는 루비콘 이스테이트Rubicon Estate로 불렸으나 2011년에 잉글눅으로 이름을 바꾸었다. 1941년 빈티지는 와인 스펙테이터가 주관한 1900~1999년 빈티지 경선에서 샤토 마고와 무통 로칠드, 디켐이 포함된 12대 세계 최고 와인에 선정되었다. 2011년에는 마고의 필리프 바스콜Philippe Bascaules이 매니저로 영입되었다.

요즈음은 작은 샤토들이 제일 먼저 가격을 결정한다. 다음 몇 주 동안은 크뤼 부르주아와 규모가 작은 생테밀리옹, 페삭 레오냥, 포므롤 등 중간 정도의 샤토들이 출시하고, 그 다음에 등급 있는 와인으로 올라간다. 1등급은 제일 마지막에, 일반적으로 6월 말이나 7월 초에 가격을 책정한다. 과거에는 이와 반대로 1등급이 먼저 가격을 책정하고 뒤이어 다른 샤토들이 가격을 내놓았다.

어느 샤토가 먼저 하든 상관이 없었고 또 서로 따라하지도 않는다. 하지만 누군가가 먼저 시작하면 그 아래로 내려가지는 않을 것이라는 추측은 충분히 할 수 있다. 라피트의 CEO인 크리스토퍼 살랭Christophe Salin은 아주 솔직하게 말한다. "마고나 무통, 또는 누구라도 먼저 합리적인 가격을 매기면 지지합니다. 나는 굳이 다른 1등급보다 높게 책정하고 싶은 마음은 없어요."

81세인 다니엘 로통에게는 엉 프리뫼르 기간이 옛날보다는 힘들지 않다. 후계자인 조카 에릭 사마죄이Erik Samazeuilh가 운전석에 앉아 대부분의 일들을 주도적으로 처리하고 있기 때문이다. 그러나 다니엘은 아직도 매일 9시면 사무실에 나간다. 많은 시간을 소유주와 네고시앙들과 가격에 대해 의논하고, 시장의 반응을 추적하며 보낸다. 중개인은 다음 몇 달 동안 일어날 일들을 효율적으로 처리해야 하는 중심 인물이다. 전문가의 견해는 항상 준비되어 있어야 한다.

"우리는 일 년 내내 샤토의 자문역을 담당합니다." 로통이 말한다. "수송이 늦어진다든지 또는 네고시앙의 지불이 늦어지면, 해당 상인에게 할당량이 줄어들 수 있다고 경고할 수 있습니다. 하지만 우리는 공평해야 할 의무가 있으며 양쪽에 다 정보를 주어야 합니다. 엉 프리뫼르가 다가오면 매일 소유주와 상인들을 만나 양측 입장을 타진하며, 캠페인 중 와인이 어떻게 판매되는지를 지켜봅니다. 중개인들은 1855년과 마찬가지로 보르도의 공급 체계 중에서 누구보다 정확한 가격 정보 자료를 확보하고 있습니다."

샤토 소유주는 이들의 정보와 함께, 전 세계 상인과 지인 등을 통해 자체 정보를 수집하여 와인의 출고가를 결정한다. 처음에는 상황을 살피기 위해 소량을 출시하고, 나중에 가격을 높여 분할 출시한다. 이는 엉 프리뫼르의 또 하나의 전략이다.

로통은 샤토가 와인을 보관하는 것은 별 효용성이 없다고 생각한다. "와인은 소량일 때 값이 오르지만 샤토가 너무 많이 보관하려고 하면 안 됩니다. 중개인들은 매우 조심스러워 가격이 높아지면 사람들이 와인을 마시지 않을까 걱정을 합니다. 가격은 어느 정도에서 더 오르지 않는다는 것을 알고 있거든요. 나무는 하늘까지 자라지는 않습니다."

그러나 최근 분석가들은 와인의 시장 가격은 샤토의 땅 가격에 영향을 주기 때문에, 시장이 어려움에 처하더라도 가격을 높이 유지하는 편이 현대적 판매 전략으로는 타당하다는 견해를 펴기도 한다.

캠페인의 진행

큰 샤토의 출시 가격은 24시간이나 48시간 전에 와인상들 사이에 소문이 돈다. 보르도의 대부분 상인들은 서로 친밀한 관계이며, 또 작은 도시라 각 샤토에 특별히 잘 통하는 상인이 있기 마련이다. 전날 사무실에 와인 샘플이 도착하면 더 확실한 신호가 된다. 아니면 이미 거래된 와인을 제외해 보면 된다. 대부분 샤토는 세컨드 와인을 퍼스트 와인보다 며칠 전에 출시하는 관례를 정확히 지킨다. 때로는 이웃 샤토들이 한꺼번에 모아 출시한다. 한 상인은 사무실이 중개인 사무실 바로 아래층에 있어, 중개인의 렉서스가 오전 7시 30분에 이미 세워져 있으면 대단한 와인이 출고된다는 것을 알 수 있다고 한다.

중개인은 할당을 받은 상인에게만 전화나 이메일로 샤토의 출시량과, 올해 각 상인이 받을 할당량과 가격

Château Margaux
ECHANTILLON
2011

을 설명한다. 연락을 받은 상인은 한두 시간 내에 매입 유무를 결정해야 하며, 원하지 않을 때는 중개인에게 바로 거절을 해야 한다. 다음 할당이 불확실하게 될 수도 있지만, 판매에 어려움이 있는 재고를 떠안는 비용을 절약할 수 있다. 이런 일은 모든 샤토에 주기적으로 일어난다. 최근 금융 위기 전에도 일어났으며 1970년 오일 쇼크, 또는 2차 세계대전 후에도 있었다. 당시는 누구도 재고를 가지고 있지 않으려 했고, 5대 샤토는 다른 샤토와 마찬가지로 누구에게라도 팔기 위해 거래처를 찾아다녔다.

그러나 평상시에는 샤토가 모든 카드를 쥐고 있으며, 더 많은 할당을 받으려고 애쓰는 상인들 중에서 선택을 한다. 계약서에는 할당량이 기재되지는 않지만 통상적으로 전 해와 같은 비율을 기대할 수 있다. 아주 드문 일이지만, 1등급이 모든 와인상을 거부하여 심각한 물의를 일으킨 적이 있다.

2005년에 전 시스템이 일반인에게 드러난 사건이 있었다. 중견 와인상 '보르도 매그넘Bordeaux Magnum'은 샤토 라투르에서 1997년부터 2003년까지 8년 동안 해마다 30박스의 할당을 받았다. 보르도 매그넘은 할당을 받지 못하게 되자 라투르를 법정에 고소하고 손해 배상을 청구했다. 매출액 감소로 인한 손해 배상으로 13만 유로를 요구했다. 2009년 4월 30일 보르도 법원은 '보르도 매그넘'의 손을 들어 주었지만 빈껍데기 승리에 불과했다. 라투르는 2003년 빈티지 360병의 손실된 이윤으로 보르도 매그넘에게 단지 2,520유로를 지급했을 뿐이며, 그들은 라투르로부터 법정 비용도 회수할 수 없었다. 실제로 샤토는 결정적 승리를 얻은 셈이며 상업적인 지배권을 재확인하게 되었다.

엉 프리뫼르의 역사

엉 프리뫼르의 치열한 활동과 성공적인 판매 전략을 얼핏보면, 선물 거래도 1855년 등급처럼 안정적으로 오랫동안 지속되어 온 제도 같아 보인다. 물론 와인을 병입하거나, 또는 오크 통에 넣기 전에 상인에게 판매하는 제도는 수세기 전으로 거슬러 올라간다. 하지만 현재와 같은 관행은 1970년대에 와서야 소비자에게 선보였으며 1980년대부터 일반화되었다.

로통의 장부를 보면 18세기에는 생산 연도와 샤토 이름이 나란히 기록되지 않았다. 대신 각 페이지 앞에 최신 연도를 기록했으며 와인은 모두 같은 해 빈티지였다. '올드 와인'이라고 기록된 예외도 있었지만, 1920년대 샤토 병입 때까지는 그해의 전 수확량을 최대한 빨리 판매하려고 했다. 19세기까지는 수확 몇 달 후부터 와인 통들을 시음 평가와 주문을 받기 위해 외국의 상인들에게 보냈다. 로통의 장부에는 1등급 샤토들이 1870년대부터 1890년대까지 네덜란드와 독일, 영국 등으로 보낸 오크 통의 숫자가 줄줄이 기록되어 있다.

왼쪽 _ (위) 시음 병, 샤토 마고 (아래) 테이스팅, 샤토 무통 로칠드

20세기 중반에 상인들이 보르도를 방문하기 시작했을 때에도, 지금처럼 오크통에 든 와인을 체계적으로 시음하지는 않았다. 시음을 하더라도 훨씬 늦은 그해 하반기에 숙성이 된 후였다. 상인들은 어떤 와인이 잘 팔릴지 쉽게 알았고 주문을 하고 배송을 기다렸다. 1970년대 중반까지는 와인을 병입한 직후나 아니면 직전에 최종 소비자에게 판매했다.

처음으로 성공한 엉 프리뫼르 캠페인은 1970년이었는데, 미국의 신흥 부자들이 보르도 와인을 대량으로 사기 시작한 때였다. 당시의 판매 성장도 1등급과 관련이 있다. 50여 년 전에 1등급과 5인 클럽이 주도한 샤토 병입은 1972년부터 모든 등급 와인에 필수가 되었다. 병입과 함께 와인상들은 애호가들이 값비싼 빈티지를 미리 사서 보관할 수 있다는 생각을 보편화시키는 데 일조를 했다. 샤토 병입 비용은 오히려 이윤으로 돌아오게 되었다. 소유주가 병입 시스템을 도입할 당시에는, 샤토에서 숙성하는 비용을 구매자가 효율적으로 떠맡게 되리라는 예상은 전혀 하지 못하고 있었다.

보르도의 역사는 대부분 1등급이 이끌어왔고, 나머지는 결국 그 뒤를 따르게 된다. 마지막 장에서 다루겠지만 라투르의 최근 움직임이 엉 프리뫼르에서 1등급의 대거 탈출을 초래하게 될는지는 알 수 없는 일이다. 하지만 대부분은 그렇지 않을 것이라고 생각한다.

"가격 문제가 아니더라도 엉 프리뫼르는 해마다 와인 시장을 알아보는데 절대적으로 안전한 방법입니다." 19세기부터 가족이 보르도 와인 시장의 핵심에 있었던 한 경험 많은 와인상이 말한다. "이렇게 일을 명확하고 간단하게 처리하는 와인 지역은 세계 어디에도 없다고 생각해요."

엉 프리뫼르가 매력적인 이유가 또 하나 있다. "많은 사람들이 과소평가하는 일인데요." 해마다 구입하는 엉 프리뫼르의 양이 늘어나고 있는 홍콩 크라운 셀러의 그레그 뎁이 말한다. "이런 방식의 와인 거래는 정말 재미있고 사람들의 호기심을 이끌어냅니다. 우리는 행사의 진행과 가격의 추이에는 엄청나게 관심을 갖지만, 이런 장관이 연출되고 있다는 것은 간과하고 있어요. 보르도 사람들은 쇼에는 뛰어납니다."

뒤쪽 _ 폴 퐁탈리에, 샤토 마고

9

1등급 샤토의 일상

와인 가격이 제시되고 전 세계가 이를 받아들이기 시작하면 샤토는 다시 일상으로 돌아간다. "우리 직업에 일상이라는 말이 별 의미가 있는 것은 아니지만요." 델마가 유쾌하게 말한다.

디렉터로 10여 년을 일해 오면 누구나 와인 세계의 변화를 감지할 수 있게 된다. 당연히 그의 아버지가 하던 일과 그의 일도 차이가 난다. 아버지 장 베르나르가 6개월에 한 번쯤 여행을 했다면 아들 장 필리프는 1년에 거의 20주 정도를 출장으로 보낸다.

그리고 예전에는 방문객이 드물었던 샤토도 요즈음에는 매달 고객과 기자, 구매자, 상인, 관광객들이 몰려온다. 디렉터의 상업적 영역에서 영향력도 점점 커진다. 퍼스트와 세컨드 와인의 생산량에서부터 끊임없는 투자 계획, 재건축, 건물 유지, 보수 등 매일 결정해야 할 일들로 긴장감이 이어진다. 오브리옹에서는 2011년과 2012년에 전면적인 재건축이 있었다. 사무실과 시음장, 와인의 역사 문화에 관한 희귀본을 소장하는 도서관도 새로 지었다.

오브리옹은 5대 샤토 중 규모가 가장 작다. 포도밭은 50헥타르인데 다른 샤토의 반 정도이다. 라피트는 103헥타르, 무통은 84헥타르이다. 도멘 클라렌스 딜론Domaine Clarence Dillon에 속하는 오브리옹은 페삭 레오냥에 두 개의 포도밭이 있고, 클라랑델르Clarendelle라는 자매 회사가 있다. 2011년 7월에는 보르도 우안 생테밀리옹에 있는 샤토 퀸타스Château Quintus도 매입했다.

클라랑델르는 샤토 오브리옹에서 만드는 대중적인 브랜드이다. 현 소유주 로버트 왕자가 2005년부터 출시했으며, 외할아버지인 클라렌스 딜론의 이름을 땄다. 합리적인 가격으로 오브리옹의 정신을 맛볼 수 있는 와인이다. 보르도에 있는 자회사 포도밭에서 생산되는 포도와, 샤토 오브리옹에 사용되는 포도를 15~20퍼센트 블렌딩하여 오브리옹의 양조 팀이 만든다.

델마는 70명의 정규 직원을 맡고 있다. 오브리옹과 길 건너 자매 회사인 라 미시옹 오브리옹에서 일하는 직원들이다. 옛날에는 날씨가 조금만 나빠도 통행이 불가능할 때가 흔했고, 몇 킬로미터 되지 않는 거리라도 오가는데 수시간이 걸릴 수 있었다.

1등급들은 영지 내의 작은 마을에서 요리나 세탁 등 집안일부터 마구간, 대장간 일을 하는 일꾼들과 셀러 책임자까지 모두 모여 공동체를 이루고 살았다. 요즈음은 관리인 두 명을 제외하면 오브리옹에 거주하는 직원은 없어 델마의 일이 줄어들었다. 그러나 영지 내에는 항상 복잡한 문제들이 기다리고 있다. 특히 레드만 만드는 다른 1등급과는 달리 오브리옹은 레드와 화이트를 둘 다 만든다. 무통과 마고도 고급 화이트를 만들지만 매우 소량이다.

오른쪽 _ 샤를 슈발리에, 샤토 라피트 로칠드

세계적인 제국으로

무통과 라피트는 1등급 중에 직원이 가장 많다. 와인은 도멘 바롱 필립 드 로칠드(DBPR)와 도멘 바롱 드 로칠드(DBR 라피트)라는 상표로 알려져 있으며, 둘은 함께 드넓은 샤토 제국을 이룬다.

무통에는 2012년 봄 에르베 베르랑Hervé Berland이 은퇴한 후 에르베 구엥Hervé Gouin이 디렉터를 맡고 있다. 영업 디렉터 필리프 달뤼엥Philippe Dhalluin과 기술 디렉터 에릭 투르비에Éric Tourbier가 함께 일하고 있다. 소유주인 필리핀느 드 로칠드 여남작이 이끄는 감사위원회도 있다. 그들은 세계적으로 6백여 명의 직원을 고용하고 있으며, 보르도와 파리의 마케팅 사무소 외에 캘리포니아와 칠레, 랑그독에도 직원이 상주하고 있다.

그러나 포이약 지역은 외국에 비해 규모가 작다. 그들은 무통 소유의 샤토 다르마이약Château d'Armailhac과 크레르 밀롱Château Clerc Milon, 무통 로칠드에 초점을 맞추고 있다.

자갈이 깔린 길에 금빛 조각상이 세워진 화려하고 아름다운 무통은, 가끔씩 포도밭의 테루아가 유명한지, 땅 위의 건축물이 유명한지 착각할 정도이다. 유명한 DBPR 상표 와인 중 무통 카데Mouton Cadet는 생산량이 특히 많다. 근처에 있는 연구소에는 보르도의 고용인들이 3백여 명이 된다. 그러나 일상적인 시설들은 눈에 띄는 샤토의 호화로움과는 대조적으로 조심스럽게 숨어있다.

크리스토프 살랭, 샤토 라피트 로칠드

무통처럼 라피트의 모회사도 방대하다. 이사회가 운영되고 있으며 주요 위원들이 각각 역할을 분담하고 있다. 샤를 슈발리에Charles Chevallier는 포도밭 디렉터이며 포도 재배와 양조를 책임진다. 그는 정장보다 코르덴 바지를 즐겨 입는 디렉터이다. 마치 "나는 상업적인 결정과는 아무 상관이 없어 기쁩니다."라고 말하는 것 같다. 그의 상대역인 CEO 크리스토프 살랭Christophe Salin은 라피트 파리 사무실에서 일한다.

'라피트의 신사 농부'라고 불리는 그는 젊었을 때 프로 럭비 선수였다. 지금은 포이약의 라피트와 뒤아르 밀롱Duhart-Milon, 포므롤의 레방질L'Évangile, 소테른의 리외섹Rieussec, 랑그독, 칠레, 아르헨티나 그리고 최근에는 중국의 포도밭 등을 포함한 라피트의 광활한 제국을 맡고 있다.

슈발리에는 거의 여행을 하지 않으며, 포이약의 포도밭과 와이너리, 정원, 샤토 내의 오크 통 제조자들 등 115명의 직원을 책임지고 있다. 직원들은 색깔별 작업복을 입고 있다. 정원은 초록색, 셀러는 자주색, 파란색은 포도밭 직원들이다. 전업 요리사가 1995년부터 근무하고 있으며, 보르도 중심가의 DBR(라피트) 사무실에는 판매와 마케팅을 위해 30명이 더 일하고 있다. 편안한 표정에 빛나는 눈을 가진 슈발리에는 1983년부터 라피트에서 일했으며 회사 운영의 비결을 잘 알고 있다.

"라피트는 1868년부터 한 가족이 운영하고 있습니다. 이는 땅의 생명력에 계속 집중할 수 있는 환경을 만들어줍니다. 에릭 남작은 그가 마실 만한 와인을 만든다는 분명한 생각을 가지고 있어요. 우리는 색다른 향미를 찾아서 헤매지는 않습니다. 무엇보다 전통이 이곳을 지배하고 있어요. 신기술은 과거에 검증된 사실에 도움이 되는 경우에만 채택합니다." 그가 나직한 목소리로 말한다.

하지만 지난 10년간 바뀔 수밖에 없었던 전통도 있다. 5대 샤토 디렉터들은 모두 득실을 떠나 가격 상승이 경기 방식을 획기적으로 바꿨다는 것을 인정한다.

"시장에서는 요구 사항이 점점 더 늘어났습니다." 델마가 말한다. "고객은 단계별 서비스를 바랍니다. 당연한 요구이지만요. 와인은 물론이고 그외 모든 것이 완벽해야 합니다. 만찬이나 샤토 건물, 포장 등 세부적인 것까지도 그래요." 오브리옹의 방대한 신축 계획이 1등급 중 유일한 예가 아니라는 사실도 우연한 일이 아닌 것 같으며, 이런 기대감에 부응하려는 노력의 일환으로 보인다.

샤토 라피트 로칠드는 2011년에 새로운 셀러와 포도 수납 장소를 마련했다. 샤토 마고는 화이트 와인 양조를 본관 양조 셀러로 옮기는 공사와, 지하에 세계적인 건축가 노만 포스트Norman Foster 경이 설계한 새 숙성실 건축을 시작했다.

무통 로칠드도 역시 중요한 작품들을 샤토 박물관에 설치하기 위해 대대적인 개조를 시작했다. 무통은 20세기 가장 유명한 소유주였던 필리프 드 로칠드 남작이 수집한 예술 작품 유산에 자부심을 갖고 있으며, 이들을 통해 긴 전통이 이어지고 있다. 새 박물관에는 그가 위탁한 예술가들이 그린 와인 라벨 원본을 모두 전시할 예정이다.

필리프 남작은 1962년에 처음 영지에 박물관과 미술관을 건립했다. 그는 파블로 피카소에서 키스 헤링Keith Haring까지 유명한 예술가들에게 해마다 와인 라벨의 그림을 부탁했다. 지금은 필리핀느가 대를 이어가고 있다. "무통은 필리프 남작과 본질적으로 연결되어 있으며 지금은 필리핀느와 연결되어 있어요. 그들은 뗄레야 뗄 수 없는 관계입니다." 필리프 달뤼엥이 말한다.

"그들에 의해서 고취된 문화, 즉 와인과 예술과 문화의 융합은 이곳에서 일하는 또 하나의 고차원적 경험입니다. 무통의 예술적 면은 와인의 DNA에 들어있다고 봐야 해요."

뒤쪽 _ 와인 셀러, 샤토 오브리옹

모든 샤토는 병입 라인의 개선을 추진하고 있다. 그럴만한 이유들이 있다. 오브리옹에서는 병을 모두 통일하기 위해 더블 매그넘(3리터)과 임페리얼(6리터) 병 모양을 바꾸었다. 2009년 빈티지부터는 모든 와인 병이 현재 750밀리리터와 매그넘 병과 같은 모양이 되었다. 병이 클수록 와인을 더 오래 숙성시킬 수 있다. 이 모양은 보르도에서는 특이한 것으로, 18세기에 미첼이 샤트롱 공방에서 만든 병과 비슷하다. 현재 오브리옹 병 모양은 클라렌스 딜론이 디자인했으며 1958년 빈티지를 병입하기 위해 1960년에 처음 사용했다.

"오브리옹은 병이 다른 보르도 병과 다르기 때문에 지금까지는 적은 양을 특별히 주문해야 했습니다. 가격이 비싸질 수 밖에 없었지요." 델마가 솔직하게 말한다. "하지만 이제는 더 이상 큰 문제는 아닙니다. 지금은 품질과 고객의 반응이 무엇보다 중요합니다. 그리고 병을 쉽게 알아볼 수 있고 위조를 막는 효과도 있어요."

"누군가에게 1천 유로짜리 와인을 팔면 몇 가지 문제가 생깁니다." 이런 문제를 해결하면서 성공적으로 사업을 꾸려온 그레그 뎁이 자신감 있게 말한다. "첫 번째는 소비자가 병 속에 든 와인이 완벽하기를 원하겠지요. 다음은 불법적으로 와인을 사려고 하거나, 또는 모조품을 만들어 팔려는 사람들이 점점 늘어날 것입니다."

최근 엉 프리뫼르 가격이 뛰면서 이런 일들이 더 늘어났기 때문에 위조에 대처하는 기술도 발전했다.

"우리는 물론 이 문제를 수년간 우려해 왔습니다." 무통의 에르베 베르랑이 말한다. "라벨에 워터 마크를 넣거나, 병에 새기는 등 여러 가지 정교한 장치까지 고안했습니다. 특히 올드 빈티지는 이런 장치가 어렵기 때문에 신뢰받는 상인과의 거래가 특히 중요합니다. 위조는 심각한 사건이며 우리는 최선을 다합니다. 그러나 에르메스 가방이나 롤렉스 시계 같은 사치품 시장 어디에나 그런 문제가 있어요."

1등급들은 단지 추적과 통제에 머무르지 않고 세부까지 정확히 주의를 기울인다. 라투르에서는 병을 각각 실크 종이로 싼다. 샤토에서 특별히 고용한 여직원 두 명이 손으로 직접 싼다. "이 일은 기계가 할 수 없는 일입니다." 마케팅 담당 디렉터인 장 가랑도 Jean Garandeau가 말한다. "우리는 고객 한명 한명이 상자를 열 때 기뻐할 수 있도록 각 단계를 수작업으로 채웁니다."

샤토 오브리옹 병들

오른쪽 _ 장 필리프 델마와 로버트 왕자
샤토 오브리옹

뒤쪽 _ 샤토 라투르

2010
PAUILLAC
FORTS
LATOUR

완벽한 오크 통 만들기

1등급 와인을 만드는 과정에서 오크 통보다 더 완벽을 요구하는 일은 없을 것이다. 통 제조 공방을 둘러보면 바로 이해가 된다.

방금 톱질한 오크에서 나는 달콤한 냄새는, 고급 와인 생산자들이 오크 통을 열심히 고를 수 밖에 없는 이유를 설명해준다. 통 공방은 오크 향이 주는 순수한 기쁨으로 가득 차 있다. 부드러운 가을 햇볕이 창으로 들어와 공방을 채우면, 가볍게 구운 바닐라 콩의 향미가 공기 속에 떠돈다. 오크 통 공방은 오브리옹 영지에서 가장 매력적인 곳이다.

오크 통 제조공 뤽 니콜라Luc Nicolas는 쉽고 익숙한 동작으로 작은 더미에서 오크 통널 하나를 집어 한쪽으로 간다. 2011년 오브리옹이 수확한 와인을 담을 통을 만들기 위한 힘든 공정이 시작된다. 맨 먼저 통 하나를 만드는데 필요한 27개의 널판을 죄고 있는 둥근 후프를 느슨하게 하여 하나를 뺀다. 다음 교체할 통널을 제자리에 밀어 넣고 조이며 전체를 함께 다시 맞춘다.

오크 통 제작, 샤토 오브리옹

그는 드라이버와 해머를 내려놓고, 통널의 위 가장자리를 고르기 위해 날이 넓은 도끼를 집어 든다. 8개의 널판으로 조립된 통 뚜껑이 잘 맞도록 홈을 판다. 니콜라가 만들고 있기 때문에 간단해 보이고 10분도 채 걸리지 않지만 실제로는 매우 어려운 작업이다. 견습생이 7년을 연마해야 혼자 해낼 수 있는 정밀한 기술을 요한다.

니콜라는 18세부터 오크 통 제조 기술을 배웠으며 1등급 샤토에서 2004년부터 정규 직원으로 일했다. 코냑 지역 중심부에 있는 상소Sansaud 통 제조 공장에서 일을 시작한 후 20여 년 전에 스겡 모로Seguin-Moreau로 옮겼다. 통 제조 마스터인 그는 숙련된 전문가이며 해마다 4월부터 11월까지 매일 오크 통을 다섯 개씩 만든다. 오브리옹에서 매년 필요로 하는 통의 2/3 정도가 된다.

오크 통도 와인의 모든 다른 요소와 마찬가지로 세부까지 철저하게 주의를 기울여야 한다. 무엇하나도 흐트러져서는 안 되며 대강 넘겨서도 안된다. 공방 바깥에서는 정치적인 문제나 유행에 따라 가격과 매출이 출렁이지만, 오크 통은 공방 내에서 늘 해오던 방식대로 천천히, 조심스럽게 한 단계씩 만들어가야 한다.

오크 통 제조는 로마 시대로, 또 보르도에 처음 포도가 재배되었을 때로 거슬러 올라간다. 세계적으로 만들어지는 와인의 5퍼센트만 오크 통을 사용한다. 오크 통 대용으로 오크 칩이나 오크 막대기 또는 오크 가루를 사용하는 경우가 훨씬 더 많다. 오크 통은 최고의 레드 와인을 만드는 데 필수적인 요소이다. 오크 통은 산소를 소량 교환시켜 와인의 구조를 부드럽게 만들어주며, 오크 자체의 추출 물질이 와인의 색깔과 타닌을 고착시키는 데 도움을 준다. 볶은 헤이즐넛 향에서 감초 향까지 미묘한 일련의 풍미도 가미한다.

뒤쪽 _ 오크 통 제작 과정, 샤토 라피트 로칠드

오크 통을 만드는 기술은 고대로 거슬러 올라간다. 기원전 알프스 산맥의 고지대 켈트 족이 가장 먼저 사용했으며, 3세기경에는 골Gaul 족이 로마에 오크 통을 공급하기 시작했다. 그리스 시대의 암포라(양 손잡이가 달린 항아리)는 전통적으로 와인 저장과 운반에 사용했던 토기였지만 잘 깨지고 다루기 힘들었다. 프랑스 오크 통은 주로 알리에, 리무쟁, 네베르, 트롱세, 보주 등 국유림에서 생산되며 각 숲마다 약간씩 다른 특성이 있다. 미국 오크는 프랑스 오크에 비해 상대적으로 바닐라 향과 타닌 성분이 강하여 카베르네 소비뇽이나 더운 지역의 샤르도네를 숙성시키는데 알맞다. 프랑스 오크는 미국 오크보다 부드럽고 타닌의 함량이 적어 피노 누아 같은 섬세한 와인의 자연스런 과일 향을 더 돋보이게 한다.

보르도 전 지역 와이너리 8천 곳 중에서 네 곳에만 오크 통 공방이 있다. 5대 샤토 중에서는 세 곳이 영지 내에 통 제조 공방을 갖추고 있다. 그들은 통 숙성 과정의 중요성을 잘 알고 있으며, 이는 광적으로 디테일에 집착한다는 증거도 된다. 라피트는 가장 큰 공방을 가지고 있다. 통 제조공 다섯 명이 1년에 2천 개 정도의 통을 만드는데, 포이약 영지 세 곳에서 사용되는 전 물량이다. 통 제조공은 나무를 벤 후 통 널판의 건조부터 각 단계를 모두 책임진다. 건조 기간은 오크에서 자연적으로 수액이 배출되는 기간으로 2년 정도 걸린다.

마고에서는 건조는 외부에서 시키고, 샤토에서는 통을 만들기만 한다. 알랭 뉜느Alain Nunes는 3대째 통을 만들고 있으며, 1년에 5백~6백 개를 만든다. 나머지 필요한 양은 여러 다른 공급자로부터 사들인다. 매니저 퐁탈리에의 양조학 박사 학위 논문은 레드 와인의 통 숙성에 관한 것이기 때문에, 그는 오크 통에 더 열정적으로 관심을 기울인다. 라투르는 퍼스트 와인에는 1백 퍼센트 새 오크 통을 사용한다. 12명의 통 제조공들이 일하고 있으며, 알리에Alliers와 니에브르Nièvre의 가장 좋은 오크를 고르는 작업부터 모든 공정을 관리한다.

오브리옹은 1990년에 공방을 차린 통 제조업자 스갱 모로Seguin-Moreau와 동업을 한다. 샤토의 넓게 트인 마당 한쪽에 공방이 있으며 이곳은 한때 영지 운영에 필요한 여러 공방들이 모여 있었기 때문에 '장인들의 마당'이라고도 불렸다. 두 개의 공간으로 나뉘어 있으며 한쪽은 통을 조립하는 곳이고 한쪽은 통을 불에 그을리는 곳이다. 이 공정은 널판을 통 모양으로 유연하게 구부리기 위해 필요하지만, 또한 통의 내부를 가볍게 태워 와인에 풍미를 더하는 목적도 있다.

토스팅toasting은 대기 상태가 가장 좋은 서늘한 아침에 시작한다. 토스팅 하는 동안 불의 온도는 2백 도까지 올라간다. 오크 조각으로 태우는 화로의 불길 위에 통을 얼마나 그을리느냐에 따라 오크의 향미가 최종적으로 결정된다. 오브리옹의 '특징적인 토스트 향'은 오브리옹의 개성을 나타내는 필수적인 요소이다. 니콜라는 시간을 재는 대신 눈과 코로, 그리고 경험으로 모든 일을 처리하고 있다. "내 시계는 여기에 있어요." 그가 천천히 미소를 지으며 머리를 툭툭 친다.

오크는 프랑스 국유림의 일부인 국가 소유의 포레 도마니알르Foret Domaniale 숲에서 골라온다. 삼림은 프랑스에서 대단한 경제 창출 부분으로, 40만 명을 고용하고 국가에 6백억 유로의 재원을 확보해 준다. 대부분은 제지 공업에 사용되고 130억 유로 정도는 '목제 가공'에 사용되는데, 통 제조는 그중 일부분을 차지한다.

오브리옹은 오크 나무 중에서 최고 품질로 꼽히는 퀘르쿠스 페트라에아Quercus petraea를 사용한다. 퀘르쿠스는 라틴어로 '오크'라는 뜻이다.

오크 통 널판은 오크 나무의 밑동, 즉 땅에서 1미터 높이에서부터 가지가 뻗지 않은 10미터 높이까지 둥치 부분을 사용한다. 이 부분은 결이 촘촘하고 표면에 마디가 거의 없다. 프랑스의 가구업자들이 찾는 가장 질 좋은 나무이기 때문에 국가 경매에서는 이들과 치열한 경쟁을 벌여야 한다. 경매는 오크의 남획을 방지하기 위해 9년에 한 번씩 열리며 특별 구획이 정해진다. 오크의 수액이 가장 낮은 때인 10월에서 12월 사이에 열리며, 통 제조공 대표들은 다른 목제 가공업자와 함께 경매에 참여한다.

최고의 오크는 서늘한 숲에서 천천히 자란 나무이다. 결이 촘촘하며 향미가 겹겹이 쌓여있기 때문에 고급 와인에 어울리는 미묘한 향미를 전해준다. 요즈음 프랑스에서는 보주Vosges 산맥과 파리 주위를 에워싼 숲의 오크가 최고에 속한다.

오브리옹의 통을 제조하는 오크는 대개 150년에서 200년이 된 나무이다. 오크는 그대로 두면 수명이 1천 년 정도 된다. 그러니 오크 통 3개를 만들기 위해 몇 백 년을 더 살 수 있는 나무를 베는 것은 고려해 볼 일이다. 결국 이 통널은 1800년대 초기에 생을 시작했다고 볼 수 있다. 퓌멜 백작이 프랑스 혁명의 소용돌이 속에서 참수당한 후 10년이 지난 때였다. 당시 소유주는 탈레랑이었으며. 그는 나폴레옹의 외무상이 되었고 오브리옹의 전통인 정치 세력을 형성했다.

1등급보다 오크의 중요성을 더 잘 아는 곳은 없을 것이다. 그들은 오크 통의 품질은 바로 포도의 품질과 같은 비중을 차지한다고 생각한다. "오크를 와인에 사용할 때는 먼저 오크의 태생지를 알아야 합니다. 그리고 타닌의 질과 각 특정 빈티지의 성격을 모두 알고 있어야 합니다." 오브리옹의 양조자이자 셀러 주임인 필리프 마스클레Philippe Masclef가 말한다. 이 일을 하려면 통 제조자와 양조자의 긴밀한 협조가 필요하다. "특별한 법칙은 없어요. 해마다 달라집니다." 오브리옹은 새 오크 통을 1백 퍼센트 사용한 적이 없으며, 항상 70~80퍼센트만 사용한다. 하지만 빈티지가 다르더라도 샤토의 특성을 유지하기 위해 대부분의 통들은 해마다 같은 정도로 토스팅 한다. 1/3 정도는 필요에 따라 토스팅을 더하거나 덜하여 균형을 맞춘다. 2011년에는 메를로의 향미를 강하게 하기 위해 토스팅을 약간 더 했다. 타닌이 약간 가벼웠고 산도가 더 높았기 때문이다.

"유연하게 적응하는 것이 비결이라고 생각합니다. 우리는 과거의 경험에서 우리 와인에 맞는 것을 찾아냅니다. 하지만 완벽을 위해서는 언제나 변화할 준비가 되어 있지요."

오른쪽 _ 오크 통 공방, 샤토 마고

CHATEAU MARGAUX
GRAND VIN

10

미래를 향하여

D'Hergiswiler Spor
uf Lafite
Lüpfiger Walzer
Aloi
F7
F7
B
A7
B
F7
B
F
C7
Fv7
F

초록색 포도 열매가 달콤하게 변해가면, 또다시 수확을 준비한다. 변덕스러웠던 2011년 날씨 덕으로 에릭 브와스노는 일이 더 많아졌다. 매일 아침 7시에 실험실에 출근하여 가끔은 밤 10시까지도 일한다. 고객들은 포도나 포도즙을 정기적으로 놓고 가며 산도나 pH 수치, 수확 날짜 등 그의 의견을 기다린다. 일들을 처리한 후 그는 사륜 구동차를 타고 속도를 내어 샤토들을 방문한다. 셀러와 시음장을 누비며 평가하고 측정하며 또 확인한다. 가는 곳마다 오랜 친구를 만나듯 환영을 받는다. 어느 정도 사교는 피할 수 없지만, 그는 스케줄이 빡빡하다. 어떤 약속도 30분 이상 지체하지 않는다.

메독 지역의 거리는 연중 이 시기에 가장 붐빈다. 좁고 구불거리는 샤토의 길은 교통 정체가 심하다. 운이 나빠 수확 기계가 앞을 가로막기라도 하면 한 시간이면 갈 길이 두 시간도 더 걸린다. 브와스노는 진짜 매도캥(메독 사람)이라 지름길을 모두 알고 있다. 양쪽에 도랑이 있는 좁은 길을 따라 속력을 내고 달린다. 이 길은 17세기 네덜란드 기사들이 남긴 유적이다.

"이번 주는 추분과 대서양의 만조 때문에 날씨가 불안정했습니다." 느린 트랙터 뒤에서 브와스노가 옆으로 빠지려고 백미러를 보며 말한다. "일반적으로 7월 중순부터는 날씨가 매우 변덕스럽습니다." 이렇게 어려운 빈티지에는 대부분 샤토들이 사용하는 위성 영상 정보가 특히 유용하다. 보통 때보다 구획별 성숙도의 차이가 더 뚜렷하게 나타나기 때문이다. 모두에게 가장 어려운 문제는 포도가 충분히 익을 때까지 부패를 피할 수 있는 방법이다.

브와스노는 포이약과 생줄리앙에 있는 와이너리 세 곳을 잠시 방문한 후, 폴 퐁탈리에가 열심히 일하고 있는 샤토 마고로 향한다. 해마다 셀러 앞 자갈이 깔린 앞마당에 포도 수납 구역이 준비된다. 엉 프리뫼르 때 고객들이 햇볕 아래 거닐며 대화를 나누던 곳이다.

수세기가 된 오랜 돌들을 보호하기 위해 임시 콘크리트 바닥재로 자갈을 덮고 틈새는 모래를 채웠다. 포도의 무게를 재고 양을 측정하고, 포도를 선별하여 잎과 줄기를 제거하는 여러 종류의 기계들이 줄지어 서 있다. 원래 시음장이었던 큰 방에는 칸막이를 만들어 컴퓨터를 설치하고 탱크의 온도를 확인하며, 어느 구획이 수확을 마쳤는지, 언제 포도가 도착하는지 등을 점검하고 있다.

샤토 마고는 영지가 92헥타르에 이르지만 5대 샤토 중 규모는 작은 편이다. 정규 직원이 85명이며 그중 20명이 영지 내에 살고 있다. 포도 재배에 30명, 셀러에 12명, 정원사 3명과 사무 직원, 연구개발 담당 직원, 방문객을 안내하는 여직원 등이 있다.

파리에도 상설 사무실이 있으며 세일즈와 마케팅 담당 직원이 상주한다. 올해처럼 수확이 어려운 때라도 직원들은 계속 근무하며. 수확기에는 250여 명의 임시 일꾼을 고용한다.

왼쪽 _ 샤토 라피트 로칠드를 위해 작곡한 악보

와인 찬가, 살랑그레

퐁탈리에보다 이 일에 더 적합한 사람은 없을 것이다. 그는 키가 크고 세련되었으며, 보르도에서 태어나고 자란 전형적인 보들레이다. 이 도시에서 가장 좋은 가톨릭 사립 학교를 다녔고 프랑스의 우수한 대학 중 하나인 포 과학대학Science Po을 졸업했다. 아버지는 규모는 작았지만 같은 지역에서 와인을 만들었으며 주민들에게는 잘 알려져 있었다. 그는 양조학 공부를 마친 후 첫 전임 직장으로 마고를 선택했다. 2011년 수확은 그의 29번째 빈티지이다.

"내가 처음 이곳에 왔을 때는 젊고 열정으로 가득 찼지만 책임의 막중함을 몰랐습니다." 퐁탈리에가 그 시절을 회상한다. "주위 사람들에게서 많은 충고를 들었고, 또 처음 몇 년 동안은 전 디렉터였던 필립 바레Philip Barré와 함께 일하며 지도를 받았습니다. 나에게는 그가 샤토의 추억으로 남아있어요. 30년이 지나고 나니 이제 내가 바로 우리 팀의 추억이 되었습니다."

그 추억은 올해와 같은 수확기에 특별히 더 유용하다. "나는 오히려 수확기의 지적인 면을 즐기는 것 같아요. 주위의 분주함 속에서 평정을 유지하며 조용한 사색의 시간을 갖으려 합니다. 언제 포도를 수확해야 할지 결정할 때는 포도도 사람와 비슷하다는 생각을 하게 됩니다." 퐁탈리에가 웃는다. "한동안은 성숙함으로써 뭔가를 얻게 되지만, 어느 시점이 되면 얻는 것보다 잃는 게 더 많아지거든요."

6월 말에는 40도에 달하는 불볕 더위가 이틀간 계속되어 어려움이 가중되었다. 어떤 구획은 포도가 햇볕에 거의 타버릴 정도였다. 최근에는 포도의 성장 기간에 잎들을 제거하여 햇볕에 완전히 노출시키는 유행이 생겼다. 이론적으로는 포도를 최대한 익히기 위해서이다. 마고에서는 유행을 따르지 않은 것이 천만다행이었다. "포도를 햇볕에 완전히 노출시킨다는 것은 생각만 해도 소름이 끼치는 일입니다." 퐁탈리에가 말한다. "해변에서 파라솔로 태양을 가려야 하는 것처럼, 포도도 햇볕을 바로 받으면 좋지 않을 것입니다. 하지만 포도는 이미 뜨거운 6월의 햇볕을 받았고, 우리는 따로 수확하여 발효시켜 보려 합니다."

수확 시기는 부풀어오른 흥분 속에서 냉정한 결정들을 내려야 하는 때이다. 한해의 모든 일들이 몇 주 안에 효율적으로 압축되어야 하는 때이지만, 결국은 자연의 섭리에 따를 수밖에 없다. 사람이 아무리 환경을 조심스럽게 통제한다고 해도, 와인은 본질적으로 자연의 산물이다. 따라서 이 일을 하는 모든 사람들은 자연의 섭리를 이해하며 자연 앞에 겸허해지고 사색적이 될 수밖에 없다. 또 서로가 깊이 연결되어 있음을 다시금 깨우친다. 브와스노는 고객들의 영지에서 수확 일꾼들과 긴 식탁에 앉아 점심을 같이 먹기도 한다. 수프와 빵, 햄과 치즈, 그르니에 메도켕Grenier médocain(양념 돼지 뱃살을 얇게 썰어 후추를 친 토속 음식) 등 일꾼들을 위한 단순한 음식을 배부르게 함께 먹는다.

수확 시기는 또 오래된 친구를 만나는 때이기도 하다. 1등급은 8월 동안은 방문객을 받지 않는다. 대부분 직원들은 휴가를 가고, 샤토를 떠나 있던 소유주들은 여름을 보내기 위해 샤토로 돌아온다. 포이약에는 양쪽 로칠드 가족들이 라피트와 무통으로 내려온다. 아마 오늘 그들은 함께 저녁을 먹고 아이들도 같이 놀 것이다. 과거에는 상상하기 힘든 일이었다. 9월이 되면 직원들이 샤토로 돌아오고 수확 일꾼들도 모여든다. 그중 많은 일꾼들이 수십 년 동안 같은 밭에서 포도 따는 일을 해오고 있다. 브와스노도 마찬가지이다. 퐁탈리에는 어릴 때부터 아버지와 함께 와인을 만들어 왔다. 15세부터 가족 영지인 오 메독Haut Médoc의 샤토 레 비미에르Les Vimières에서 아버지를 따라다니며 일을 배웠다. 이들은 오랜 친구들이며 수확일은 축제일이다.

유기농으로

라투르 포도밭에서는 50퍼센트의 포도나무를 유기농으로 재배한다. 그중 20헥타르는 완전히 생물 기능biodynamic 농법을 적용한다. 2008년부터는 15세기처럼 포도밭 갈이에 부분적으로 말이 재도입되었다. 요즘은 일곱 마리의 말이 담장을 친 포도밭 랑클로L'Enclos에서 일하고 있다. 말발굽이 훨씬 흙에 영향을 덜 주며, 트랙터보다 이산화탄소의 배출량이 줄어든다는 이론적인 설명이다. 동시에 곤충 호텔에서부터 암수 교란까지 작

20세기 초 수확하는 모습, 샤토 무통 로칠드

물 보호를 위한 자연 친화적인 방법을 도입했다. 생물 기능 농법은 자연 환경을 존중하며 인위적인 개입을 최소화하는 유기 농법 중 한 가지로 우주의 에너지가 농사에도 큰 영향을 준다고 믿는다. 달의 주기에 따라 시행되며, 구획에 따라 빈티지마다 방법이 달라진다. 라투르는 전 포도밭의 75만 그루 포도나무를 서서히 유기농 재배로 전환하려고 한다.

유기농의 사전적 의미는 화학 비료나 농약을 쓰지 않고 유기물을 이용하는 농업 방식이다. 즉 자연 생태계가 유기적으로 활동할 수 있도록 인위적 개입을 최소화하는 친환경 농법이다. 유기농 와인은 대략 오가닉 와인, 바이오다이내믹 와인, 내추럴 와인으로 구분할 수 있다.

오가닉 와인Organic(유기농 와인) : 나라마다 규정이 다르긴 하나 오가닉 와인으로 인증을 받기는 어려우며, 라벨에 포기되는 경우도 드물다. 오가닉 와인은 비료나 제초제, 살충제는 물론이고 아황산도 사용하면 안 되기 때문이다. 유기 농법으로 재배를 해도 와인을 만들 때는 미량의 아황산이 꼭 필요하다. 따라서 라벨에는 'made with organically grown grape'라고 표기한다. 프랑스에서는 생물 농법Agriculture biologique, 또는 줄여서 바이오bio라고도 한다.

바이오다이내믹 와인Biodynamic wine(생물 기능 농법 와인)은 우주의 에너지가 농사에도 큰 영향을 준다고 믿는다. 지구와 해, 달, 특히 달의 주기에 따라 농사를 짓는다. 포도나무의 가지치기나 수확 등의 최적기를 알려주는 점성학에 근거한 바이오다이내믹 달력도 있다. 썩힌 식물이나 배설물 등으로 비료를 직접 만들어 쓰며, B.D.라는 일련번호가 붙은 비료 목록도 있다.

내추럴 와인Natural Wine(자연 와인)은 법적 규제나 통일된 인증 제도는 없다. 테루아를 정직하게 표현하는 와인을 만들기 위하여 친환경 농법으로 포도를 재배하고 양조 과정에서도 인위적인 조작을 경계한다. 토종 이스트를 사용하고 설탕이나 타닌, 산 등은 첨가하지 않으며 정제나 여과도 피한다. 소량의 아황산은 첨가할 수 있으나 최근에는 전혀 사용하지 않는 곳도 늘고 있다. 따라서 대개 장기 숙성이 어려우며 산도가 높고 색깔이 탁해지는 결점이 있다.

2011년에도 다른 해와 마찬가지로 가장 일찍 익은 메를로를 첫 번째로 수확했다. 처음 몇 주 동안은 53명씩 두 팀이 메를로를 수확했으며, 다음 카베르네 소비뇽을 수확할 때는 2백 명으로 늘어났다. "수확 일꾼들은 거의 모두 라투르에서 오래 일해 왔던 사람들입니다." 고드프루아가 말한다. "먼저 포도나무 위쪽의 포도를 골라 따고 바구니가 차면 비우고 다시 나머지 송이를 땁니다."

이곳에서는 무엇 하나 운에 맡기는 일은 없다. 앙제레는 딸이 셋이고 론 벨리에 작은 포도밭을 가지고 있다. 부르고뉴와 루아르에 프랑수아 피노의 다른 영지도 있지만 그의 첫사랑은 분명 라투르이다. "이 일은 그냥 떠날 수 있는 직업이 아닙니다. 열심히 일할수록 할 일이 더 많이 보입니다. 나의 열정은 와인이며 와인에 대한 엘리트적인 접근 방식을 숨기고 싶지 않아요. 정말 우수한 와인을 만드는 사람이라는 인정을 받고 싶습니다."

현재 라투르에는 65명의 직원과 38명의 포도밭 정규 직원이 있다. 올해는 앙제레가 이사가 된 후 최고의 빈티지를 만들었다고 모두 인정한다. 그는 2001년에 와이너리를 대폭 개선했다. 66개의 냉각 기능이 있는 온도

프레데릭 앙제레, 샤토 라투르

뒤쪽 _ 말, 샤토 라투르

필리핀느 드 로칠드 여남작

조절 스테인리스 탱크를 설치하여 포도를 각 구획마다 따로 발효시킬 수 있도록 했다. 그는 작은 세부 문제에 더욱 집착한다. 밭에 뿌리는 퇴비도 점검한다. "특별 처리실이 있어요. 소의 배설물 20퍼센트와 오크 조각, 포도 줄기, 썩은 잎, 통을 씻은 후 나오는 물을 혼합하여 70도로 계속 유지시킵니다. 이렇게 2년 동안 두면 완벽한 자연 상태의 거름이 됩니다. 땅이 우리에게 준 것을 되돌려주는 것이지요."

와인 평가

와인이 일단 셀러에 안치되면 첫 통을 시음하는 절차가 정성스럽게 진행된다. 새 빈티지를 위한 새 와인의 품질 평가가 시작된다.

"맞아요. 우리는 다섯 중에 하나입니다. 사람들은 등수 매기는 것을 즐기지요. 해마다 와인의 성공 여부에 따라 1에서 5까지 등수가 정해집니다." 1987년부터 1990년대 대부분을 라투르의 디렉터로 일했던 존 콜라자John Kolasa가 말한다. 그는 1등급을 책임져야 하는 압박이 얼마나 큰지를 알고 있다. 와인에서 뿐만 아니다. "리더로서 책임이 있고 보르도를 이끌어가는 기관차가 되어야 한다는 것도 잘 알고 있어요."

"10여 년 전에는 코르크의 흠집 하나는 별 문제가 되지 않았습니다." 무통의 달뤼엥이 말한다. "그러나 요즘은 절대 용납되지 않습니다."

어떤 것도 불만의 여지를 남기면 안 된다. 거의 5세기 동안 와인을 생산해 오는 보르도의 1등급들은, 와인 세계에서는 그들이 선망의 대상이라는 사실을 예민하게 느끼고 있다.

앤드류 제포드Andrew Jefford는 잡지 〈디켄터*Decanter*〉에서 그 이유를 간략하게 정리했다.

"그들은 세계 최고의 땅에서 살고 있으며, 미디엄에서 풀 바디 레드 와인을 만들 수 있는 최고의 테루아를 갖고 있다. 그들의 와인은 사람의 나이만큼 오래 숙성될 수 있는 힘이 있다. 세월이 가면 더 새로워지며 더 아름다운 감성을 자극하는 특성을 더해간다. 생산량도 많다. 보르도 최고 지역으로, 와인 세계에서는 사우디아라비아의 '가와르 유전Ghawar oilfield'과 비교가 된다."

1등급 와인들의 인기는 떨어질 것 같지는 않다. 세계적으로도 50년 이상 숙성될 수 있는 와인은 정말 드물며, 또 수집가들을 그렇게 매혹시키는 와인도 드물다. 그리고 각 와인이 훌륭하기도 하지만, 서로 비교 대상이 되어 회자된다는 사실도 흥미를 더한다.

마스터 오브 와인인 잰시스 로빈슨Jancis Robinson은 30년 이상 1등급을 시음해 왔다. 그녀는 각각의 강점에 대해 분명히 말한다. "마고는 매우 사려 깊고 신중하며, 특히 엉 프리뫼르에서 장점이 부각됩니다. 무통은 화려하며 이미지에 관심을 기울입니다. 오브리옹은 1등급 중 가장 기품 있는 와인인데 반해 시장에서 그만한 평가를 받지 못하는 것 같습니다. 라투르는 뚜렷한 야심이 있으며 놀랄 만큼 지속적인 스타일을 유지합니다. 라피트는 분명 위대한 테루아를 가졌으며 샤를 슈발리에의 와인은 대단한 일관성이 있습니다."

잰시스 로빈슨Jancis Mary Robinson, MW은 영국의 와인 평론가이자 저널리스트로 활동하면서 현재는 웹사이트도 운영하고 있다. 1950년생으로 옥스퍼드 대학에서 수학과 철학을 공부했고, 1975년 잡지사 〈와인 & 스피릿*Wine & Spirit*〉에 근무하면서 와인과 인연을 맺게 되었다. 1984년에 마스터 오브 와인Master of Wine 시험에 합격했다. 1994년에 발간된 〈옥스퍼드 와인 안내서*The Oxford Companion to Wine*〉는 가장 종합적인 와인 전문 사전으로 평가받으며, 휴 존슨과 함께 〈세계 와인 지도*The World Atlas of Wine*〉도 편집했다. 잡지 〈디켄터〉에서 '세계에서 가장 존경받는 와인 평론가'로 선정되었다. 2003년에는 대영제국 훈장을 받았고, 2015년 온라인 와인 코스를 개설했다. 현존하는 와인 전문가 중 이론 및 실무에서 가장 실력 있는 평론가로 알려져 있다.

1등급 가격

1등급이 애호가들을 끌어들이는 또하나의 매력이 있다. 높은 와인 가격과 지속적인 투자이다.

2010년부터 2012년까지 24개월 동안 시장의 변화는 놀랄만하다. 지난 수십 년간 1등급의 가격은 끝없는 고공 행진을 해왔다. 파이낸셜 타임스와 나스닥 지수가 이를 여실히 보여준다. 상승의 백미는 분명 2010년 10월 홍콩 만다린 오리엔탈 호텔에서 열린 라피트의 경매였다고 할 수 있다. 이 경매의 결과는 거의 충격적이었다. 라피트 셀러에서 직접 139종의 빈티지를 내놓았다.

필리프 달뤼엥, 샤토 무통 로칠드

1869년부터 2009년 빈티지까지 무려 2천 병에 달했으며, 각 로트는 추정 가격보다 훨씬 더 비싸게 팔렸다. 대부분 최초 가격의 2~3배를 넘어섰다. 경매장은 모두 입석으로 준비되었으며 입장 대기자들도 기다리고 있었다. 마지막 날 밤 판매가는 홍콩 달러 6천550만(520만 달러)으로 처음 추정 가격의 3~5배를 기록했다. 1869년 라피트 3병은 경매 사상 세계 신기록을 수립했다. 이 선례에 따라 가격은 세계적으로 상승했고 2011년 4월 전후에는 절정에 달했다.

2009년 라피트는 12병 한 상자에 통상 1만4천 파운드에 거래되었다. 그러나 6개월 후에는 가격이 하락하기 시작했다. 시장 가격은 정점을 찍고 같은 상자가 반값으로 내려갔다. 투자자들은 고급 와인도 증권시장과 마찬가지로 세계 경제 불안에 결코 무관하지 않다는 사실을 알게 되었다.

가격의 상승과 하락은 역사적으로 보면 전혀 새로운 일이 아니다. 믿을 만한 와인 중개인의 장부를 보면 17세기 런던에서는 1등급이 다른 보르도 와인보다 3~4배 높은 가격에 거래되었다. 1855년 등급 제정 때에는 2등급보다 2~3배가 높았다. 가격이 내려 앉았던 경우도 분명히 보여준다. 한 명의 와인상에게만 팔아야 하는 제한적인 계약에 묶여 있거나, 전쟁이나 정치적 문제로 판로가 제한된 경우 등이다.

1855년 등급 제정 이전의 해들을 생각해 보자. 오브리옹의 소유주 조제프 위젠느 라리외는 '셀러에 와인이 넘쳐나는 해'라고 말했다. 다니엘 로통의 아버지는 "나는 사업에서 이런 위기는 처음이다. … 프리뫼르 거래는 이미 죽었고, 옛날 고객들은 사라졌다. 위대한 샤토들은 판로를 기다리는 창고로 변했다."라고 1947년 일기에 적었다.

10년 후에 일어난 문제는 경제보다 냉해 때문이었다. 라투르의 장 폴 가데르Jean Paul Gadère는 "1956년은 암흑의 해였다. 2월에는 수은주가 영하 20도까지 급강하했고 지롱드 강 어귀는 빙판이 되었다. 4월에는 죽은 포도나무를 빼내며 나무를 새로 심을 준비를 했다. 슬픈 날들이었다."라고 일기에 적었다. 가데르는 유류 가격이 4백 퍼센트 치솟아 와인 시장이 붕괴한 1973년의 '오일 쇼크'에 대해서도 자세히 기록했다.

2차 세계대전 이후 1등급의 가격은 증권 시장의 상승과 하강을 뒤쫓으며 점점 더 당시 경제 상황을 반영하는 전조가 되어 왔다. 우리는 최근의 가격 하락에 관심을 갖지만 1950년대를 되돌아볼 필요가 있다.

역사가 니콜라스 페이스Nicholas Faith는 당시 라피트 한 병은 기본 보르도 와인의 5배를 받았다고 기록했다. 1961년 1등급의 가격은 기본 클라렛의 24배로 뛰었고, 2010년에는 거의 150배로 뛰었다. 가격의 상승과 하강은 자연적으로나 또는 정치적, 사회적인 문제로 변동의 여지는 얼마든지 있다.

미래로 전진

가격의 상승과 하락 외에도, 1등급들이 미래에 어떤 일을 하려고 하는지는 늘 추측을 불러일으킨다. 라투르는 2012년에 와인의 선물 거래, 즉 엉 프리뫼르에서 탈퇴를 선언하며 불길에 기름을 부었다. 와인을 미리 출시하지 않고 마실 시기가 될 때까지 샤토에 저장하겠다는 선언이다. 레 포르 드 라투르Les Forts de Latour의 경우 저장 기간은 5년에서 8년, 샤토 라투르는 10년에서 15년이 걸린다.

이는 고객이 바로 와인을 마실 수 있는 시기까지 샤토에서 고가의 와인을 완벽한 상태로 잘 보관하겠다는 뜻이며, 샤토에서 품질을 보증하겠다는 의미이다. 앙제레는 라투르를 여전히 '최고'의 중개인과 와인상을 통해 출시할 계획을 하고 있다고 조심스럽게 주민들을 안심시킨다. 새 빈티지는 해마다 엉 프리뫼르 주에 시음이 가능할 것이며, 시장에 출시하는 다른 와인과 함께 진열될 것이라고도 언급했다.

"완벽한 환경에서 보관된 와인을 원하는 애호가들이 늘어남에 따른 새로운 변화입니다." 앙제레가 말한다. "더 중요한 점은 와인을 아직 어릴 때 마시는데 대한 우려를 반영한 것입니다. 특히 라투르 같이 오래가는 와인은 마시는 시기 선택에 더욱 민감해질 수밖에 없습니다."

앞으로 어떤 일들이 일어날지는 지켜봐야 한다. 주가가 오름에 따라 1등급은 전보다 더 이미지 관리와 평판에 신중해질 것이다. 하지만 보르도 시스템은 수세기 동안 양쪽을 홍보하는데 이미 놀랄 정도로 잘 적응해 왔다.

분명한 것은 1등급 중 어느 한 곳도 변하지 않는 곳은 없다는 것이다. 그들은 수년 동안 포도밭을 늘이기 위해 신중하게 땅을 사들였으며, 이와 같은 추세는 계속될 전망이다. 가격이 변하는 것처럼 포도밭의 크기가 변하는 것도 전혀 새로운 일이 아니다.

1868년 제임스 드 로칠드 남작이 라피트를 샀을 때는 포도밭이 74헥타르였다. 콕스 & 페레는 이미 라피트는 '와인 판매' 만으로 연 10만 프랑을 번다고 수익성을 언급했다. 1870년~1890년 사이 보르도 포도밭을 전멸시킨 필록세라 전염병 때문에 라피트는 70헥타르로 줄어들었다. 1차 세계대전 후에는 65헥타르로 줄어들었으며 1980년에는 다시 늘어나기 시작했다. 2004년 콕스 & 페레 7회 판에 따르면 100헥타르였고, 2007년에는 105헥타르로 늘어났다. 현재 라피트는 110헥타르의 포도밭이 있고, 심을 준비가 된 휴경지가 좀더 있다.

샤토 마고는 1898년 80헥타르에서 1922년에는 92헥타르로 늘어났고, 1949년에는 60헥타르로 줄어들었다. 그러나 1991년에는 다시 78헥타르, 2007년에는 82헥타르가 되었다. 라투르는 1969년 가이드에 '오래된 포도나무'가 48헥타르였으며 2001년 65헥타르로 확장될 때까지 그대로였다. 2007년에는 79헥타르, 지금은 85헥타르이다.

1980년대 무통 로칠드의 디렉터였던 파트릭 레옹Patrick Léon은 샤토 주변 마을의 집들을 여러 채 사서 포도밭으로 개간한 것을 기억하고 있다. 콕스 & 페레에는 1949년에 60헥타르, 2007년에 82헥타르로 기록되어 있다. 1855년 등급 제도는 포도밭의 등급화가 아닌 와인의 등급화였기 때문에 2백 헥타르로 늘여도 문제는 없다. "등급은 단지 아펠라시옹 내의 구역이면 인정되기 때문에 이웃들이 땅을 팔려 하고, 와인의 수요가 늘어나 확장할 필요가 있다고 생각하면 계속 늘리지 못할 이유가 없습니다." 투자 전문가인 장 뤽 쿠페Jean Luc Coupet가 말한다.

그렇다고 새로 심은 구획 와인을 모두 퍼스트 와인으로 만든다는 말은 아니다. 라투르가 1960년대 초에 프티 바타이예Petit Batailley 구획 10헥타르를 산 것은 잘 알려진 사실이다. 이는 특히 1966년에 출시한 세컨드 와인, 레 포르 드 라투르를 만들 포도를 준비하기 위해서였다.

단 하나 예외가 있는데 바로 도시와 가깝고 도로가 둘러싸고 있는 오브리옹이다. 1868년 콕스 & 페레 첫 판에 따르면 오브리옹의 포도밭은 50헥타르였다. 이는 물론 숫자에 불과하며 실제로는 노균병으로 황폐해져 포도밭의 1/3만 관리했다. 소유주 라리외는 당시 나무 심기에 바빴다. 1886년 판에 의하면 필록세라가 침범한 이후에도 3/4을 다시 심었다고 한다. 1차 세계대전 후 월스트리트가 붕괴된 저녁, 1929년 판에는 포도밭이 42.5헥타르라고 기록되어 있다. 이는 수십 년간 서서히 늘려간 것이며 지금은 51.5헥타르이다.

"오브리옹은 페삭 레오냥 아펠라시옹 내에서는 확장할 권리가 있습니다" 쿠페가 말한다. "그러나 이미 포도나무가 샤토를 둘러싸고 있고, 바로 반대편의 샤토 라 미시옹 오브리옹을 소유하고 있어 아직까지는 늘릴 계획이 없습니다."

1등급은 무슨 일을 하든지 추측과 소문의 진앙지가 되며, 보르도 전체 운명의 중심 역할을 이어가고 있다. 이들로부터 고품질 와인의 개념이 생겨났으며, 오크 통 숙성 기술과 샤토 병입이 완료되었다. 스테인리스 스틸 탱크나 온도 조절 탱크같은 현대적 와인 양조 기술이 시작된 곳이기도 하다. 또 샤토라는 용어가 태어난 곳이다. 이 용어는 1730년대에 돌레드 드 레스토낙Daulède de Lestonnac 가족이 마고와 오브리옹의 소유주였을 때 처음 사용한 것으로 전해진다.

샤토Château는 불어로 '성'이라는 뜻인데, 포도밭에 성에 준하는 대저택이 있었기 때문이다. 1855년 등급 제정 때에는 1등급 4개만 '샤토'라고 불렀다. 20세기에는 모든 그랑 크뤼 클라세에 사용되었고 지금은 작은 포도밭에 와이너리만 있어도 샤토라고 한다. 보르도에는 약 6천여 개의 샤토가 있다.

5대 샤토는 보르도뿐만 아니라 세계적으로도 수많은 와인 메이커에게 영감의 근원이 되었다. 한때는 혁신자였던 그들이지만 오늘날은 전통을 더 강조하고 선호하며 그리고 조심스럽다.

예를 들어 샤토 마고는 스크류 캡 뚜껑을 실험하고 있는데 그 결과는 다음 세대 와인 메이커가 이어받을 일이다. "우리는 새 뚜껑이 20년 또는 30년, 50년 뒤 와인에 어떤 영향을 주는지 실험해야 합니다. 마고에서 할 수 있는 일이죠. 우리들은 어떤 일도 서두르지 않습니다."

코린느 멘체로푸로스, 샤토 마고

실제로 5대 샤토는 더 나은 와인을 만들기보다는 놀라울 정도로 일관성을 유지하고 있다. 와인 전문가 스티븐 스프리에는 간결하게 말한다. "모두가 1등급을 따라가려고 노력합니다. 요즈음은 이웃 영지에서도 훌륭한 와인을 생산합니다. 그러나 매번 1등급들이 이깁니다. 우선 영지를 열정적으로 사랑하는 소유주가 있고, 그들은 땅을 보석처럼 갈고 닦으며 잠시도 쉬지 않는 본성을 지니고 있어요."

또한 성공을 자랑하지 않는 본성도 지니고 있다. 라피트의 크리스토프 살랭Christophe Salin은 5대 샤토의 모든 직원, 디렉터, 소유주들에게서 늘 듣는 말을 되풀이 한다.

"모든 것 이전에 땅이 있었습니다. 땅은 우리 이전에도 여기에 있었고 우리가 가고 난 후에도 여기에 오래 남아있을 것입니다. 우리는 땅에서 일하며 더 나은 사람이 되지요. 하지만 우리는 항상 나그네임을 잊지 않아야 합니다. 이 땅은 당연히 우리 모두보다 훨씬 더 오래 살 것입니다."

Saury

CHATEAU LAFITE ROTHSCHILD
2000
PAUILLAC
MIS EN BOUTEILLE AU CHATEAU
MARGAUX
GRAND VIN
1988
GRAND CRU CLASSE
MARGAUX
CHATEAU HAUT BRION
1990
CRU CLASSE DE GRAVES
1985
Château
Mouton Rothschild
PAUILLAC
GRAND VIN
DE
PREMIER GRAND CRU CLASSE
PAUILLAC
1982
APPELLATION PAUILLAC CONTROLEE

보르도 1등급 현황 : 5대 샤토

샤토 오브리옹 Ch. Haut-Brion
소유주 로버트 왕자Prince Robert of Luxembourg
포도밭 51.5헥타르(레드 48헥타르)
1855년도 포도밭 50헥타르
포도 품종 카베르네 소비뇽 50퍼센트, 카베르네 프랑 9퍼센트, 메를로 40퍼센트, 프티 베르도 1퍼센트
퍼스트 와인 10,000상자
세컨드 와인 7,000상자(클라렌스 드 오브리옹Le Clarence de Haut-Brion)

샤토 라피트 로칠드 Ch. Lafite Rothschild
소유주 에릭 드 로칠드 남작Baron Éric de Rothschild
포도밭 110헥타르
1855년도 포도밭 74헥타르
포도 품종 카베르네 소비뇽 70퍼센트, 메를로 25퍼센트, 카베르네 프랑 3퍼센트, 프티 베르도 2퍼센트 (최초 포도밭 : 라 그라비에르La Gravière 1886년)
퍼스트 와인 15,000~20,000상자
세컨드 와인 15,000~20,000상자 (카뤼아드 드 라피트Carruades de Lafite)

샤토 라투르 Ch. Latour
소유주 프랑수아 피노François Pinault
포도밭 84헥타르(랑클로L'Enclos 47 헥타르)
1855년도 포도밭 48헥타르
포도 품종 카베르네 소비뇽 80퍼센트, 메를로 18퍼센트, 카베르네 프랑 + 프티 베르도 2퍼센트
퍼스트 와인 15,000~16,000상자
세컨드 와인 18,000상자(포르 드 라투르Forts de Latour)

샤토 마고 Ch. Margaux
소유주 코린느 멘체로푸로스Corinne Mentzelopoulos
포도밭 92헥타르(레드 80헥타르)
1855년도 포도밭 80헥타르
포도 품종 카베르네 소비뇽 75퍼센트, 메를로 20퍼센트, 프티 베르도 + 카베르네 프랑 5퍼센트
퍼스트 와인 12,500~13,500상자
세컨드 와인 16,000상자(파비용 루즈Pavillon Rouge)

샤토 무통 로칠드 Ch. Mouton Rothschild
소유주 필리핀느 드 로칠드 여남작Baroness Philippine de Rothschild
포도밭 84헥타르
1855년도 포도밭 60헥타르
포도 품종 카베르네 소비뇽 83퍼센트, 메를로 14퍼센트, 카베르네 프랑 3퍼센트
퍼스트 와인 16,000~18,000상자
세컨드 와인 5,000~6,000상자(프티 무통Petit Mouton)

그랑 크뤼 클라세 1855

메독Médoc

1등급Premiers crus

Ch. Haut-Brion 오브리옹
Ch. Lafite-Rothschild 라피트 로칠드
Ch. Latour 라투르
Ch. Margaux 마고
Ch. Mouton Rothschild 무통 로칠드

2등급Deuxièmes crus

Ch. Brane-Cantenac 브란 캉트낙
Ch. Cos d'Estournel 코스 데스투르넬
Ch. Ducru-Beaucaillou 뒤크뤼 보카이유
Ch. Durfort-Vivens 뒤포르 비방
Ch. Gruaud-Larose 그뤼오 라로즈
Ch. Lascombes 라스콩브
Ch. Léoville-Las Cases 레오빌 라카즈
Ch. Léoville-Barton 레오빌 바르통
Ch. Montrose 몽로즈
Ch. Pichon Longueville 피숑 롱그빌
Ch. Pichon Longueville Comtesse de Lalande 피숑 롱그빌 콩테스 드 라랑드
Ch. Rauzan-Ségla 로장 세글라
Ch. Rauzan-Gassies 로장 가시에

3등급Troisièmes crus

Ch. Boyd-Cantenac 보이드 캉트낙
Ch. Calon Ségur 칼롱 세귀르
Ch. Cantenac Brown 캉트낙 브라운
Ch. Desmirail 데스미라이유
Ch. d'Issan 디상
Ch. Ferrière 페리에르
Ch. Giscours 지스쿠르
Ch. Kirwan 키르완
Ch. La Lagune 라 라귄느
Ch. Lagrance 라그랑즈
Ch. Langoa Barton 랑고아 바르통
Ch. Malescot-Saint-Exupéry 말레스코 생텍쥐페리
Ch. Marquis d'Alesme Becker 마르키 달렘 벡케르
Ch. Palmer 팔메르

4등급Quatrièmes crus

Ch. Beychevelle 베이슈벨
Ch. Branaire-Ducru 브라네르 뒤크리
Ch. Duhart-Milon-Rothschild 뒤아르 밀롱 로칠드
Ch. Lafon-Rochet 라퐁 로쉐
Ch. La Tour Carnet 라 투르 카르네
Ch. Marquis de Terme 마르키 드 테름
Ch. Pouget 푸제
Ch. Prieuré-Lichine 프리외레 리신
Ch. Saint-Pierre 생 피에르
Ch. Talbot 탈보

5등급Cinquièmes crus

Ch. Batailey 바타이에
Ch. Belgrave 벨그라브
Ch. Camensac 카망삭
Ch. Cantemerle 캉트메를르
Ch. Clerc Milon 클레르 밀롱
Ch. Cos Labory 코스 라보리
Ch. Croizet-Bages 크르와제 바즈
Ch. d'Armailhac 다르마이약
Ch. Dauzac 도작
Ch. Grand-Puy Ducasse 그랑 퓌이 뒤카스
Ch. Grand-Puy-Lacoste 그랑 퓌이 라코스트
Ch. Haut-Bages Libéral 오 바즈 리베랄
Ch. Haut-Batailley 오바타이에
Ch. Lynch-Bages 린치 바즈
Ch. Lynch-Moussas 린치 무사
Ch. Pédesclaux 페데스클로
Ch. Pontet-Canet 퐁테 카네
Ch. du Tertre 뒤 테르트르

소테른Sauternes

특1등급Premier cru supérieur

Ch. d'Yquem 디켐

1등급Premiers crues

Ch. Climens 클리망
Ch. Coutet 쿠테
Ch. Guiraud 기로
Ch. Clos Haut-Peyraguey 클로 오페이라게
Ch. Latour Blanche 라투르 블랑쉬
Ch. Lafaurie-Peyraguey 라포리 페이라게
Ch. Rabaud-Promis 라보 프로미
Ch. Rayne Vigneau 레인 비뇨
Ch. Rieussec 리외섹
Ch. Sigalas Rabaud 시갈라 라보
Ch. Suduiraut 쉬뒤로

2등급Deuxièmes crus

Ch. Broustet 브루스테
Ch. Caillou 카이유
Ch. d' Arche 다르쉬
Ch. de Maille 드 마이으
Ch. de Myrat 드 미라
Ch. Doisy Daëne 드와지 다엔
Ch. Doisy-Dubroca 드와지 뒤브로카
Ch. Doisy-Védrines 드와지 베드린
Ch. Filhot 필로
Ch. Lamothe 라모트
Ch. Lamothe-Guignard 라모트 기냐르
Ch. Nairac 네락
Ch. Romer 로메르
Ch. Romer du Hayot 로메르 뒤 아이요
Ch. Suau 쉬오

5대 샤토 연대표

샤토 라투르Château Latour

(+는 결혼 관계이며, _ 숫자는 관련 페이지,
연도는 문서에 따라 일치하지 않을 수 있음)

1378 고셀므 드 카스티용 소유. 생모베르 탑은 영불 백년전쟁중 영국군 초소였음 _ 56
1382 베르트랑 드 몽페랑 2세와 3세(친영파) 소유 _ 57
1453 카스티용 전투에서 프랑스 승전. 알브레(친불파) 소유. 탑은 화재로 파괴됨 _ 57
1496 '라투르의 영주들'(3명의 부유한 상인) 소유 _ 57

1620 탑 재건. 비둘기 집으로 생랑베르 탑이라 불림 _ 57
1650 아르노 드 뮐레(보르도 의회 의장) 라투르 소유 _ 60
1654 장 드니 돌레드 드 레스토낙(의회 의원, 마고 소유) + 테레즈 퐁탁(오브리옹, 아르노 3세 딸) _ 61
1658 장 드니 어머니, 아르노 드 뮐레(형제)에게서 라투르 상속 _ 61
1670 장 드니, 프랑수아 샤느바(우편 사업, 루이 14세 보좌관)에게 라투르 매각 _ 61
1677 마르게리트 퀴토(샤느바 조카) + 조제프 드 크로젤(루이 14세 왕정 지지자) _ 61
1693 마리 테레즈 드 크로젤(조제프 드 크로젤 딸) 라투르 상속 _ 61
1695 마리 테레즈 드 크로젤(라투르 소유) + 알렉상드르 드 세귀르(라피트 소유) _ 61

1707 런던 가제트에 라피트와 라투르 매매 기사 실림 _ 62, 120
1716 니콜라 알렉상드르 드 세귀르(보르도 의회 의장, 루이 15세 보좌관) 상속 _ 88
1718 니콜라 알렉상드르 무통 매입 _ 61 1720 조제프 드 브란느(의회 의원)에게 무통 매각 _ 90
루이 15세 왕실에 라피트와 라투르 와인 상납. 니콜라,'포도 왕자'라 불림 _ 93
1755 니콜라 사망. 라피트와 라투르 분리됨. 세 딸 라투르 상속 _ 96
1789 프랑스 혁명 후 세귀르 카바낙 백작(니콜라 외손자) 처형당함. 27퍼센트 지분 매각 _ 97
1797 보몽(니콜라 외손자) 20퍼센트 지분 소유 _ 168

1820 매니저 피에르 라모트(1807~1835), 카베르네 소비뇽 재배 시작
1830 바르통 & 귀스티에(네고시앙) 20퍼센트 지분 매입
1842 샤토 라투르 조합(상속인 가족 포함) 결성 _ 97, 168
세귀르 가족(1843~1853), 보몽 가족 (1853~1962년까지) 경영 _ 168
1844~1853 라투르 와인 예약 판매 _ 135
1855 파리 만국 박람회, 메독 크뤼 클라세 1등급 결정

1963 영국 피어슨 회사(코드리 경), 53.5퍼센트 지분 매입. 하비스 브리스톨, 25.5퍼센트 지분 매입 _ 168
1962 장 폴 가데르 디렉터 취임(1987년 은퇴) _ 168
1966 세컨드 와인 'Les Forts de Latour' 출시 _ 147, 225
1989 엘라이드 리옹(영국 하비스 브리스톨 소유) 라투르 매입(93퍼센트) _ 171
1993 프랑수아 피노(아르테미스 그룹 회장) 라투르 매입 _ 174
1994 프레데릭 앙제레 디렉터 취임 _ 174
2008 엉 프리뫼르 선물 거래 중단 선언 _ 225

샤토 오브리옹Château Haut-Brion

1436 조하나 모나데이(화폐 주조업) 소유. 압 가족과 드 푸르 가족 소유 _ 42
마르게리트 드 푸르 + 포통 세귀르(생테밀리옹 프랑 영주)
1509 장 드 세귀르(포통 세귀르 아들) 상속 _ 42
1525 장 드 퐁탁(의회 의원) + 잔느 드 벨롱(리부른 시장 딸, 브리옹 근처 소작지 지참금으로 갖고 옴) _ 42
1531 장 드 세귀르, 장 뒤알드(바스크 상인)에게 오브리옹 매각 _ 42
1533 장 드 퐁탁, 장 뒤알드에게서 오브리옹 영주권과 영지 매입 _ 44
1589 아르노 드 퐁탁 2세(넷째 아들, 신부) 상속 _ 46

1649 장 드 퐁탁 사망. 아르노 드 퐁탁 3세(보르도 의회 의장) 상속 _ 46
1654 테레즈 드 퐁탁(아르노 3세 딸) + 장 드니 돌레드 드 레스토낙(마고 소유) _ 61
1660 영국 찰스 2세의 왕실에서 '오브리오노Hobriono' 169병 구입 _ 50
1663 영국 사무엘 피프스 일기에 최초로 '오브리엔Ho Bryen'에 대한 평 언급 _ 50
1666 프랑수아 오귀스트(아르노 3세 아들) 런던에 레스토랑 '퐁탁 헤드'개장 _ 51, 116
1677 영국 철학자 존 로크 오브리옹 방문. 조나단 스위프트 등 유명 인사들과 귀족들 '퐁탁 헤드'출입 _ 51, 119
1694 프랑수아 오귀스트 사망(여동생 테레즈 2/3, 조카 아르노 르 콩트 1/3 상속). 마고와 오브리옹 공식 통합 _ 61

1707 프랑수아 델펭 돌레드 드 레스토낙(장 드니와 테레즈 아들, 마고 소유) 상속 _ 62
1749 조제프 드 퓌멜(장 드니의 외손자, 보르도 지사, 마고 소유) 오브리옹 2/3 상속 _ 100
1774 마리 루이즈 엘리자베스 퓌멜(조제프 딸) + 장 바티스트 아르지쿠르(루이 15세의 정부, 마담 뒤바리 동생) _ 100
1787 미국 대사, 토머스 제퍼슨 보르도 방문. 최초로 미국에 1784년산 오브리옹 6상자 보냄 _ 100
1794 프랑스 혁명 후 조제프 퓌멜(샤토 트롱페트 총독)과 딸 마리 루이즈 처형당함. 오브리옹과 마고 국유화 _ 102
1795 로르 퓌멜(조카 딸, 오브리옹 반환받음) + 엑토르 드 브란느(무통 소유) _ 103

1801 탈레랑(나폴레옹 1세 외무상), 오브리옹 매입 1804 탈레랑, 오브리옹 매각 _ 106
1836 조제프 위젠느 라리외(은행가), 경매에서 오브리옹 매입 1841 셰네프(1694년 콩트 상속 지분) 매입 _ 106
1855 파리 만국 박람회, 메독 크뤼 클라세 1등급 결정

1921 조르쥬 델마 디렉터 취임 — 1961 장 베르나르 델마(아들) — 2003 장 필리프 델마(손자) 대를 이음 _ 164
1925 앙드레 지베르(은행 이사), 퇴직금으로 오브리옹 소유권 받음 _ 158
1935 클라렌스 딜론(미국 은행가), 오브리옹 매입. 세이무르 웰러(조카) 디렉터 취임(1983 은퇴) _ 161
1939~1945 2차 세계대전. 독일군 점령(군 숙소, 병원으로 사용) _ 180
1967 조안 딜론(더글라스 딜론 딸) + 샤를 왕자(룩셈부르크 대공 동생) _ 164
1977 조안, 샤를 왕자와 사별 후 무시 공작Philippe de Noailles, Duke of Mouchy과 재혼 _ 164
1983 도멘 클라렌스 딜론Domaine Clarence Dillon 설립. 샤토 라 미시옹 오브리옹La Mission Haut-Brion 매입 _ 158

2003 클라랑델르Clarendelle(오브리옹 자매회사 Clarence Dillon Wines) 출시 _ 240
2007 세컨드 와인 레드 'Le Clarence de Haut-Brion', 화이트'La Clarte de Haut-Brion' 출시 _ 223
2008 로버트 왕자(조안과 샤를 왕자 아들) 회장 겸임 디렉터 취임 _ 164

샤토 마고Château Margaux

13세기 왕실 소유. 포도나무 있었음. 알브레 가족 라 모트La Mothe 소유 _ 60
1453 프랑수아 드 몽페랑(친영파) 소유. 백년전쟁 패배 후 영국으로 추방당함 _ 60
1572 피에르 드 레스토낙 백작(의회 의원) 마고 매입. 포도밭 개간. 2백여 년간 가족 경영 _ 60

1654 장 드니 돌레드 드 레스토낙(의회 의원, 마고 소유) + 테레즈 드 퐁탁(오브리옹, 아르노 3세 딸) _ 61
1658 장 드니 어머니 라투르 상속 _ 61
1694 오브리옹과 마고 공식 통합 _ 61

1700 프랑수아 델펭 돌레드 드 레스토낙(장 드니 돌레드 아들, 마고 후작) 상속 _ 62
1705 런던 가제트에 마구즈Margoose 230통 매매 기사 실림 _ 62, 120
1707 매니저 베르롱, '마고 와인 양조법' 기록(화이트와 레드 와인 분리) _ 62
1749 조제프 드 퓌멜(보르도 지사, 장 드니 돌레드의 외손자) 상속 _ 100
1773 조제프 드 퓌멜, 샤토 트롱페트 총독 _ 100
1774 마리 루이즈 엘리자베스 퓌멜(조제프의 딸) + 장 바티스트 아르지쿠르(루이 15세의 정부 마담 뒤바리 동생) _ 100
1790 퓌멜 시장 선출(프랑스 혁명군에게 샤토 트롱페트 내줌) 1791 시장 사직 _ 102
1794 프랑스 혁명 후 퓌멜 백작과 딸 마리 루이즈 처형당함 _ 102
1795 로르 퓌멜(조카딸) + 엑토르 드 브란느(무통 소유) _ 61, 103
1796 로르, 4명의 상인에게 마고 임대(1811년까지 15년간). 아들 자크 막심 드 브란느 탄생 _ 103

1802 로르, 베르트랑 두아 드 라 콜로니야 후작(스페인 귀족)에게 마고 매각 _ 106
1810 두아 건물 보수 시작(루이 콩브의 제1제정 양식) 1817 신고전주의 건물 완성 _ 107
1816 두아 사망. 알렉상드르 아구아도(파리 은행가) 매입
1844~1852 예약 판매(네고시앙 조합) _ 135
1855 파리 만국박람회, 메독 크뤼 클라세 1등급 결정

1900 프레데릭 피예 윌(은행가) 마고 매입 _ 165
1911 트레모이유 공작(프레데릭 사위, 마고 시장) 상속 _ 165
1920 마고 포도재배협회 대표 피에르 모로(와인 중개상)에게 마고 매각 _ 165
마르셀뤼 그랑즈루(양조) 매니저 영입 — 마르셀 그랑즈루(아들) — 장 그랑즈루(손자) 대를 이음 _ 165
1930 페르낭 지네스테(보르도 네고시앙, 샤토 라스콩브 소유주) 마고 매입 _ 165
보이 란드리(사이공 시장) 마고 투자 _ 165
1950 보이 란드리 사망. 지네스테 마고 전체 지분 매입. 피에르 지네스테(페르낭 아들) 마고 상속 _ 167
1976 앙드레 맨첼로푸로스(펠릭스 포텡 주주) 마고 매입. 양조 컨설턴트, 에밀 페이노 영입 _ 167
1980 코린느 맨첼로푸로스(앙드레 딸) 상속. 폴 퐁탈리에 디렉터 취임(2016년 사망) _ 168

2003 코린느, 피아트 지분(1991년부터 파트너) 매입 _ 168
세컨드 와인 출시 'Pavillon Rouge du Château Margaux' _ 228
서드 와인 'Margaux de Château Margaux'
화이트 'Pavillon Blanc du Château Margaux'(Bordeaux AOC) 출시

샤토 라피트 로칠드Château Lafite Rothschild

1150 엘레아노르 여공작이 루이 7세와 이혼 전 라 히트La Hite 영지에 은신했다고 전해짐 _ 53
1234 베르테이유 수도원, 라 히트 영지 소유. 다목적 농장으로 포도나무 없었음

1533 영주 피에르 드 베코이랑이 소작세를 받은 기록이 있음 _ 56
1572 4명의 영주와 60명의 소작인 있었다는 기록이 있음. 와인에 대한 언급은 없음 _ 56
1660 조제프 소바 드 포미에르 남작(보르도 법원장, 루이 14세 보좌관) 소유 _ 60
1670 잔느 드 가스크(조제프 미망인) + 자크 드 세귀르(의회 의원, 칼롱 세귀르 소유) _ 60
1691 알렉상드르 드 세귀르(자크 아들) 상속. 포도 재배와 양조 본격적으로 시작함 _ 60
1695 알렉상드르 드 세귀르 + 마리 테레즈 드 크로젤(라투르 소유) _ 61

1716 니콜라 알렉상드르 드 세귀르(알렉상드르 아들, 라투르 소유) 상속 _ 89
1718 니콜라 알렉상드르, 푸와 캉달에게서 무통 매입 1720 조제프 드 브란느(의회 의원)에게 무통 매각 _ 61, 90
1720 왕의 와인으로 루이 15세 왕실에 상납. 니콜라,'포도 왕자'라 불림 _ 93
1755 니콜라 알렉상드르 사망. 네 딸에게 상속. 라피트와 라투르 분리됨 _ 96
라피트: 니콜라 마리 알렉상드르 드 세귀르 칼롱(큰딸 아들) 상속. 라투르: 세 딸 상속
1786 니콜라 드 세귀르, 친척 니콜라 피에르 드 피샤르(보르도 의회 의장, 법관)에게 라피트 매각 _ 97
1794 프랑스 혁명 후 피샤르 처형당함. 라피트 국유화 _ 97
1797 얀 드 비트(네덜란드 상인), 경매에서 라피트 매입. 조제프 구달 매니저 영입(1855년 은퇴) _ 111

1818 이냐스 조제프 방레르베르그(무기 거래상), 라피트 매입 _ 111
1821 로잘리 르메르(방레르베르그 부인) 상속 문제로 위장 이혼함 _ 111
로잘리 르메르, 사무엘 스코트(영국 은행가)에게 라피트 위장 매각 _ 111
1845 매니저 에밀 구달, 카뤼아드Carruades 12헥타르 매입 _ 111
1855 파리 만국 박람회, 메독 크뤼 클라세 1등급 결정
1866 에메 위젠느 방레르베르그(이냐스 조제프 아들) 사망 _ 112
1868 제임스 마이어 드 로칠드 남작, 경매에서 라피트와 카뤼아드 매입 _ 113
제임스 사망. 세 아들 알퐁스, 귀스타브, 에드몽 상속

1939~1945 2차 세계대전. 독일군 점령(군 숙소로 사용). 로칠드 프랑스 국적 상실 _ 176
1946 엘리 드 로칠드(귀스타브 손자) 디렉터 취임 _ 143, 176
1962 엘리, 샤토 뒤아르 밀롱Duhart-Milon 매입 _ 242
1974 에릭 드 로칠드(귀스타브 증손자) 디렉터 취임 _ 174
1988 칠레 비노 로스 바스코스Vino Los Vascos 매입. 아르헨티나, 중국, 미국, 포르투갈 등 해외 확장 시작 _ 242
1990 포므롤의 샤토 레방질L'Evangile 매입 _ 242

2011 도멘 바롱 드 로칠드DBR(Domaine Baron de Rothschild) 설립 _ 242
소테른의 샤토 리외섹Rieussec, 랑그독의 도멘 도시에르Domaine d'Aussiers 매입 _ 242

샤토 무통 로칠드Château Mouton Rothschild

14세기 퐁 가문, 아키텐에 넓은 영지 소유. 퐁 드 카스티용 소유 _ 64
1430 백년전쟁 중 몰수되어 글로스터 공작(영국 헨리 5세의 동생)에게 하사됨 _ 64
1451 프랑스가 탈환. 장 드 뒤누아 롱그빌 백작(샤를 6세 동생, 오를레앙 왕자의 사생아) 소유 _ 64
1468 뒤누아 백작 사망. 뒤누아 가족과 푸와 백작(가스통 4세) 소유 1472 푸와 백작 사망 _ 64
1497 장 드 푸와 + 마가렛 캔달 여백작(캉달) — 앙리 드 푸와 캉달(조카) 상속 _ 67

1587 마르게리트 드 푸와 캉달 + 장 루이 드 발레트 노가레(에프롱 공작) _ 67, 90
1627 노가레, 네덜란드 수력 기사 얀 리그워터를 만나 메독 배수 시설 공사 착수 _ 67, 196

1718 니콜라 알렉상드르 드 세귀르(라피트와 라투르 소유) 무통 매입 _ 61, 90
1720 니콜라, 조제프 드 브란느(의회 의원, 루이 15세 보좌관)에게 무통 매각 1769 조제프 사망 _ 61, 90
1791 엑토르 드 브란느(조제프 아들) 스페인 망명. 처형 피함 _ 106
1795 엑토르 드 브란느 + 로르 퓌멜(마고와 오브리옹 소유) _ 61, 103
1798 엑토르 드 브란느 함부르크 망명 1801 로르 재혼 _ 106

1802 엑토르 망명에서 돌아와 카베르네 소비뇽 재배 시작 _ 108
1814 루이 18세 왕정 복고 후 엑토르 빚 탕감 받음 _ 108
1820 자크 막심 드 브란느(엑토르 아들) 포도밭 재건.'메독의 나폴레옹'이라 불림 _ 108
1830 이작 튀레(파리 은행가)에게 무통 매각. 엑토르, 샤토 고르스(현재 브란느 캉트낙) 매입(1833) _ 108
1852 나다니엘 드 로칠드 + 샤를로트(삼촌 제임스 마이어 드 로칠드의 딸) _ 110
1853 나다니엘 드 로칠드 무통 매입(무통 브란느에서 무통 로칠드로 이름 바뀜) _ 110, 137
1855 파리 만국 박람회, 메독 크뤼 클라세 2등급 결정
1870 나다니엘 사망. 제임스(아들) — 앙리(손자) — 필리프(증손자) 상속 _ 110

1922 필리프 상속. '5인 클럽'결성. 샤토 병입 결정. 기술위원회 설치 _ 141, 143, 186
1926 최초 그림 와인 라벨(1945년부터 다시 시작함). 조명 셀러 건축 _ 180
1930 무통 카데Mouton-Cadet 출시 1933 샤토 다르마니약Ch. d'Armailhac 매입 _ 242
1939~1945 2차 세계대전. 독일군 점령. 로칠드 프랑스 국적 상실, 필리프 도피 — 체포 — 구금 _ 176
1945 릴리(필리프 남작 부인, 엘리자베스 드 샹뷔르) 나치 수용소에서 처형당함 _ 176
1962 와인 박물관Musee du vin 건립 제안 _ 243
1973 무통, 메독 크뤼 클라세 1등급으로 승급, 자크 시라크 농림부 장관 사인. 1등급 승급 첫 라벨(피카소 그림) _ 150
1978 미국 로버트 몬다비와 합작 '오퍼스 원' 출시(50퍼센트 합작 투자)
1981 필리핀느(필리프 딸) 상속 1988 필리프 사망
1990 도멘 바롱 필립 드 로칠드DBPR(Baron Philippe de Rothschild) 설립 _ 242
1997 칠레 콘차이 토로와 합작 '알마비바Almaviva' 출시(50퍼센트 합작 투자) _ 242
2011 샤토 클레르 밀롱Clerc-Milon 셀러 개관식, 자크 시라크 영부인 참석 _ 150
2014 필리핀느 사망. 자녀 필리프, 카미유, 줄리엥 상속. 필리프 세레 드 로칠드Philippe Sereys de Rothschild 대표 선임

참고문헌

Académie de Bordeaux, discours officiel d'entrée à l'académie du baron Philippe de Rothschild, 1990

Allibone, T. E., *The Royal Society and its Dining Clubs*, Pergamon Press, 1976, p. 2-3

Andrade, Edward Neville da Costa, *A Brief History of the Royal Society*, The Royal Society, 1960

Annuaire de la Fédération des Syndicats des Courtiers en Vins et Spiritueux de France, 1995, p. 2-8

Aubin, Gérard, *La Seigneurie en Bordelais au viiie siècle d'après la pratique notariale (1715-1789),* université de Rouen, vol. 48, 1989, p. 167-169

Bernier, Rosamond, "Le Musée de Mouton" *in L'Œil*, tiré à part du numéro de juillet-août 1962, musée de Mouton

Bhattacharyya, Sourish, "Engerer Explains Latour's Obsession With Quality" in indianwineacademy.com, blog de l'académie indienne du vin, http://www.indianwineacademy.com/em_2_item_6.asp (consultéle 13 août 2012)

Boutruche, Robert, *Histoire de Bordeaux 1453-1715*, Fédération historique du Sud-Ouest, 1969

Bray, William, *The Diary of John Evelyn, Edited from the Original*, M. Walter Dunne Publishers, 2009, p. 322-323

Campbell, Christy, *Phylloxera: How Wine Was Saved for the World*, Harper Perennial (réimpression), 2010

Cirot, Georges, *Bulletin hispanique*, vol. 36, 1934, p. 125-128

Chamberland, Nicole (avec McLeod, Jane et Turgeon, Christine), *Amiraute de Guyenne, A Source for the History of New France*, Archives départementales de la Gironde, 1933

Catalog of Old Wines of Robert Watkins, Esq. lundi 29 juin 1868 ; *Catalog of a Small Cellar of Wines*, jeudi 19 mars 1868 ; *Catalog of the Genuine Cellar of Choice and Superior Wines of W. Bushby, Esq.* jeudi 20 avril 1820, archives de Christie's, Londres

Cocks, Charles, *Bordeaux : ses environs et ses vins classés par ordre de mérite*, Féret Fils, Bordeaux, 1850, p. 39-42

Cocks & Féret, *Bordeaux and its Wines*, 17th Edition, éditions Féret, 2004 (version anglaise), p. 476-479, p. 566, p. 623

Cocks & Féret, *Bordeaux et ses vins*, édition 1986, ch. 2, "Classement de 1973", p. 229-230

Delmas, *Jean, Considering A Great Growth*, Château Haut-Brion, 1991

Deschodt, Éric, *Lafite Rothschild*, éditions du Regard, 2009

Dovaz, Michel, *Château Latour*, Assouline, 1998

Faith, Nicolas, *Château Margaux*, Mitchell Beazley, 1991, p. 44-61

Enjalbert, Henri, *L'Histoire de la vigne et du vin*, éditions Bordas-Bardi, 1987

Figeac, Michel, "Noblesse bordelaise au lendemain de la Restauration" *in Histoire, économie et société*, 1986, 5e année, n° 3, p. 381-405

Figeac, Michel, *Destins de la noblesse bordelaise, 1770-1830*, vol. 1 et 2, Fédération historique du Sud-Ouest, 1996

Franck, William, *Traité sur les vins du Médoc*, Imprimerie de Laguillotière, 1824

Gabler, James, "Thomas Jefferson's Love Affair With Wine", *Forbes magazine*, février 2006

Gardère, Jean-Paul et Haramboure, *Le Médoc. Sa vie, son œuvre*, 1971, p. 35-38

Guildhall Library, *A descriptive catalog of the London traders, tavern and coffee house tokens current in the 17th century*, Corporation of the City of London, 1855

Hailman, John, *Thomas Jefferson on Wine*, University Press of Missippi, 2009

Haraszthy, Agoston, *Grape Culture, Wines and Wine-making*, Harper & Brothers Publishers, 1862, p. 100-120

Higountet, Charles, *La Seigneurie et le vignoble de château Latour*, Fédération Historique du Sud_Ouest, 1974

Entertaining in the White House(extrait du site de la J.F.K. Library, *Entertaining in the White House* de Marie Smith), Acropolis Books, 1967, J.F.K. Library

Johnson, Tom, *The Story of Berry Bros & Rudd*, Berry Bros, 1998, p. 4-7

Johnson, Hugh, *A Life Uncorked*, Weidenfeld & Nicolson, The Orion Publishing Group, 2006, p. 209-215

Lafite Rothschild, acte de vente du Palais de justice, Paris, mars 1868, vol. 538, folio 3h, achat 3

Larwood, Jacob et Camden Hotten, John, *The History of Signboards; from the Earliest Times to the Present Day*, J. C. Hotten, 1866

Lawton, Daniel, *Histoire de la famille Lawton*, Conservatoire de l'Estuaire de la Gironde (non daté)

"Les Lawton : des courtiers bien en jambes" *in L'Express*, 16 novembre, 2006 (non signé)

Lévêque, Henri, *Syndicat régional des courtiers de vins et spiritueux de Bordeaux de la Gironde, du Sud-Ouest* (non daté)

Lichine, Alexis, "Controversy in Bordeaux" *in The Times newspaper*, Londres, 20 novembre 1963

Littlewood, Joan, avec le baron Philippe de Rothschild, *Milady Vine* Century, 1984

Lodge, E. C., "The Barony of Castelnau, in the Medoc, during the Middle Ages", *English Historical Review*, XXII (LXXXV), 1907, p. 93-101

Ludington, Charles Cameron, *Politics and the Taste for wine in England and Scotland 1660-1860*, Columbia University, Doctor of Philosophy, 2003, (de UMI Dissertation Services), ch. 2, "The rise of luxury claret in 18th century England"

Markham, Dewey, *1855: A History of the Bordeaux Classification*, John Wiley & Sons, 1998, p. 93-96, p. 109-136, p. 147

Meade, Marion, *Eleonor of Aquitaine*, Phoenix Press, 2002

Pijassou, René, *Le Médoc*, éditions Tallandier, 1978

Pinney, Thomas, *A History of Wine In America*, UC Press, 1989 (Part. 2, "The Establishment of An Industry, Peter Legaux and the Pennsylvania Wine Company")

Prévot, Jack-Henry, "André Mentzelopoulos, Félix Potin à Château Margaux" *in Sud-Ouest*, 6 avril 1980

Ray, Cyril, *Lafite*, Christie's Wine Publications, 1978, p. 82-87

Renard, François, "La Mort du Baron Philippe de Rothschild" *in Le Monde*, 22 janvier, 1988

Rothschild, baron Philippe de, *Réception de monsieur Philippe de Rothschild, L'Académie nationale des Sciences, Belles-Lettres et Arts de Bordeaux,* Hôtel des Sociétés Savantes, 1973, p. 1-23

Rothschild, Baron Philippe de, *Vivre la vigne*, Presses de la Cité, 1981

Simon, André, *The History of the Wine Trade in England*, vol. 3 (première édition : 1905-1906, fac similé publié en 1964), p. 222-223

Timbs, John, *Club Life of London*, Richard Bentley Publishers, 1866, p. 130-131

Weld, C. R., *History of the Royal Society* vol. 1, R. Clay printer, 1848, p. 502-503

옮긴이의 글

오랫동안 미루어 왔던 보르도 전설을 끝내게 되어 기쁘다. 코로나가 휩쓴 지난 1월, 2월, 3월은 불안한 나날이었다. 4월이 오고 라일락은 피었지만, 엘리엇의 〈황무지*The Waste Land*〉처럼 올해 4월은 잔인한 달로 기억될 것 같다. 그동안 나름대로 한국의 와인 애호가들에게 도움이 될 만한 책들을 골라 번역 작업을 해왔다. 와인에 대한 책은 한국에도 많지만, 우리가 서양의 와인과 친숙하게 된 지는 20~30년에 불과하니 늘 좀더 깊이 알고 싶은 갈증이 있었다. 이를 해소하기 위한 가장 좋은 방법은 서양의 와인 전문가들이 쓴 책을 번역 소개하는 것이라는 생각을 했다.

2012년 〈보르도 전설〉이 출간되었을 때 나는 바로 이 책을 번역하기로 마음먹었다. 와인의 종주국인 프랑스 와인의 역사와 문화적 배경을 알고 싶었기 때문이다. 하지만 와인의 실체가 무엇인지도 모르는 상태에서 프랑스 와인에 도전한다는 것이 엄두가 나지 않아 여태껏 미루고 있었다. 2005년부터 와인 공부를 시작하여 각국의 와인을 시음하고 양조도 배우며 책도 읽고 와인 산지 여행도 다녔다. 이제야 어슴푸레 와인을 알 것 같으며, 이 책의 번역을 통해 드디어 서양 문화의 맥락 속에서 와인을 이해할 수 있는 시각이 생긴 것 같은 느낌이 들었다.

나는 5대 샤토의 5백 년 역사를 다룬 〈보르도 전설〉을 읽으며 프랑스 역사를 다시 보게 되었고, 유럽 대륙의 흥망성쇠도 함께 생각해 볼 수 있었다. 그들은 모두 역사 속에 사라졌지만, 그들이 남긴 위대한 유산은 오늘도 전설처럼 남아있다. 영국의 찰스 1세가 프랑스에서 수입한 와인으로 만찬을 즐기고 있을 때, 만주의 여진족은 만리장성을 넘어 청나라를 세웠고 조선에서는 병자호란이 일어나 인조가 남한산성으로 피신을 했다. 이렇게 멀고도 생소한 와인을 한국에 소개하는 데는 어려움이 따른다. 또한 이 책의 저자가 영국인인 만큼 설명이 필요한 부분이 있어, 저자와 의논한 후 한국 독자를 위해 간단한 해설을 책 내용에 넣어 편집하기로 했다. 찾아보기의 5대 샤토 연대표는 원서에는 없지만 샤토의 역사를 한눈에 볼 수 있도록 정리하여 첨부하였다.

와인은 특이한 점이 있다. 한 농부의 작은 셀러에서도, 대량 생산을 하는 큰 와이너리에서도, 와인은 포도나무를 재배하며 시작된다. 좋은 와인은 포도밭에서부터 만들어지기 때문이다. 와인은 어쩌면 사람과도 닮았다. 포도나무에도 유전자가 있으며 사람처럼 천차만별이다. 포도도 태어난 환경을 벗어날 수 없으며, 좋은 주인을 만나 잘 만들어지면 명품 와인이 된다.

이 책에서 다루고 있는 1등급 와인들은 가히 예술의 경지에 오른 와인들이라 할 수 있다. 예술가들은 천재성을 분출하며 스스로 만족을 느낄 때까지 열정적으로 창작에 매달린다. 와인의 거장들도 혼신의 힘을 다해 와인을 만든다. 하지만 그들은 한 병의 와인이 사람들에게 선택되고 감동을 주며, 그들과 교감하기를 기다린다. 또한 예술 작품은 무한히 살 수 있지만 와인은 길어야 사람의 수명 만큼을 사는, 살아 숨쉬는 예술품이다.

우리는 나름대로 꿈을 갖고 현실을 살아간다. 현실에서 꿈을 찾으려는 노력은 먼 옛날부터 있었을 것이다. 나에게 와인은 현실로부터 꿈의 세계로 여행을 가능하게 해주는 소중한 매체이다. 'Beauty is truth, truth beauty', 키츠의 유명한 시구이지만 한 병의 와인에도 영혼을 설레게 하는 진실과 아름다움이 들어있다. 와인의 장인들은 자연의 섭리와 인간의 정직성을 고스란히 와인 병에 담아, 마침내 진솔한 꿈의 세계를 보여주는 최상의 와인을 탄생시킨다. 와인 예찬은 끝이 없는 것 같다. 한잔의 와인으로 삶의 행복을 느낄 수 있다면, 행복은 너무나 가까이 있는 것일지도 모른다.

감사의 글

이 책이 출판될 때까지 많은 분들이 도움을 주셨다. 김준철 와인스쿨 원장님은 소믈리에, 마스터, 양조의 전 과정에서 10여 년 동안 가르침을 주셨고, 특히 와인에 대한 인문학적인 가르침으로 이 책의 완성도를 높일 수 있게 되어 늘 감사하는 마음이다. 프랑스 와인 강의와 세미나로 도움을 주시고 원서를 소개해 주신 한관규 와인마케팅경영연구원장님께 감사드리며, 한국와인협회 이용운 교육위원님의 정성스런 보르도 역사 강의도 많은 도움이 되었다. 필립 르포르 주한 프랑스 대사님의 관심과, 추천의 글을 써주신 장 크리스토프 플뢰리 주한 프랑스 문화원장님께 감사드리며, 손우현 한불협회 회장님의 세심한 조언과 불어 교정에 감사드린다. 특히 〈보르도 전설〉이 프랑스 문화원 추천 도서로 선정되어 감사한 마음이다.

와달 모임의 정든 친구들과 와이니아, BB포럼 회원님들의 사랑에 감사하며, 어려운 상황에서도 꾸준히 출판을 도와주시는 가산출판사 이종헌 대표님께 감사드린다. 기쁨을 주는 손녀 혜진과 손자 동진, 언제나 가까이에서 도움을 주는 딸 하원, 사위 태성 그리고 남편 구대열과 가족들의 사랑으로 이 책이 완성되었다고 생각하며, 항상 지켜보며 응원을 아끼지 않는 친지들에게 깊은 감사를 전하고 싶다.

2020년 5월

박원숙

PHOTO CREDITS

p. 29 © Decanter.
p. 31 © Gardere-Haramboure.
p. 35, 40, 63, 101 Droits reserves, *Decouverte de la Guyenne*, Jean Vidal et Andre Rossel, edition d'origine Hier & Demain, 1971.
p. 38–39, 72 © Collection Schroder & Schyler.
p. 41, 91 © Archives departementales de la Gironde C2345.
p. 43, 45, 50, 73, 86, 160 © Domaine Clarence Dillon.
p. 47, 117 © City of London, London Metropolitan Archives.
p. 88 © Château Latour, collection privee.
p. 102 © Archives departementales de la Gironde 5Lbis 18.
p. 107, 108, 109, 139, 141, 150, 156, 175, 265 © Baron Philippe de Rothschild S.A.
p. 111 © Sotheby's.
p. 120, 121 © Christie's Images Limited 2012.
p. 123, 124 © Berry Bros. & Rudd.
p. 133 © Conseil des Grands Crus Classes en 1855 / chambre de commerce et d'industrie de Bordeaux.
p. 136, 264 Droits reserves.
p. 137 © Lok Man Rare Books Limited.
p. 145, 274 © Commanderie du Bontemps.
p. 169 © Collection Bureau Tastet-Lawton.
p. 246 © Château Haut-Brion
p. 270 © Karl Lagerfeld.
p. 277 © Francois Poincet (pour le magazine Vigneron).

Élixirs. Premiers Crus Classés 1855. Châteaux Haut-Brion, Lafite-Rothschild, Latour, Margaux, Mouton Rothschild
Jane Anson, Francis Ford Coppola
ISBN : 978-2-7324-5365-1

일러두기

- 외래어 표기는 국립국어원의 외래어 표기 규정을 따르면서, 와인명과 지명 등 일부 고유명사의 경우 흔히 쓰는 표현에 따랐습니다.
- 본문의 고딕체로 된 내용은 옮긴이가 첨부한 내용입니다.

보르도 전설

2020년 8월 9일 초판 발행

지은이 제인 앤슨 **옮긴이** 박원숙 **펴낸이** 이종헌
펴낸곳 가산출판사 **출판 등록** 1995년 12월 7일(제10-1238호)
주소 서울시 서대문구 모래내로 83 / TEL (02) 3272-5530 / FAX (02) 3272-5532
E-mail tree620@nate.com

ISBN 978-89-6707-017-5 03900